Birgit Waßmann
Die Brücke zu unsichtbaren Räumen
Mediale Botschaften

Der Geist ist ewig und unveränderlich

Birgit Waßmann

Die Brücke zu unsichtbaren Räumen

Mediale Botschaften

Bibliografische Information der Deutschen Nationalbibliothek:
Die Deutsche Nationalbibliothek verzeichnet diese Publikation
in der Deutschen Nationalbibliografie, detaillierte bibliografische
Daten sind im Internet über dnb.dnb.de abrufbar.

TWENTYSIX
Eine Marke der Books on Demand GmbH

© 2022 Birgit Waßmann

Herstellung und Verlag:
BoD – Books on Demand, Norderstedt

Illustrationen: Birgit Waßmann

ISBN: 9-783740-787486

Inhalt

Einleitung 11

Schwingung und Energie

  Die Schwingungsfrequenz 17
  Lenkung der Gedankenkräfte 21
  Ausgleich der Energieströme 27
  Sexuelle Entladungen 29
  Energie-Zerstreuung 36
  Fremde Energieströme 39
  Energie-Verbindungen 41
  Verknüpfung mit dunklen Energien 46
  Energie-Beschleunigung 57
  Energie-Verkettung und Auflösung 60
  Schwingungserhöhung und Aufstieg 65

Medialität: Verbindung mit unsichtbaren Sphären

  Eine Brücke bilden 69
  Verbindungskanäle 73
  Unterschiedliche Symbole 78
  Störungen beim Empfang 85
  Kontakt mit niederen Geistebenen 91
  Trancezustände und Energie-Abzug 95
  Das Medium Jane Roberts 97
  Meditation in spirituellen Gemeinschaften 104
  Hilfe aus der geistigen Welt 105
  Manifestation und Materie 110
  Magische Anwendungen 120
  Kreativität und Spiritualität 121

Bilder als Pforten in andere Räume 123
Erhöhung der Schwingungsfrequenz 127
Schutzmaßnahmen 131
Verbindung mit der Lichtwelt 141

Der Weg und das Ziel

Spiritueller Hürdenlauf 144
Bewusstseinsstufen 148
Verschlungene Pfade 153
Überwindung von Freude und Leid 158
Spirituelle Geistesschulung 164
Innere und äußere Reinigung 178
Materielles Wunschdenken 181
Der Kundalini - Prozess 184
Aufnahme in die geistige Gemeinschaft 187

Der Tod als Übergang in andere Sphären

Übergang und Auflösung 191
Erdbestattung und Feuerbestattung 194
Jenseitige Welten 196
Leben nach dem Tod 198
Das Feld der Matrix 200
Reinkarnations-Prozesse 202
Transformation und Verjüngung 207
Zurückversetzung in der Zeit 210
Magische Praktiken 213

Die Entwicklung des Lichtkörpers

Traum und Wirklichkeit 216
Die Lichtebene 219
Der Energie- und Aufstiegskörper 224

Die Aura: Der energetische Schutzmantel ……228
Die Energie-Zentren …..232
Das Band zur geistigen Welt ……238
Astrale Wanderungen ……243
Der Prozess des Werdens ……246
Der Weg des Lichts ……251
Geistige Freiheit ……255

ICH BIN

Gedicht

Ich bin die Stille, die auf den Bergen haust
  und der Stein, der in den Abgrund rollt.
Ich bin das Werden und auch das Vergehn.
  Anfang und Ende bin ich und alles,
was sein wird.

Blumen im Tal und das Gras auf den Weiden,
  Vögel mit buntem Gefieder im Baum,
Rosen, die in den Hecken blühn,
  der Sonnenaufgang an einem nebligen Morgen.

Ich bin die Stille der Nacht,
  bin das Sehnen und Hoffen,
bin, der nach langer Fahrt zur Heimat kehrt.
  Ich halte die Wacht, wenn der Abend sich neigt,
als Mond durchwandre ich mein stilles Revier.

Ich habe mein Sein an jedem Ort.
  Ob nah oder fern, ich bin dort zuhaus.
In den Straßen der Stadt,
  auf den Gipfeln der Berge
und auch in den stillen, einsamen Seen.

Lass mich in deinem Herzen sein,
  erkenne mich in deinem Sinn.
Folge mir nach, wenn Verwirrung dich quält,
  wenn du hungrig bist und ganz allein.
Komm zu mir, wenn der Abend sich neigt,
  wenn die Turmuhr schlägt in der Nacht.

Einleitung

Mediale Menschen verlassen sich nicht allein auf die Sinneseindrücke, die ihnen die materielle Welt vermittelt, sondern sie glauben an die Existenz einer mit den normalen Sinnen nicht wahrnehmbaren feinstofflichen Ebene. Viele von ihnen sind in der Lage, die Schwingungen einer anderen Ebene und die darin enthaltenen Informationen aufzunehmen und sie in eine Form umzuwandeln, die der materiellen Ebene entspricht. Diese Informationen geben sie weiter an Menschen, die keinen Zugang zu feinstofflichen Ebenen haben.

Jeder Mensch ist mehr oder weniger in der Lage, Inspirationen zu empfangen, die ihm aus tieferen Schichten seiner Psyche zufließen. Wer seine medialen Sinne entwickeln will, sollte sich zuvor eingehend mit psychologischen Zusammenhängen beschäftigen, um ein wahres Verständnis für die bewussten und unbewussten Schichten der eigenen Psyche zu entwickeln. Eine medial arbeitende Person sollte zudem emotionell ausgeglichen sein, bevor sie sich an Experimente heranwagt. Das Unbewusste wird dann zum Verbündeten des Mediums.

Die Sensitivität medialer Menschen ist überdurchschnittlich stark entwickelt. Sie können Einblicke in andere Ebenen des Bewusstseins und der Existenz gewinnen, Botschaften von unsichtbaren Daseinsformen empfangen und als Vermittler zwischen den Ebenen tätig sein. Je nach Bewusstseinsstand werden die verschiedenen feinstofflichen Welten und deren Bewohner wahrgenommen, erlebt und interpretiert. Medien gelten daher als Vermittler in die ‚andere Realität'.

Mediale Fähigkeiten deuten auf ein übergeordnetes Bezugssystem, ohne dessen Voraussetzung bestimmte Fähigkeiten, - wie die Übermittlung speziellen Wissens -, nicht fassbar wären. Es existieren viele Ebenen des Bewusstseins. Beim *Channeling* wird Energie aus einem unsichtbaren, feinstofflichen Bereich in die materielle Ebene übermittelt. Mithilfe dieser Energie wird Wissen und Information transportiert. Im weitesten Sinne könnten alle Menschen als Medien bezeichnet werden, da sie in einen physischen Körper inkarnieren und Lebenskraft in sich einfließen lassen. Diese Übermittlung geschieht während der ganzen Zeit, in der Menschen auf der Erde leben und atmen, auf unbewusste Weise. Ein bewusster Kanal hingegen arbeitet mehr zielgerichtet und ist fähig, seine Energie zu fokussieren.

Die Kontaktaufnahme mit geistigen Welten ist keine leicht zu erlernende Fähigkeit. Ein erfahrenes Medium entwickelt ein sensitives Gespür dafür, wann eine Information zutreffend und vollständig ist. Ohne eine ausgeprägte intuitive Wahrnehmung und eine subtile Auffassungsgabe ist die Verbindung mit übersinnlichen Sphären bestenfalls mangelhaft und die Informationen kommen nur bruchstückhaft oder verfälscht an.

Die Frage, inwieweit gechannelte Informationen in jeder Hinsicht vertrauenswürdig sind, ist nicht leicht zu beantworten. Vieles von dem, was medial über innere Kanäle mitgeteilt wird, erscheint überaus plausibel, daher gibt es keinen ausreichenden Grund, grundsätzlich an der Glaubwürdigkeit dieser Botschaften zu zweifeln. Informationen, die sich als überaus zutreffend erweisen, bestätigen diese Sichtweise voll und ganz.

Um mit der spirituellen Welt in Kontakt zu kommen, wird Hilfe ‚von oben' benötigt. Die Geistwesen bilden eine Art Trichter aus Energie, ohne den der Kontakt nicht aufrechterhalten werden kann. Eine Energiebrücke wird gebildet, welche die Energie des Mediums verstärkt, damit die Verbindung hergestellt werden kann.

Bei niedrigem Energieniveau kann ein Kontakt nicht stattfinden, denn ein Teil der Energie des Mediums wird während der Übermittlung abgezogen. Daher müssen dessen ungeteilte Energien für die Kontaktaufnahme zur Verfügung stehen. Kommt ein Kontakt nur ungenügend zustande, leidet das Medium unter Spannungen und verspürt Unbehagen.

Es gibt auch Zeiten, in denen ein medial arbeitender Mensch nicht die erforderlichen Voraussetzungen mitbringt, um eine geeignete Schwingungsebene zu erreichen. Ist er verärgert oder deprimiert, dann beeinflusst dieser Gemütszustand das Niveau der Übermittlung und die Antworten fallen grob und wenig einfühlsam aus. Wenn so etwas vorkommt, wäre es besser, die Übermittlung abzubrechen.

Zu Beginn eines spirituellen Weges öffnen sich die feinstofflichen Zentren. Vielen gelingt es nicht, die Energien einzuordnen nach dem Grad ihres Schwingungsniveaus. Die Unterschiede in den unsichtbaren Ebenen sind an den veränderten Schwingungsmustern und der Intensität der Energieströme zu erkennen. Wenn die Schwingungen sich verfeinern, lässt sich das an einer entspannten und zufriedenen psychischen Verfassung ablesen. Eine höhere geistige Energie erzeugt Wohlbefinden, während die Verbindung mit niederen Energien Unwohlsein hervorruft bis hin zu Panikattacken. Eine erschwerte Atmung und ein Druckgefühl im Solarplexusbereich sind ebenfalls Anzeichen einer negativen Präsenz.

Neben sieben Hauptzentren existieren etliche Nebenzentren. Mit Hilfe dieser Kraftzentren kann ein Mensch unsichtbare Einflüsse wahrnehmen. Sind die verborgenen Zentren im menschlichen Körper aktiv, wird der Zugang zu höherem Bewusstsein möglich und verborgene Welten können die wahrgenommen werden. Auf die genaue Beschreibung der Anordnung und Funktionsweise von Chakren kann verzichtet werden, da bereits eine Vielzahl von Schriften zu diesem Thema zur Verfügung steht.

Chakren sind in der okkulten Lehre die geheimsten Organe des Menschen. Sie sind allerdings in der Regel nur rudimentär vorhanden und müssen anfangs durch entsprechende Übungen oder im Laufe der geistigen Entfaltung aktiviert werden. Bei den meisten Menschen sind diese Energiezentren, auch Lotosblumen oder Räder genannt -, von geringer Größe und unterentwickelt. Mit zunehmendem spirituellen Fortschritt verändern sich parallel zu der Entwicklung des Bewusstseins auch die Chakren: Sie nehmen an Größe zu, beginnen sich zu drehen und erstrahlen in den verschiedensten Farbtönen.

Die Chakren öffnen sich schrittweise im Bewusstwerdungsprozess, was einen vermehrten Energiefluss zur Folge hat. Man kann sie sich als rotierende Wirbel oder Trichter vorstellen, die Energien in ihre Mitte ziehen, dort sammeln und über die Peripherie wieder verteilen. Wird der Energiefluss in irgendeiner Weise behindert, führt dies zu Stauungen mit krankmachender Wirkung. Der Vorgang ähnelt einer Schleuse, die sich nicht öffnet und so den Durchfluss verhindert.

Die Beweglichkeit der *Chakren* geht einher mit einer Erweiterung der Bewusstheit. Man kann sie als Sinnesorgane der feinstofflichen Körper betrachten. Sie spielen eine große Rolle im energetischen Gleichgewicht, denn sie nehmen die Energien der Umgebung auf, synchronisieren sie und leiten sie den Körpern zu. Auf der ätherischen Ebene sind die *Chakren* von entscheidender Bedeutung, denn vom Energie- oder Ätherkörper aus wirken sie indirekt auf den physischen Körper ein und beeinflussen die täglich ablaufenden Prozesse. Sie haben einen großen Einfluss auf die Gesundheit, da sie der Ausrichtung der Energien dienen.

Jedes der Energiezentren hat eine bestimmte Funktion. Ist eines von ihnen blockiert, dann stört und begrenzt es den freien Fluss der Energien. Angefangen beim untersten Zentrum, dem Basischakra, das sich in der Gegend des Steißbeins befindet und in Wechselbeziehung mit der Erde steht, verteilen sich entlang der Wirbelsäule sechs weitere Hauptzentren mit unterschiedlichen Funktionen. Das dritte Zentrum, das Solarplexuschakra, stellt die Verbindung zum Emotional- bzw. Astralkörper her. Die Energiezentren gipfeln im Kronenchakra, das sich über dem Kopf befindet und als ‚Tor zum Kosmos' den Zugang zu höheren Sphären ermöglicht. Das Kronenchakra wird in Indien auch *tausendblättriger*

Lotos genannt, dessen Blätter sich im spirituellen Werdegang nach und nach entfalten.

Die Energie in den Zentren ist wie ein Gitterwerk miteinander verwoben. Jede emotionelle Irritation betrifft das gesamte Netz. Wenn Energien dort feststecken, macht sich dies als Erregungszustand bemerkbar. Auch Traumata werden im Solarplexus aufgezeichnet.

Die transformativen Prozesse, die einen spirituellen Fortschritt begleiten, sind überaus vielfältig. Die individuelle Schwingungsfrequenz ist entscheidend bei der Höherentwicklung. Sie ist abhängig von einer Vielzahl von Faktoren. Maßgebend hierbei ist das Entwicklungsniveau der Persönlichkeit, dem auch das Verständnis und die Aufnahmefähigkeit entspricht.

Die Schwingungsfrequenz bei Mensch und Tier weist große Unterschiede auf, ebenso der jeweilige Grad der gedanklichen Ausrichtung. Menschen sind aufgrund ihrer größeren Verstandeskräfte in der Lage, über längere Zeit einen selbstbestimmten Fokus beizubehalten. Es ist u.a. diese Fähigkeit, die den Menschen vom Tier unterscheidet. Je höher entwickelt ein Lebewesen ist, desto mehr ist es fähig, die Richtung seiner Aufmerksamkeit selbst zu bestimmen. Diese erworbene Fähigkeit ermöglicht ihm, intelligent zu handeln und sich seine Umwelt nach eigenen Vorstellungen zu gestalten.

Die psychische Struktur gleicht einem Sieb, das Eindrücke von außen empfängt. Das Sieb hat Filterfunktion und lässt nur eine begrenzte Anzahl von Eindrücken hindurch. Diese Filterfunktion weist individuell große Unterschiede auf, die abhängig sind vom jeweiligen Temperament, das die entscheidende Rolle spielt und der bestimmende Faktor ist. Die Fähigkeit, den Aufmerksamkeitsfokus beizubehalten, korrespondiert mit der Schwingungsfrequenz. Je länger die Aufmerksamkeit in eine Richtung gelenkt werden kann und je weiter entwickelt ein Lebewesen ist, desto höher ist die Schwingung.

Da keine wirkliche Trennung existiert zwischen der diesseitigen und der jenseitigen Welt, besteht bei allen Menschen eine Verbindung zu den unsichtbaren Ebenen, auch wenn sich dies in der Regel ihrem Bewusstsein entzieht. Menschen sind jederzeit und an jedem Ort sowohl von Wesen, die ihnen hilfreich zur Seite stehen, als auch von übelwollenden, negativen Geistwesen umgeben. Eine bewusste Kontaktaufnahme rückt lediglich diese Zusammenhänge stärker in den Vordergrund. Sie veranlasst die Betreffenden zu klareren Entscheidungen wenn es darum geht, mit wem sie verkehren und wem sie Glauben schenken wollen.

Die gleichen spirituellen Wahrheiten werden auf verschiedene Weisen, in unterschiedlichen Abstufungen, dargestellt. Sie werden in klare, ausdrucksvolle Formen gefasst und in schönen, ansprechenden Bildern dargeboten, oder sie treten, abhängig vom Bewusstseinsstand des Empfängers, in einem hässlichen und abstoßenden Kleid zutage, das den Inhalt in Karikaturen und Symbolen zum Ausdruck bringt. Der Inhalt variiert zwar, weist aber dennoch viele Entsprechungen auf.

Schwingung und Energie

*Energie ist die wirkende Kraft
im Leben.*

Die Schwingungsfrequenz

Energien sind niemals statisch, sie schwingen immer in einem bestimmten Rhythmus. Die reinen Energien schwingen auf einer sehr hohen Ebene. Reine göttliche Energie, die frei fließt, ist von ungeheurer Kraft und Vitalität. Um diese hohe Energie für menschliche Zwecke verfügbar zu machen, ist es notwendig, sie auf menschliches Niveau zu transformieren. Dieses Niveau wird durch eine Verlangsamung der Schwingungsfrequenz erreicht, wodurch die Energie in den sichtbaren Bereich überführt wird.

Mit der Reduzierung der Schwingungsrate ist aber auch eine Abnahme der göttlichen Energie verbunden, was letztendlich eine qualitative Verminderung bedeutet. Damit das Niveau nicht immer weiter absinkt bis zur niedrigsten Stufe, ist die Verankerung in einem Organismus notwendig, der den Fluss der Energie aufhält.

Göttliche Energie in reinem Zustand ist von mitreißender Gewalt; die tobenden Elemente veranschaulichen diese Kraft. Sobald die Energie durch einen Leiter fließt, wird die gebündelte Kraft in eine Richtung gelenkt und zentriert. Die Zentrifugalkraft ist ein Beispiel für eine gelenkte Kraft, die es ermöglicht, ein Gleichgewicht unterschiedlich wirkender Kräfte herzustellen. Ein anderes Beispiel für die Auswirkung göttlicher Kräfte ist die Erdanziehung, die verhindert, dass der Erdball und die darauf befindliche Materie in alle Richtungen auseinanderkatapultiert wird. Sonnenenergie ist reinste Energie, die auf dem höchsten Niveau schwingt.

Zielgerichtete Energie ruft die unterschiedlichen Manifestationen auf der Oberfläche der Erde hervor. Sie ist die Kraft, die den Kreislauf des Lebens bewirkt. Die menschliche Persönlichkeit gleicht einem Sieb, das bestimmte Eindrücke empfängt. Das Sieb hat Filterfunktion, denn nur eine begrenzte Anzahl von Eindrücken gelangt hindurch. Diese Filterfunktion weist - abhängig vom jeweiligen Temperament - individuell große Unterschiede auf. Das Temperament spielt dabei die entscheidende Rolle und ist der bestimmende Faktor. Menschen aus den unterschiedlichsten Kulturen weisen jeweils höhere oder niedere Schwingungen auf. Allerdings hat mittlerweile eine beträchtliche Vermischung stattgefunden.

Ein zwischenmenschlicher Kontakt wird dann als angenehm erlebt, wenn die Energien der Beteiligten ein ähnliches Schwingungsmuster aufweisen. Mann und Frau weisen unterschiedliche Schwingungsmuster auf, die auf den polaren Gegensätzlichkeiten von Anziehung und Abstoßung beruhen. Die Gegensätzlichkeit der Pole bedingt eine Anziehung, die bei der Höherentwicklung immer mehr an Stabilität gewinnt, was letztendlich in der Unauflöslichkeit der Bindung zweier Menschen gipfelt. Diese Verschmelzung der Gegensätze ist das eigentliche Ziel des Menschen.

Einem Wanderer auf dem spirituellen Pfad wird geraten, sich abseits von großen Menschenansammlungen aufzuhalten, denn die dort anzutreffenden Bedingungen sind seiner Entwicklung nicht förderlich. Beim Zusammentreffen vieler Menschen entsteht in der Regel ein mächtiges negatives Bewusstseinsfeld, wobei die Gefahr besteht, dass die Schwingungen des Einzelnen absorbiert werden. Eine Vermischung findet statt mit negativen Auswirkungen auf die individuelle Schwingungshöhe des Einzelnen. Es kommt zu Kreuzungen in den Auren, die von nachhaltiger Dauer sind.

Schutzmaßnahmen reichen nicht aus, sobald mehrere Menschen auf engem Raum zusammentreffen. Das Vermögen eines Probanden, die Durchdringung seiner Aura rückgängig zu machen und sein Bewusstseinsfeld zu klären, ist begrenzt. Bei Einzelkontakten ist die Durchdringung weniger massiv und daher auch nicht von derart nachhaltiger Dauer. In der Gefahr der gegenseitigen Durchdringung der Auren liegt der Grund für das Eremitentum von Adepten, die nach Vervollkommnung streben.

Anders verhält es sich mit Versammlungen, bei denen Menschen zusammenkommen, die bereits eine höhere Entwicklungsstufe erreicht heben. Hier geschieht die Durchdringung zu gegenseitigem Nutzen, denn die positiven Schwingungen des Individuums werden verstärkt und nicht gemindert. Einen positiven Effekt erzielen auch Meditationsübungen, welche die Aura klären und schützen. Auch das Singen heiliger Mantras hat eine Reinigungswirkung.

Die Schwingungsfrequenz der Lebewesen ist abhängig von einer Vielzahl von Faktoren. Vor allem der Reifegrad, der dem jeweiligen Organismus entspricht, ist dabei maßgebend. Die Schwingungsfrequenz bei Mensch und Tier korrespondiert mit dem jeweiligen Grad der bewussten Ausrichtung der Gedanken. Das menschliche Bewusstsein ist aufgrund seiner größeren Kapazität in der Lage, über längere Zeit einen selbstbestimmten Fokus beizubehalten. Es ist vor allem diese Fähigkeit, die den Menschen vom Tier unterscheidet.

Die Frequenz der Lebewesen schwingt in unterschiedlichem Rhythmus. Das Schwingungsmuster der Pflanzen ist dem der Menschen ähnlich, während das Schwingungsmuster der Tiere Ähnlichkeit mit den Steinen aufweist. Die Schwingungsfrequenz der Steine ist extrem beschleunigt. Sie sind daher kaum zu einer auch nur minimalen Aufmerksamkeitsfokussierung in der Lage. Daher hat die Vorsehung es zum Schutz der Energie so eingerichtet, sie in einer extrem trägen Materie zu verankern. Auch bei einfachen Lebensformen ist es notwendig, eine gewisse Aufmerksamkeitsrichtung beizubehalten, um Bewegungsabläufe zu ermöglichen. Die Koordinationsfähigkeit der Bewegungen nimmt mit der Höherentwicklung zu.

Die physische Vervollkommnung ist allerdings bei der Weiterentwicklung nicht mehr in dem Maß notwendig. Andere Gaben und Fähigkeiten treten in den Vordergrund, welche die Entwicklungsrichtung begünstigen.

Die Schwingungsfrequenz bei Mensch und Tier entspricht dem jeweiligen Grad der Ausrichtung. Der Mensch ist aufgrund seiner größeren Kapazität in der Lage, über längere Zeit einen selbstbestimmten Fokus beizubehalten. Es ist vor allem diese Fähigkeit, die den Menschen vom Tier unterscheidet.

Je höher entwickelt ein Lebewesen ist, desto mehr ist es in der Lage, die Richtung seiner Aufmerksamkeit selbst zu bestimmen. Diese erworbene Fähigkeit ermöglicht ihm, große Taten zu vollbringen. Die Schwingungsfrequenz korrespondiert mit der Fähigkeit, den Aufmerksamkeitsfokus beizubehalten. Je länger die Aufmerksamkeit in eine Richtung gelenkt werden kann, desto höher ist die Schwingung. Auch Verständnisbereitschaft und Aufnahmefähigkeit sind abhängig vom jeweiligen Entwicklungsstand.

Zwei Individuen gelangen zur Vollendung, wenn das höchste Ziel, das Einssein, d.h. die Verschmelzung zweier Persönlichkeiten zu einer, erreicht ist. Die Grundvoraussetzung für dieses Einheitserlebnis ist eine sehr hohe Schwingungsfrequenz beider Partner, die das Niveau über einen längeren Zeitraum hinweg halten können. Sobald zwei Menschen unauflöslich miteinander verschmolzen sind, findet eine Rückkehr statt zum Urgrund allen Seins. Eine lange Reise ist damit zuende.

Allerdings sind Nonnen und Mönche auf sich allein gestellt.

Es gibt verschiedene Wege, die alle zum gleichen Ziel führen. Zwischen spiritueller und geistiger Vervollkommnung existiert ein Unterschied. Die Interessen der Menschen sind verschieden, ebenso wie die Entwicklungsrichtungen. Alle Wege sind von gleicher Bedeutung und führen letztendlich zur Vollkommenheit, auch wenn die Voraussetzungen unterschiedlich sind.

Lenkung der Gedankenkräfte

Der Zusammenhalt eines lebenden Organismus ist nicht so festgefügt, wie gemeinhin angenommen wird. Die einzelnen Teile sind nur lose miteinander verbunden und fügen sich erst im Laufe der Zeit zu einer festen Struktur zusammen. Eine eingeschränkte Sinneswahrnehmung (d.h. das Fehlen von übersinnlichen Kräften) ist ein Schutz, denn sie dient dem inneren Gleichgewicht. Bei Menschen mit erweiterter Bewusstheit, die innerlich sehr unausgeglichen sind, besteht die Gefahr von Horrorvisionen und alptraumhaften Vorstellungen, was zu einer seelischen Zerrüttung und Destabilisierung der Psyche führen kann.

Das Innenleben eines Menschen, der sich für spirituelle Fragen interessiert, ist von entscheidender Bedeutung. Eine ausgeglichene Psyche kann als Voraussetzung für jede Weiterentwicklung zu höherem Bewusstsein angesehen werden. Nur einer ausreichenden Bewusstseinskontrolle ist es zu verdanken, wenn das psychische System standhält und keinen Schaden davonträgt. *Auch ein reiner, unbefangener Sinn ist ein Schutz gegen schädigende Einflüsse.*

Als Teil der spirituellen Entwicklung ist es wichtig, seine geistigen Ausstrahlungen unter Kontrolle zu halten. Jedwedes Tun ist auf der astralen Ebene sichtbar. Daher sollte jeder sein Handeln und seine Reaktionen sorgfältig auswählen. Die Wogen der gemüthaften Erregungen müssen geglättet werden, bevor der spirituelle Aufstieg beginnen kann. Gelingt dies nur mangelhaft oder gar nicht, ist der Proband später einer Vielzahl störender Einflüsse seitens der eigenen geistigen Erzeugnisse ausgesetzt, die ihn hinunterziehen und sogar seinen Sturz verursachen können. Er erleidet einen Rückfall in grobstoffliche Strukturen ohne nennenswerte geistige Bewegungsfreiheit.

Die grobstoffliche Materie schützt die Lebewesen vor den unmittelbaren Folgen ihrer geistigen Tätigkeit. Heftige Gefühlsausbrüche werden aufgrund der Trägheit der grobstofflichen Trägersubstanz in ihrer Wirkung stark abgemildert. Doch extrem heftige Eruptionen können auch hier immensen Schaden anrichten. Je feinstofflicher die Trägersubstanz, desto direkter und heftiger ist die sichtbare Auswirkung.

Energetische Zusammenhänge sind nicht leicht zu erklären. Einen anschaulichen Vergleich kann ein Würfelspiel bieten: Hohe Zahlen bei Würfeln bedeuten eine Summierung, eine Anhäufung von Möglichkeiten. Die höchste Punktzahl gewinnt. Mit den Energien verhält es sich ebenso, aber im umgekehrten Verhältnis: Je höher die Energiemenge, die von einem Organismus erzeugt wird, desto instabiler wird das System. Es gerät unter Druck, weil die Steuerung der enormen Energiemenge entsprechen muss. Ist die Kontrolle nicht in ausreichendem Maße vorhanden, läuft der Mensch Gefahr, den Halt völlig zu verlieren.

Eine geistige Schulung bereitet den Adepten auf eine vermehrte Energieaufnahme vor, weshalb eine Öffnung der Kanäle in seinem Innern erfolgt. Der erhöhte Energiefluss ist allerdings mit Gefahren verbunden, welche die vorangegangene Entwicklung zunichte machen können. Werden die Energien nicht in feste Bahnen gelenkt, dann entgleiten sie der Kontrolle des Betreffenden. Er wird zum Spielball der in ihm waltenden Mächte, was ihn unbeherrscht, jeder Laune ausgeliefert, reagieren lässt. Daher ist die Lenkung der Energien oberstes Ziel, das allen anderen vorangeht. Diesem Zweck dient die umfassende Kontrolle der Gedanken und Gefühle.

Voraussetzung jeglicher Konzentration ist innere Gelassenheit, ja Gleichgültigkeit. Nur unter dieser Voraussetzung ist ein Jünger befähigt, auch größere Energiemengen zu bewältigen. Je weniger er in der Lage ist, seine Gemütsbewegungen zu kontrollieren, desto weniger Fortschritte auf geistigem Gebiet wird er machen, denn der Fortschritt ist abhängig von der Beherrschung der Gefühlswelt. Ein spiritueller Jünger wird sich daher Situationen ausgesetzt sehen, die seine Geistesgegenwart erfordern oder seinen Widerstand reizen. Diese ‚Eignungstests' werden seinen weiteren Weg bestimmen.

Um das innere Gleichgewicht herzustellen und aufrechtzuerhalten, ist stetige Übung notwendig. Die Bündelung der Energien mag zu gewissen Zeiten schwierig erscheinen und doch ist sie die einzige Möglichkeit, wieder ein Ordnungsgefüge zu erzeugen. Stimmungsschwankungen können weitgehend vermieden werden, wenn die Gedanken zielgerichtet sind, denn allein die Ausrichtung der Gedankenenergie hat eine gleichmäßige Gemütslage zur Folge.

Als Folge mangelhafter Konzentration wird das Gehirn in Mitleidenschaft gezogen, denn die Ansammlung von Energien im Kopfbereich nimmt zu, sobald der Fokus sich von außen nach innen verlagert. Die Energie staut sich im Bereich des Kopfes, was deutliche Auswirkungen hat. Eine Gefährdung ergibt sich aber erst dann, wenn die Energie immer weiter kumuliert und ein Ausmaß erreicht, das die feinen Kapillaren in den Adern beeinträchtigt. Die Kapillaren sogen für den Sauerstofftransport. Wird das Gehirn nicht mehr ausreichend durchblutet, kann ein Schlaganfall die Folge sind.

Der Energiefluss wird unterbrochen, sobald die Gedanken in verschiedene Richtungen abschweifen. Daher sollten träumerische Zustände möglichst vermieden werden, denn daraus folgt Desorientierung. Das Ziel besteht darin, die Gedankenkräfte solange wie möglich auf einen Gegenstand auszurichten. Auch eine abstrakte Vorstellung ist geeignet. Jedes Abschweifen verhindert die Kontinuität des Gedankenflusses.

Die mentale Kontinuität zu wahren bedeutet, so etwas wie einem roten Faden zu folgen und aufeinander aufbauende oder sich ergänzende Gedankenketten zu bilden, was eine grundlegend stabilisierende Wirkung hat.

☼ *Um die mentale Ausrichtung zu fördern, stelle dir ein Licht vor, das in mittlerer Entfernung in deinem Blickfeld schwebt. Dieses Licht hat anziehende Wirkung auf deine Energie.*

Die Konzentration der Gedankenkräfte erfordert viel Disziplin, hat aber auch weitreichende Folgen. Ein Mensch, dem die Kontrolle seiner Gedankenenergien gelingt, hat sich hiermit ein Instrument erarbeitet, das ihn in die Unabhängigkeit führen kann, ja die Voraussetzung dafür ist. Auch anspruchsvolle Lebensaufgaben werden adäquater bewältigt, sobald eine mentale Zerstreuung vermindert wird.

Von großem Nutzen ist auch fleischlose Kost. Pflanzenkost gefährdet das Gleichgewicht in weit geringerem Maße als tierisches Eiweiß. Menschen, die zu Gefühlsüberschwang neigen oder sogar zu eruptiven Ausbrüchen, sollten vorerst ganz auf tierisches Eiweiß verzichten. Pflanzen enthalten einen hohen Anteil an Lichtenergie und bieten somit die ideale Grundlage für eine ausgewogene Ernährung, die den Harmonisierungsprozess unterstützt. Auch der Verzicht auf Genussmittel wie Alkohol, Kaffee, Zigaretten etc. ist dringend geraten.

Die Lenkung der Gedankenkräfte ist nicht von einem Tag zum anderen möglich, sondern das Resultat intensiver Übung. Zu Anfang genügt es, mehrmals am Tag zu bestimmten, festgesetzten Zeiten zu üben, z.B. 5 Min. pro Stunde. Ganz allmählich werden die Übungen ausgeweitet, bis die mentale Konzentration zur Gewohnheit geworden ist. Ein Übender ist angehalten, auch den Kontakt zum geistigen Lehrer regelmäßig aufzunehmen, um das Band zu klären und zu festigen. Für den Zusammenhalt der Kräfte ist eine konstante Verbindung zu den höheren Welten von Bedeutung, da die

Neutralisierung disharmonischer Kräfte damit einhergeht. Auch regelmäßige Atemübungen tragen zur Stabilisierung bei.

Hat ein Jünger ein gewisses Niveau erreicht, gestaltet sich der Lernprozess grundsätzlich anders. Freisein von störenden Gedanken ist Teil dieses Stadiums. Wenn der Energiefluss zunimmt, dann ist dies mit einer Abnahme der Seelenkräfte verbunden; das geistige Prinzip tritt in den Vordergrund. Die Seelenkräfte (Emotionen) verfeinern sich, was ihre Wirksamkeit in den Hintergrund treten lässt.

Solange dieses Stadium nicht erreicht ist, sollten die mentalen Energien weiterhin gebündelt und in eine Richtung gelenkt werden. Die Zielsetzung ist nicht festgelegt und kann je nach Vorlieben eines Individuums sehr unterschiedlich sein.

Konzentrations-Übung:

- Sammle Energie zu dem Zweck, sie in eine Richtung zu lenken.
- Bündele die Energie wie einen Strahl, der vom ‚Dritten Auge' ausgeht.
- Sende diesen Strahl zu einem imaginären Ziel, welches du selbst bestimmst.

Führe die Übung häufig aus. Mit der Zeit wird eine Neuausrichtung der Energie erreicht, was unangenehme Symptome beseitigen wird. Hat ein Jünger gelernt, auch mit heftigen Regungen umzugehen, ist er Einflüssen dieser Art in der Folge nicht mehr ausgesetzt. Sobald er seine mentalen Energien gut unter Kontrolle hat, kann er sich wieder größere Freiheiten in jeglicher Hinsicht erlauben und seinen zukünftigen Weg selbst bestimmen. Die Geistführer ziehen sich zurück und sind frei für andere Aufgaben.

Sobald es jemandem gelingt, seine mentalen Energien zu steuern, kann er seine Mitwelt in Erstaunen versetzen, denn unglaubliche Kräfte stehen ihm zur Verfügung.

◘ *Gedanken sind die Freiheit des Menschen, seinen Weg selbst zu bestimmen.*
◘ *In Gedankenstille wird der höhere Geistkörper erzeugt.*

Die Zielgerichtetheit der Gedanken stellt die Erreichbarkeit eines jeden Zieles in Aussicht. Die Schwierigkeit besteht in der Konzentration über einen längeren Zeitraum. Hier können Hilfsmittel gute Dienste leisten.

Ein Beispiel dafür ist die Arbeit mit einfachen Symbolen, wie **Viereck, Kreis** oder **Spirale**. Die Abbildung des Symbols wird nach und nach vielfältiger gestaltet; so können nach einiger Zeit Farben und Schattierungen hinzukommen. Allmählich wird der Schwierigkeitsgrad immer weiter gesteigert, um die Geisteskräfte zu schulen. Stetige Übung ist auch hier ausschlaggebend für den Erfolg.

In den verschiedenen Kulturen werden unterschiedliche Symbole benutzt. Die **Rose** gilt bereits seit frühester Zeit im Abendland als die am höchsten entwickelte Pflanze, als die Königin der Blumen und Überbringerin von Glück und Segen. Daher erfreut sie sich im Garten besonderer Beliebtheit und darauf beruht auch ihre enorme Anziehungskraft bei den Sehern.

Eine **knospende Rose**, die sich nach und nach entfaltet, wird häufig zum Vorbild der Meditation gewählt: Die Blätter kommen einzeln zum Vorschein; die Rose erblüht und beginnt, einen Duft zu verströmen, sich im Winde zu wiegen, etc. Als krönender Abschluss identifiziert sich der Meditierende mit der Rose. Dieses schrittweise Vorgehen ermöglicht eine Detailgenauigkeit, die sich dem Unterbewusstsein des Übenden einprägt. Ist dieser Vorgang einmal gelernt, kann er auch auf andere Objekte übertragen werden.

Die **Rosenblüte** ist von einem tiefen Symbolgehalt erfüllt und daher für geistige Übungen besonders geeignet. Eine weiße Rose gilt als Symbol der Reinheit, des Strebens nach spiritueller Vervollkommnung. Die Entfaltung der Blütenblätter steht für die stufenweise Annäherung an das höchste Ziel. Eine rote Rose steht für

Opferbereitschaft, Mut und die Entschlossenheit, ans Ziel zu gelangen. Hat ein Mensch die Vollkommenheit erreicht, dann erscheint er einem anderen Seher wie die vollkommene Form einer Rose mit weiß-roten Blütenblättern.

Ausgleich der Energieströme

Die nächste Entwicklungsstufe setzt den Ausgleich der Stimmungsschwankungen voraus. Nur ein Mensch mit ausgeglichener Gemütsverfassung ist geeignet und in der Lage, starke Energieströme zu beherrschen, was als eine der Voraussetzungen für die geistige Weiterentwicklung gilt.

Jeder Mensch hat eine bestimmte, festgesetzte Energiemenge zu seiner Verfügung, die er nach Belieben verwenden kann. Sind Energien nicht im Gleichgewicht, weisen sie die Tendenz auf, sich zu vermindern. Der Vorgang ähnelt einem bis an den Rand gefüllten Glas, dessen Inhalt ausfließt, sobald das Glas gekippt wird. Um eine Verringerung der Energien zu verhindern, ist das psychische Gleichgewicht unerlässlich.

Manche Menschen verspüren ein starkes ‚Pulsieren' im Kopf. Dies ist eine Folge von inkonsistentem Verhalten, wenn Gefühlsaufwallungen mächtige Energie-Felder in Bewegung setzen, die sich im Nachhinein in nicht angenehmer Weise bemerkbar machen.

Die Energiezentren öffnen sich während der spirituellen Entwicklung schrittweise, wodurch in der Folge ein vermehrter Energiefluss entsteht. Falls ein Jünger sich den höheren Energien verschließt, sinkt der Energiezufluss ab. Wenn der Energiestrom behindert wird, führt dies zu Stauungen mit krankmachender Wirkung. Es ist, als wenn eine Schleuse sich nicht öffnet und der Durchfluss daher nicht möglich ist. Ein Energiedefizit führt zu Lustlosigkeit, zu Apathie, und kann auch den physischen Organismus in Mitleidenschaft ziehen

Die seelische Verfassung entscheidet, mit welcher Art von Energie jemand in Kontakt kommt. Sobald sich die Energiezentren öffnen, besteht die Gefahr des umgelenkten Energieflusses, d.h. Energie fließt aus in fremde Kanäle. Zur Vermeidung des Energieabflusses ist die innere Ausgeglichenheit unumgänglich. Die höhere geistige Welt kann nur derjenige erreichen, der hochgestimmt ist.

Viele Jünger sitzen - bildlich gesehen - auf einer Schaukel, die sich vom Zustand des Ausbalanciertseins immer mehr nach unten neigt. Sie befinden sich im Mittelpunkt gewaltiger Kräfte, die sie in die eine und zugleich in eine andere Richtung ziehen. Werden sie der schwierigen Aufgabe, die Balance zu halten, nicht gerecht, tut sich ein Abgrund auf, der immer größer wird und sie zu verschlingen droht.

Das Bewusstseinsfeld verdunkelt sich immer mehr und sie werden zu einer Gefahr für sich und andere. Die Verdunklung wird aufgehalten, sofern es ihnen gelingt, genügend Lichtströme zu absorbieren. Lediglich eine einseitige Haltung führt ins Verhängnis. Dunkle Mächte ergreifen von ihnen Besitz, sobald sie zulassen, dass düstere Stimmungen ihr Bewusstsein dominieren.

Eine *Übung*, um die Lichtaufnahme zu erleichtern:

☼ *Setze dich im Schneidersitz auf eine bequeme Unterlage mit nach oben weisenden Handflächen.*
☼ *Lege den Kopf in den Nacken und konzentriere dich auf einen weißen Punkt in großer Entfernung.*

Diese einfache Übung ermöglicht es immer wieder, Kontakt zur geistigen Welt herzustellen, was in manchen Fällen überlebensnotwendig ist.

Sobald sich die Energien harmonisiert haben, ist der Jünger bereit für den nächsten Entwicklungsschritt. Harmonisierte Energien verhelfen ihm zu einer verbesserten Konzentrationsfähigkeit, zu mehr Nachsicht und Einfühlungsvermögen, die unabdingbare Voraussetzungen für jeden geistigen Fortschritt sind. Falls jemand die Harmonisierung seiner Energien nicht erreicht, bleibt ihm der weiterführende Zugang versperrt.

Sexuelle Entladungen

Beim sexuellen Beisammensein findet ein Austausch von Energien statt; beide Partner übernehmen Anteile der psychischen Elemente des anderen. Der Vorteil liegt klar auf der Hand. Die Partner profitieren von dem Wissen und den Erfahrungen des jeweils anderen.

Der sexuelle Akt ist ein tiefer gehendes Erlebnis, als die meisten Menschen ahnen. Energien verbinden sich neu, während andere im sexuellen Höhepunkt hinaus katapultiert werden. Der menschliche Organismus benötigt hin und wieder einen Impuls neuer (frischer) Zellen, um zu regenerieren und zu erstarken. Der Energie-Körper erleidet keine Einbuße, sondern er geht gestärkt aus der sexuellen Zweisamkeit hervor.

Im Orgasmus verschmelzen die Energien mit der Umgebung bzw. dem Partner, weshalb es sehr wichtig ist, Umgebung und Sexpartner gut auszuwählen. Bei der sexuellen Entladung ist das Bewusstseinsfeld weitgehend ungeschützt. Es ist wie ein Schwamm, der die umgebenden Energien aufsaugt. Ungebetene Gäste können verstärkt eindringen. Aufgrund der teilweisen Öffnung der Energiezentren ist bei spirituellen Menschen ein stärkerer Schutz notwendig, als dies normalerweise der Fall ist.

Diesen Schutz selbst zu erzeugen, ist die Aufgabe des Jüngers. Durch regelmäßige Reinigungsübungen und höhere Gedankenschwingungen kann ein wirksames Kraftfeld erschaffen werden, das ungebetenen Energiewesen den Zugang verwehrt. Gelingt es nicht auf Dauer, einen Schutzschild aufzubauen, wird sich die Energie unaufhaltsam nach unten transformieren.

Ein Orgasmus wirkt wie ein Katapult, der eine enorme Energiemenge ungesteuert in die Höhe schleudert. Die Energie wird in einem geschlossenen System nicht zerstreut, sondern ballt sich zusammen. Sie bildet einen Unruheherd im Organismus, der sich deutlich bemerkbar macht. Heftige Energieströme haben zerstörerische Auswirkungen auf das feinstoffliche Gefüge, das für subtilere Energien geschaffen ist.

Beim Sex ohne Partner (Masturbation) werden die Energien zwar auch bewegt, aber der Austausch findet in anderer Weise statt. Der fehlende Partner wird ersetzt durch unsichtbare Elementarwesen, die eifrig darauf bedacht sind, die Energien der Menschen aufzunehmen. Dies bedeutet eine Stärkung der Elementarwesen, die sich an einen Menschen hängen und zu einer echten Plage werden können. Sie halten sich in der Nähe eines Menschen auf und warten schon begierig auf die nächste sexuelle Entladung.

Die Energien des betreffenden Menschen verbinden sich mit der Zeit immer stärker mit dem Elementarwesen, dem es letztendlich sogar gelingen kann, sich an den Energie-Zentren des Menschen festzusaugen und von dessen Energien zu profitieren. Ein häufiger Energie-Abzug schwächt den Menschen in zunehmendem Maße.

Gelingt es dem Wesen, sich dauerhaft festzusetzen, kann es seinen Einflussbereich ausweiten, die Energie-Zufuhr drosseln und letztlich ganz zum Erliegen bringen. Das Opfer stirbt einen qualvollen Tod, wie in den Vampir-Legenden bereits ausführlich dargestellt wurde. Auch nach seinem Tod gibt das Elementarwesen den Energie-Körper nicht frei, sondern verwandelt ihn in seinesgleichen. Der Mensch (die Seele) wird aus der feinstofflichen Hülle hinaus gedrängt und das Elementarwesen nimmt dessen Platz ein.

Ich nehme an, dieses Schicksal betrifft nicht jeden, der Sex ohne Partner praktiziert. Wo liegen die Unterschiede?

Sex ohne Partner hat nicht in jedem Fall dieselben unangenehmen Begleiterscheinungen wegen der unterschiedlichen Energie-Dichte. Eine Lockerung des Energie-Gefüges führt zu einer Durchlässigkeit für fremde Energieströme. Diese Durchlässigkeit ermöglicht anderen Energien, mit dem betreffenden Menschen in Kontakt zu kommen.

Diese Kontaktaufnahme ist nicht in jedem Fall negativ, sondern sie schafft mitunter die Voraussetzung für eine Erweiterung des Bewusstseins in andere Bereiche des Seins. Hier liegt auch die Möglichkeit für eine Befreiung von den Quälgeistern. Die stete Ausrichtung des Bewusstseins auf höhere Geistebenen vermag es, die Fesseln zu sprengen, welche das Opfer bedrängen.

Lichtvolle Energieströme, die den gesamten Organismus mit höher schwingenden Energien füllen, drängen die Elementarwesen zurück bzw. wandeln diese um in eine höher schwingende Energie. Dies hat zur Folge, dass beide, der Mensch und das Elementarwesen, im Bewusstsein auf eine höhere Stufe gelangen und letztlich zu den Sternen aufsteigen, ein Teil des Firmaments werden.

Energie-Verbindungen sind ein ernstzunehmender Faktor in einem spirituellen Werdegang. Ein Bewusstsein, das nicht konstant in eine Richtung gelenkt wird, spaltet sich auf, indem es vielfältige Verbindungen eingeht. Sexualität öffnet ein Tor für das Einfließen fremder Energien, die sich mit der Erlaubnis des Gastgebers, der sich davon einen Lustgewinn verspricht, in ihm verankern können. Auch in geschwächtem Zustand, im Krankheitsfall, ist ein Organismus kaum in der Lage, fremde Energien auf Dauer erfolgreich anzuwehren. Eine nicht intakte Aura ermöglicht gleichfalls den Einlass fremder Energien, die sehr störenden Charakter annehmen können.

Die orgiastische Entladung zieht die Aura in Mitleidenschaft. Die Aura ist der Schutzschild des Menschen, der unerwünschte äußere Einflüsse fernhält. Ist dieser Schutzschild einmal durchlässig geworden, besteht die Gefahr einer Inflation mit negativen Energieströmen, sobald die Abwehr geschwächt ist. Diese Einflüsse können ein System so stark infiltrieren, dass eine Gegenwehr nicht mehr möglich ist. Um es in der Umgangssprache auszudrücken: Der Mensch ist ‚besessen'. Der Grad der Besessenheit reicht von leichten Formen des Unwohlseins bis hin zu massiven Durchbrüchen in die Psyche des Betroffenen. Hier Abhilfe zu schaffen wird nach einer gewissen Zeit äußerst schwierig.

Niemand ist daran interessiert, sexuelle Erfahrungen zu schmälern und mit einem Stigma zu versehen. Problematisch bei den Erfahrungen ist die Bereitwilligkeit, mit der sich viele Sinnsucher zweifelhaften Energiewesen öffnen. Die Widerstandskraft erlahmt sehr rasch, wenn ein Lustgewinn mit der Erfahrung gekoppelt ist. Nachgiebigkeit wird dann zur Schwäche, wenn die rein körperliche Komponente ausschlaggebend ist. Das Herz bleibt unbeteiligt, wo es doch den ersten Platz einnehmen sollte.

Die ‚Schule des Lebens' sollte die Betroffenen bereits eines besseren belehrt haben. Nicht ohne Grund werden Verbindungen dieser Art im menschlichen Lebensumfeld mit sehr kritischer Einstellung bedacht. Vieles von dem, was im mitmenschlichen Bereich geschieht, kann auf diejenigen Prozesse, die im Geistigen von Bedeutung sind, übertragen werden. Jeder Suchende ist für sein Schicksal selbst verantwortlich, da ihm ja ein angemessener Lernbereich zur Verfügung steht.

Hierbei unterscheidet sich der geistige Bereich keineswegs von der ‚Schule des Lebens', wo das Übernehmen von Eigenverantwortung ein wichtiger Teil des Lernprozesses ist. Jeder ist gefordert, die Mittel und Wege, die seinem Schutz dienlich sind, zu entdecken und gewisse Regeln einzuhalten. Hierzu gehört, keinen leichtfertigen Umgang mit der Geisterwelt zu pflegen, sowie den geistigen Wesenheiten mit Respekt zu begegnen. Die Verbindung zu einem spirituellen Lehrer kann einen Jünger weitgehend vor einem Teil der gröbsten Gefährdungen abschirmen.

Wie kann sich jemand gegen einen Inkubus zur Wehr setzen?

Eine Verbindung über das Sexualchakra ist eine zweischneidige Angelegenheit. Je nach Art der Verbindung kann sie die Person in geistige Höhen befördern oder aber hinab in den Sumpf ziehen. Eine Abwehr gegen nach unten ziehende Kräfte ist die innere Einstellung, die es ablehnt, sich den Einflussnahmen niederer Wesenheiten zu öffnen.

Die jeweiligen Gedankeninhalte bilden die Grundlage, die es dunklen Mächten erlauben, eine Verbindung einzugehen oder im Gegenteil derartige Kontakte verhindern. Niedere Energiewesen können in höheren Schwingungsgraden nicht lange existieren. Sie verlieren den Halt und werden aus dem Organismus buchstäblich hinausgeworfen. Sobald mit sexuellen Aktivitäten keine minderwertigen Phantasien verbunden werden, ist damit ein gewisser Schutz gegeben.

Der Kontakt mit der geistigen Welt birgt Gefahren, die leicht übersehen werden. Wer sich hierüber im Klaren ist, gerät nicht so leicht in Not. Die innere Ausrichtung eines Menschen entscheidet darüber, wie die Natur der Gefahren beschaffen ist, denen er ausgesetzt wird.

Ein gefährdeter Mensch hat immer die Möglichkeit, Rat und Hilfe aus der geistigen Welt zu erhalten. Die geistigen Helfer sind unter gewissen Voraussetzungen bereit - unabhängig vom Schweregrad der Problematik -, helfend einzugreifen. Hierzu gehören selbst Vergehen, die gemeinhin einen Menschen schwer belasten. Voraussetzung für eine Intervention seitens der Geisthelfer ist der ernsthafte Wunsch nach Änderung der Lage und die Bereitschaft, eigene Schritte zu unternehmen, um einen Erfolg zu ermöglichen.

Die Verunsicherung diesbezüglich beruht auf mangelndem Vertrauen in das geistige Wesen. Ein Mensch, der einen guten Kontakt mit seinem inneren Selbst hat, wird kaum in Verlegenheit geraten. Er ist in der Lage, jede Situation ohne Zögern zu meistern, da ihm Sicherheit aus der geistigen Welt zuwächst.

Als lästig empfundene unruhige Energien im Kopfbereich kommen oftmals nicht durch äußere Einwirkung zustande, sondern es sind die Ausläufer sexueller Begierden. Der Proband selbst ist dafür verantwortlich, welche Art von Energie entsteht. Beschwerden, die von einigen auf ‚Fremdenergien' zurückgeführt werden, basieren häufig auf einem Konglomerat aus persönlichen Energieerzeugnissen, vermischt mit Potentialen aus der näheren Umgebung. Sie bilden eine Kette, die aus dem inneren Erleben erwächst und daher der jeweiligen Person entspricht.

Ein Jünger sollte bei allen Gelegenheiten auf seine Schwingungsfrequenz achten. Harmonische Musik kann da sehr hilfreich sein. Solange er die unangenehmen Energien beachtet, werden sie ein Teil seiner Erfahrung bleiben. Das Energiesystem zu schützen, ist die vordringliche Aufgabe in einer spirituellen Entwicklung. Hierzu stehen mehrere Möglichkeiten zur Verfügung.

Als erstes muss ein spiritueller Wanderer lernen, seine Begierden unter Kontrolle zu halten, sofern er eine spirituelle Entfaltung anstrebt. Sobald sich die Energie eines Menschen auf einem höheren Niveau befindet, werden Öffnungen geschaffen, die eine Aufwärtsbewegung der Energie ermöglichen. Das dritte Energiezentrum kann als Durchgang betrachtet werden, der das Fließen der Energie nach oben ermöglicht.

Die Freigabe der Energien aufgrund einer Öffnung des 3. Chakras bewirkt die Anziehung jeglicher Energieströme, auf die sich der Jünger konzentriert. Eine Verbindung geschieht aufgrund lang anhaltender Konzentration auf bestimmte Energieströme.

Es existieren unterschiedliche Stadien der Entfaltung. Der Weg ist nicht im Detail vorgezeichnet, daher hat jeder die Möglichkeit, seine Entwicklung mitzugestalten. Der Zustand, der von einigen sehnsüchtig angestrebt wird, wirkt auf andere eher abschreckend. Sie haben große Vorbehalte dagegen, auf die altbekannte Umgebung und vertraute Gewohnheiten verzichten zu müssen. Diese Bedenken sind durchaus verständlich, nur führen sie manchmal zu rigorosen Abwehrhaltungen, die jedes Weiterkommen unterbinden.

Dies hat grundlegende Auswirkungen, die nicht immer überschaut werden. Ein spiritueller Fortschritt findet in der Regel zu einem Zeitpunkt statt, an dem ein gewisser Reifegrad erreicht ist. Verhindert ein Proband durch seine Abwehrhaltung die Weiterentwicklung, kommt die Entfaltung seines Bewusstseins zum Stillstand. Der Mensch stagniert und wird erst sehr viel später in der Lage sein, auf ähnliche Weise Fortschritte zu erzielen.

Soll eine Aufwärtsbewegung verhindert werden, da weiterhin irdische Interessen im Vordergrund stehen, ist eine Meditation auf das dritte Energiezentrum, den Solarplexus (in der Körpermitte) anzuraten.

Übung, die das Aufwärtsfließen der Energie unterbricht:

☼ 1: *Stelle dir ein großes, rotes Herz vor, das den Durchgang im Solarplexus verschließt und die Energien am Weiterfließen hindert. Die Energien bleiben gebunden im untersten Lotos (Chakra) und können nach außen fließen.*

☼ 2: *Visualisiere ein blaues Licht in deinem Stirnchakra, dessen reinigende Flamme alle dort befindliche überflüssige Energie verzehrt.*

☼ 3: *Stelle dir nun ein leuchtendes gelbes Licht vor, das von oben auf dich herabstrahlt und deine Aura durchflutet. Die lichten Ströme verzehren alle niederen Energien, die sich im Laufe der Zeit angesammelt haben.*

Die Sexualität dient, richtig angewandt, als Tor zu den höheren Welten. Jeder muss an einem gewissen Punk seiner Entwicklung entscheiden, ob er irdischen Begierden verhaftet bleiben oder seine Sexualität transformieren und auf eine höhere Stufe heben will.

Energie-Zerstreuung

Wenn ein Bewusstseinsfeld die Tendenz hat, sich auszuweiten, benötigt es mehr Halt als ein eingeschränktes, da die Gedankenkräfte von Natur aus die Neigung haben, sich zu zerstreuen. Die Ausweitungstendenzen beruhen in der Regel auf einem gewissen Interesse des Probanden, das diesem nicht immer bewusst ist. Der unbewusste Prozess zeitigt aber Folgen, die mit der Zeit immer deutlicher in Erscheinung treten.

Eine Entgrenzung der Psyche ist nur dann möglich, wenn zuvor die Abgrenzung ausreichend gelungen ist. Gelingt die Abgrenzung nur mangelhaft, führt dies zu einem Gefühl des Überschwemmtseins mit äußeren Eindrücken. Die Folge davon ist eine rasch aufeinander folgende, ziellose Gedankentätigkeit. Um die Abgrenzung zu lernen, bedarf es eines psychischen Kniffs: Nur die völlige innere und äußere Ruhe schafft die Voraussetzungen, um die Psyche vor äußeren Einflüssen zu schützen. In der Stille kann der Geist die Beeinflussung von sich fernhalten.

Eine Zerstreuung der mentalen Energie bewirkt einen fortschreitenden Energiemangel. Die Energien geraten zunehmend ins Abseits, denn der Mensch ist nicht mehr ‚im Fluss'. Im ‚Fluss des Lebens' zu sein bedeutet, integriert zu sein im großen Weltganzen. Doch wenn die Energien sich zerstreuen, wird der Organismus auch für negative Strömungen durchlässig. Die Filterfunktion geht verloren und eine Verkettung mit anderen, fremden Energien kann geschehen.

Die Konsequenzen sind in den meisten Fällen nicht in aller Deutlichkeit klar. Durch eine Zerstreuung seiner mentalen Energien kommt der Betreffende in Verbindung mit niedrig schwingenden Energiewesen, die seinen Bewusstseinsfokus weiter destabilisieren.

Er wird ein Spielball negativer Mächte, die versuchen, sein System zunehmend unter ihre Kontrolle zu bringen. Letztendlich gelingt es dem persönlichen Bewusstsein nicht mehr, die lichten Ebenen zu erreichen, denn dunkle Wesenheiten ergreifen Besitz von ihm. Diese Wesen haben die Aufgabe, nicht mehr lebensfähige Organismen auszusondern und letztlich zu eliminieren. Nur eine konsequente Ausrichtung wäre in der Lage, die Destabilisierung der Energien zu verhindern.

Ist die Zerstreuung der Energien bereits weit fortgeschritten, kann sie nicht mehr ohne weiteres aufgehalten werden. Neigt eine Energie erst einmal dazu, sich zu zerstreuen, dann ist sie nicht mehr ohne weiteres zum Zusammenhalt bereit. Die diffundierenden Energien verbinden sich mit ihnen ähnlichen Schwingungsmustern bzw. Strukturen. Diese Verbindung hat weitreichende Folgen, da das gesamte System des Betroffenen mit fremden Energien infiltriert wird.

Der Zerstreuung entgegenwirken kann lediglich eine konsequente mentale Ausrichtung, die aber unter den gegebenen Umständen besonders erschwert ist. Kann dem Prozess nicht Einhalt geboten werden, zerstreuen sich die Energien immer weiter, was bis zum Zerfall der persönlichen Psyche führen kann. Der Mensch fühlt sich bereits von einfachen Rechenoperationen überfordert und verliert mit der Zeit jeden Halt.

Schreitet die Zerstreuung der Energien noch weiter fort, zerfällt die psychische Struktur des Individuums. Ein Mensch, dessen Psyche zerfällt, ist nicht mehr zu klaren Denkvorgängen fähig. Er gleicht zunehmend einem kleinen Kind, auf dessen Entwicklungsstadium er zurückfällt. Diffundieren die Energien noch weiter, ist die Person nicht mehr lebensfähig; ihre Struktur löst sich auf.

Ein Mensch in diesem Stadium ist nur noch ein hilfloses Wrack und nicht mehr in der Lage, mit seiner Umwelt in Kontakt zu treten. Nur Meisterenergien wären imstande, hier noch hilfreich einzugreifen. Unter Aufbietung gewaltiger Kräfte könnte es ihnen unter Umständen gelingen, in gewissem Maße wieder eine ordnende Struktur in die Psyche einzufügen. Doch in manchen Fällen versagt jegliches Können und der Mensch geht zugrunde.

Wo liegt die Ursache für eine derart weitgehende Zerstreuung von Energie?

Bei der ersten Einweihung werden die psychischen Strukturen gelockert. Hierdurch sollen dem Initianden weitreichendere Möglichkeiten als bisher eingeräumt werden. Ein stabiler Bewusstseinsfokus muss in der Folge erzeugt werden, indem die Aufmerksamkeit unverwandt auf einen Punkt gerichtet wird.

Ist die Zerstreuung der Energien bereits weit fortgeschritten, bleiben Bemühungen um Konzentration weitgehend rudimentär. Falls der Betreffende nicht völlig aus den Fugen geraten will, benötigt er eine besondere Hilfestellung, eine Aufgabe, die bei konsequenter Einhaltung eine Besserung seiner mentalen Fähigkeiten verspricht.

Die Grundlage der Methode, die geheim ist, besteht in einem Artefakt aus der Frühkultur der Menschheit. Der Mensch war nicht immer der Sprache mächtig, sondern benutzte am Anbeginn seiner Entwicklung Symbole, die der Verständigung dienten. Eines dieser Symbole war das *Rad*; das ihm von Anfang an vertraut war.

Eine Möglichkeit der Regeneration ist die Konzentration auf das *Rad-Symbol*. Dies wird den zerstreuten Geist befähigen, seine Energien konsequent in eine Richtung zu lenken. Das Artefakt ist mit Kraft geladen und wird die Bemühungen in weitgehender Weise unterstützen.

Das Symbol besteht aus einem Rad mit acht Speichen bzw. einem Kreis mit acht Querverbindungen. Es dient zur täglichen Übung. Je häufiger es angewendet wird, desto besser. Die Übungsdauer liegt zwar im Ermessen des Übenden, sollte aber pro Tag nicht unter zwei Stunden liegen.

Jede andere Art von mentaler Ausrichtung ist ebenfalls nützlich, wenn sie dem Jünger dabei hilft, seine Energien zu fokussieren. Hat er einen stabilen Fokus erreicht, gibt es keine Probleme damit, seine Handlungen zu steuern und seinen alltäglichen Verrichtungen nachzugehen. Lediglich die mangelnde Ausrichtung schafft Probleme. Sobald die Fokussierung dauerhaft gelingt, lassen sich die positiven Resultate sehr bald feststellen. Ist ein stabiler Fokus einmal erreicht, fließt die Energie gleichmäßig in eine Richtung und eine erweiterte Wahrnehmung wird möglich.

Fremde Energieströme

Die Menschen sind umgeben von einem Meer des Bewusstseins. Die sie umgebende Energiemenge ist enorm. Um zu verhindern, dass negative Energien den körpereigenen Organismus infiltrieren, hilft es, wenn man eine ruhige innere Haltung bewahrt. Die Energien heften sich an ihnen gleich geartete, denn nur so kann eine Verbindung zustande kommen. Kaum ein Mensch, der sich auf die Suche nach spirituellen Erfahrungen begibt, ist vor diesem Hindernis gefeit.

Spirituelle Wanderer sind oft einem besonderen Ansturm ausgesetzt, der seinesgleichen sucht, denn Erfahrungen dieser Art sind Teil des geistigen Weges. Lernprozesse in ähnlicher Form ereignen sich recht häufig; man kann ihnen nicht entgehen. Der Jünger ist den Fremdenergien keineswegs auf Gedeih und Verderb ausgeliefert. Die Gegenmaßnahme besteht darin, das eigene Schwingungsniveau anzuheben und die fremden Energien, die sich annähern, zurückzuweisen. Ist er hierzu in der Lage, werden die andrängenden Energien von selbst verschwinden. Auch eine konsequente Ausrichtung der Gedankenkräfte trägt mit der Zeit Früchte. Die beste Möglichkeit, lästige Energieströme fernzuhalten, ist die konsequente Hinwendung zur Lichtwelt.

Störende Energien verbinden sich mit dem Klang. Nicht nur Geräuschquellen von außen, auch die eigenen Gedanken erzeugen einen Klang, der Energien anzieht. Die Energien entsprechen der Vibration des Klanges, und diese wird wiederum beeinflusst von der Qualität der Gedankenenergien.

Die Infiltration des Bewusstseins nimmt zu, je weniger die innere Abgrenzung gelingt. Die eindringenden Energien erzeugen Störfelder im Bewusstsein und vermindern die Merkfähigkeit. Informationen, die den Menschen normalerweise erreichen, können nicht zu ihm durchdringen. Er wird taub gegen äußere Einflüsse. Die Störfelder erzeugen eine Vibration, die dem Bewusstseinsfeld des Infiltrierten abträglich ist, denn sie entsprechen nicht der allgemeinen Stimmungslage bzw. Gedankenqualität.

Nehmen die Vibrationen, verstärkt durch heftige Gemütserregungen, immer weiter zu, zerstören sie langsam und unaufhaltsam das Gewebe im oberen Teil des Gehirns. Um das Zerstörungswerk fortzusetzen, benötigen die Energien allerdings die Aufmerksamkeit des Betroffenen, daher sind Ablenkungen jeder Art von großem Nutzen. Auch können sie dann nicht eindringen, wenn eine gewisse Schallgrenze überschritten wird, d.h. laute Musik ist der Infiltrierung abträglich.

Der Prozess der Regeneration gestaltet sich dann besonders mühsam, wenn die Ausrichtung auf die Lichtwelt lange hinausgezögert wird. Die Mächte des Lichts sind nur in dem Maße hilfreich, wie sich jemand an ihnen orientiert. Versagt der Proband in dieser Hinsicht, droht ihm Tod und Untergang. Dem Bewusstsein werden die positiven Elemente entzogen und der innere Halt, der ein wichtiges Moment der Stabilität und des Wohlbefindens ist, geht verloren.

Gefühle der Leere breiten sich aus, wo nichts an die Stelle des Verlorenen tritt. Das Gefühl der Leere geht einher mit einem Sinnverlust, der das Leiden noch vertieft. Daher ist in einer solchen Situation die Sinnfindung von herausragender Bedeutung. Ein lohnendes Ziel, das sich jemand setzt, kann den aussichtslos scheinenden Zustand erträglich machen. Dieses Ziel kann unterschiedlich geartet sein, je nach den Bedürfnissen des Individuums.

Weisen die Energien eines Menschen große Unregelmäßigkeiten auf, sind wichtige Lernprozesse noch nicht abgeschlossen Da die Harmonisierung der Persönlichkeit oberstes Ziel ist, erscheint den geistigen Lehrern ein verfrühtes Eingreifen oft nicht ratsam. Wenn der Übende seinem Ziel sehr nahe ist, ziehen sich dunkle, belastende Energien von selbst zurück. Strömen dennoch weitere negative Energien nach, kann dies ein Zeichen für den desolaten Zustand einer andrängenden Energie sein. Die brüchig werdende Verankerung soll wieder Halt bekommen. Die entsprechenden Gegenmaßnahmen sollten diese Bemühungen zunichte machen.

Die fremden Energien sind nicht so mächtig, wie oft angenommen wird. Sie sind nur so stark, wie man ihnen zubilligt und geraten in arge Bedrängnis, wenn der Übende konsequent in seinen Bemühungen bleibt. Die Erhöhung seiner Schwingungsfrequenz kann Wunder bewirken. Die negativen Energien können nicht lange in einem beschleunigten Rhythmus schwingen. Daher ist eine Befreiung nur noch eine Frage der Zeit.

Energie -Verbindungen

Der menschliche Körper ähnelt einem Vakuum. Um die Leere zu füllen, bedarf es der Energien aus seiner Umgebung. Das menschliche Bewusstseinsfeld zieht diejenigen Energien, die mit ihm harmonieren, an. Aus der Verbindung von Körper und Energien aus der Umgebung gestaltet sich wiederum das menschliche Bewusstsein; eine Wechselwirkung findet statt.

Der physische Körper ist ein Schwachpunkt in der menschlichen Entwicklung, denn er unterliegt der Vergänglichkeit. Aus dem physikalischen Korsett heraus muss der Mensch den Sprung in die

Unendlichkeit bewältigen. Das physikalische Gefährt ist ein Hindernis, aber auch ein Freund, der die Weiterentwicklung erst ermöglicht. Wird dem Körper nicht genügend Beachtung zuteil, kann das schwerwiegende Folgen für die spirituelle Entwicklung nach sich ziehen.

Hat sich ein Bewusstsein so weit entwickelt, dass es den Körper nicht mehr benötigt, bezieht es seine Energie aus feinstofflichen Quellen. Der Bewusstseinsfokus erweitert sich. Ist der erste Schritt auf dem Pfad gelungen, dann sind die nachfolgenden Hindernisse von geringer Bedeutung. Das sich entwickelnde Bewusstseinsfeld wird mit der Zeit immer unabhängiger von seiner Grundlage, sobald es seine eigene Beweglichkeit und die damit verbundene Freiheit erkennt.

In einem spirituellen Werdegang sind Energie-Verbindungen ein ernstzunehmender Faktor. Gedankenkräfte, die nicht auf ein bestimmtes Ziel ausgerichtet wird, vermischen sich mit unzähligen anderen Energien, die ihren Weg kreuzen. Diese fremden Energien bewirken Ablenkung, die umso stärker wird, je mehr Energien involviert sind.

Nun ist dieser Prozess nicht gleichbleibend, sondern von zunehmender Stärke und Ausprägung. Eine bestehende Verbindung erzeugt einen Sog, d.h. immer mehr Energien fließen in diese Richtung. Die Energien folgen der Richtung und verbinden sich mit einem Ziel, das nicht in jedem Fall erwünscht ist. Je mehr fremde Energien sich mit der persönlichen Energie vermischen, desto schwieriger wird es, die Kontinuität der Gedankengänge aufrechtzuerhalten. Diese ist von entscheidender Wichtigkeit für das klare Denken und die Fähigkeit, sich zu erinnern.

Indem das Bewusstsein vielfältige Verbindungen eingeht und nicht konstant in eine Richtung gelenkt wird, spaltet es sich auf. Die Energien verschmelzen mit der Umgebung bzw. den menschlichen Gefährten, weshalb es sehr wichtig ist, sich sein Umfeld sorgfältig auszusuchen. Wahllose Kreuzungen und Verbindungen bewirken einen heillosen Wirrwarr, den man mit einem riesigen Garnknäuel vergleichen kann, das sich völlig verheddert hat. Dieses Knäuel zu ordnen und zu straffen bedarf - wie bereits erwähnt -, gewaltiger Anstrengungen.

Daher ist eine kontinuierliche Ausrichtung der Gedanken die entscheidende Voraussetzung für Wohlbefinden und Klarheit des Denkens. Andernfalls verdunkelt sich das Bewusstseinsfeld immer mehr, je unterschiedlicher die Energien sind, die es kreuzen und sich mit ihm verbinden. Eine düstere Stimmungslage ist das Resultat, die das Bewusstsein herabdrückt. In düsterer Verfassung ist es sehr schwer, mit feineren, höher schwingenden Ebenen in Kontakt zu kommen und sich von dort Rat und Hilfe zu holen.

Ein spiritueller Sucher kann nicht einerseits in gedrückten Stimmungen verharren und zum andern eine Verbindung mit lichtvollen Welten anstreben. Es bedarf einer grundlegenden Entscheidung von seiten des Übenden, welchen Weg er gehen will. Strebt er eine Verbindung zu den lichtvollen Welten an, dann ist eine grundsätzliche Haltung des Vertrauens und der Akzeptanz sehr von Vorteil, ja die Voraussetzung. Die geistige Welt ist bereit, ihm auf seinem Weg jedwede Unterstützung zukommen zu lassen, wenn er gleichfalls bereit ist, das seine zu tun.

Eine positive, akzeptierende Einstellung ist eine der Grundvoraussetzungen des geistigen Weges. Die Geisthelfer können nicht eingreifen, wenn die Einstellung des Probanden schwankend ist und auf Misstrauen beruht. Unter solchen Voraussetzungen wäre es besser für ihn, umzukehren und seine Entwicklung zu einem späteren Zeitpunkt fortzusetzen.

Gedanklicher Kontakt mit anderen Lebewesen stellt zu ihnen in gewisser Weise eine Verbindung her. Sobald die Aura durchlässig ist und sind die Energiezentren geöffnet sind, werden die Verbindungen besonders intensiv wahrgenommen; man fängt die ‚Stimmung' des Anderen auf. Eine vermehrte Einflussnahme findet statt. Konzentriert sich ein Jünger auf einen spirituellen Führer oder einen geistigen

Lehrer, gleicht sich das eigene Schwingungsniveau dem des Lehrers allmählich an. Daher haben Energie-Verbindungen mit spirituellen Meistern große Vorteile, weil diese befähigt sind, die Energien des Schülers an sich zu binden und ihnen eine Richtung zu weisen. Auch das Licht kann diese Funktion übernehmen. Ebenso kann die Qualität der Gedanken das allgemeine Niveau anheben und festigen.

Es gibt auch Verbindungen, die spirituelle Jünger mit den Wesenheiten einer geistigen Gruppe eingehen. Dabei verknüpfen sich die Energien eines Übenden mit ihnen gleich gestellten. Falls er allein nicht in der Lage ist, seinen Fokus aufrechtzuerhalten, würde sein Bewusstsein ohne die Verbindung desolat werden. Es könnte nicht lange bestehen außerhalb der Verknüpfung, da es ist auf andere Energien angewiesen ist, um sich konzentrieren zu können.

Die Psyche des betreffenden Menschen gewinnt an Stabilität. Nur wenn er die Verbindung immer wieder unterbricht, leidet sein Energiesystem. Die Mitglieder der geistigen Gruppe suchen nach Gleichgesinnten, um sich mit ihnen zu verbinden und so auch ihre eigene Stabilität, ihren Zusammenhalt, zu verbessern. Es sind ähnlich gelagerte Energien, die durch die Verbindung von den Erfahrungen jedes Einzelnen profitieren.

Energie-Übung:

Um zu mehr Energie zu gelangen, sind verschiedene Mittel empfehlenswert:

- ☼ viel Bewegung in frischer Luft.
- ☼ Energetisierung durch Handauflegen.
- ☼ vitalstoffreiche Ernährung, Lebensmittel so naturbelassen wie möglich verwenden.
- ☼ die Sonnentage ausnutzen, da Sonnenlicht vitalisiert.

Auch ein Kontakt mit lichtvollen Ebenen befreit Körper und Psyche von Verunreinigungen und bewirkt eine Anhebung des Energieniveaus. Der Organismus wird durchlichtet und mit der Zeit immer transparenter. Diese Transparenz wirkt wie ein Filter und verunreinigte, dunkle Energien haben keinen Zugang mehr. Die Strukturen verfeinern sich, das Netz wird engmaschiger, so könnte man es umschreiben. Die Widerstandskraft des Organismus steigt mit zunehmender Verfeinerung seiner Energien.

Viele Energien und Wesenheiten streiten in einem spirituellen Jünger um die Vorherrschaft und es ist an ihm, zu entscheiden, mit welcher Art von Energie er sich verbindet. Ist er in erster Linie auf die höhere geistige Welt ausgerichtet, können lichtvolle Ströme zu ihm durchdringen und sich mit ihm vereinigen. Die geistige Welt hat Möglichkeiten zur Steuerung von Energien, die bislang unbekannt sind. Dort existiert ein Mechanismus, der wie ein Trichter funktioniert. Die Energien werden gesammelt und zu einem Strahl gebündelt.

Gelingt es dem Probanden, seine Gedanken nahezu unverwandt - selbst bei alltäglichen Abläufen -, auf die geistige Welt zu richten, kann eine stabile Verbindung mit konstruktiver Wirkung entstehen.

Sofern die Konzentration ausreichend ist, dann kann dem Übenden nichts widerfahren, was sein seelisches Gleichgewicht stört. Ein Gefahrenpotential ist nur dann vorhanden, wenn die Energien im Ungleichgewicht sind. Ausgeglichene, harmonische Energien fördern die spirituelle Entwicklung ungemein. Um seine Energien mit der geistigen Welt zu verbinden, wäre es sehr vorteilhaft, wenn der Meditierende dies beabsichtigen würde. Seine feste Absicht schafft ein starkes Band zwischen ihm und den lichtvollen Strömen.

Konzentrationsübungen sind ein mächtiger Schutz gegen niedrig schwingende Energien. Um das Denken fokussieren zu können, ist die innere Haltung wichtig. Neben Gleichmut und Gelassenheit ist die Qualität des Denkens ausschlaggebend. Die Konzentration auf das höhere Selbst bzw. den Geistführer verhindert eine Infiltration des Bewusstseinsfeldes mit fremden Energien. Wird während der Übungen die Verbindung zum höheren Selbst hergestellt, hat dies enorme Schutzfunktion.

Die Geistlehrer unterstützen den Meditierenden, indem sie seinen Körper mit feinstofflichen Energien durchströmen und durchlichten. Hierbei ist natürlich ausschlaggebend, auf die eigene Schwingungshöhe zu achten. Eine Person zieht diejenigen Energien an, die ihrem Niveau, ihrer Schwingungsfrequenz, entsprechen. Unterscheidet sich das persönliche Schwingungsmuster permanent von dem der infiltrierenden Energien, ist ihnen ein Verweilen auf Dauer nicht möglich. Wem es gelingt, seine Aufmerksamkeit permanent dem Licht zuzuwenden, ist in kurzer Zeit befreit.

Wer seine Gedanken auf die höheren Geistebenen ausrichtet, hält seine Energien im Gleichgewicht, denn sie bilden einen stabilisierenden Faktor, der leicht übersehen wird. Eine dauerhafte Verbindung findet nur dann statt, wenn dies ausdrücklich erwünscht ist. Jemand, der die geistige Ebene erreicht und die lichtdurchflutete Welt kennen gelernt hat, tut in der Regel alles, um dort verweilen zu können.

Sollte keinerlei Verbindung zustande kommen, dann ist der Proband ‚vogelfrei' und den Winden des Schicksals ungeschützt ausgeliefert. Die Verbindung ist ein Schutz und ein Schild gegen ungewollte Einflussnahme. Sollte er aber nicht zustimmen, dann ist ihm ein trauriges Los beschieden. Er wird verblühen und verwelken, ohne von der Blume des Lebens gekostet zu haben. Andernfalls wird das gesamte Universum sich um ihn drehen und er wird König sein in seinem Reich.

Verknüpfung mit dunklen Energien

Ein medialer Mensch verbindet das Untere mit dem Himmel. Die Konzentration auf die Lichtwelt bewirkt in erster Linie eine Reinigung des Bewusstseinsfeldes, denn sie verhindert den ungehemmten Austausch mit den Energien der Umgebung. Der Bewusstseinsfokus durchlichtet die Psyche, und hilfreiche Impulse können vermehrt ankommen. Geistige Unterstützung ist nur dann möglich, wenn die Streubreite der Gedanken nicht allzu ausgeprägt ist. Unbeabsichtigte Bindungen werden beseitigt, sobald ein Band zur geistigen Welt geknüpft wird. Ist das Band einmal hergestellt, kann eine Beziehung zu geistigen Lehrern aufgenommen werden.

Wie kann man abschätzen, ob bei einer geistigen Verbindung nicht auch unerwünschte Energien mit dabei sind?

Eine Frage, die durchaus ihre Berechtigung hat. Verbindungen dieser Art geschehen mit dem Einverständnis von geistigen Instanzen, deren Absichten jenseits menschlicher Maßstäbe liegen. Dies geschieht allerdings nicht in dem Maße, wie vielleicht angenommen wird. Ein fokussiertes Bewusstsein ist immer in der Lage, Steuerungsmechanismen einzusetzen, um unerwünschte Einflüsse fernzuhalten.

Die ungünstigen Auswirkungen eines unkonzentrierten Bewusstseins sind weitaus größer bei Menschen, die sich mit ausufernder Intensität den Eindrücken der Umgebung hingeben. Eine leicht erregbare Gefühlswelt hat einen beträchtlichen Anteil an der Situation. Die Intensität der Gefühlsreaktionen, verbunden mit wenig aufbauenden Bewusstseinsinhalten, kann einen sehr ungünstigen Einfluss ausüben. Energien haben grundsätzlich die Tendenz, sich mit anderen, ihnen ähnlichen Energien zu verbinden.

Negative Energien stellen eine Belastung für den menschlichen Organismus dar, denn sie weisen eine niedrige Frequenz auf. Der Organismus beginnt sich zu wehren, was bis zur Erkrankung führen kann, wenn nicht genügend Maßnahmen ergriffen werden, um dem entgegenzusteuern.

Man darf die Macht dieser Energien nicht unterschätzen, denn sie können sehr hartnäckig sein. Sie infiltrieren einen Organismus auf eine Weise, die schwer zu beschreiben ist. Sie verfügen über eine gewisse Elastizität, d.h. sie haben die Fähigkeit entwickelt, sich einem Schwingungsmuster bis zu einer gewissen Grenze anzupassen. Hierbei sind sie sehr erfinderisch.

Verbindungen dieser Art sind nicht so leicht aufzulösen, wenn sie einmal geschlossen worden sind. Das spürt der Betroffene jeden Tag aufs Neue. Doch wenn er mehr Einsicht zeigt, können sie ihn in lichte Höhen führen.

Falls das Einverständnis verweigert wird, verdichtet sich die Energie immer mehr und die Lebensumstände geraten in Stagnation. Eine undurchlässige Energie kann Unruhezustände und seelische Qualen verursachen. Verdichtet sich die Energie immer weiter, kommt es zu Kurzschlussreaktionen und der Empfindung, dass die Luft zum Atmen knapp wird. Belastende Energieströme anderer Menschen verschränken sich mit dem eigenen Energiesystem, was die Lage noch zusätzlich erschwert. Nur regelmäßige Lichtübungen können Schlimmeres verhindern.

Das Bewusstseinsfeld des Menschen entspricht einer immerwährenden Energieproduktion, daher ist hier besonders auf die ‚Reinhaltung' zu achten. Ein Bewusstseinsfeld, das fortwährend Schlacken produziert, kann nicht verhindern, mit negativen Energien überschwemmt zu werden. Diese Energien haben das Bestreben, im menschlichen Organismus zu verweilen, indem sie seine Stimmungen beeinflussen und zu unangemessenem Verhalten provozieren. Haben diese Energien einmal eine gewisse Lebensdauer entwickelt, dann ist es schwer, sich ihrer wieder zu entledigen. Sie tendieren dazu, sich immer wieder bemerkbar zu machen aus Gründen der Erhaltung der Energie.

Sie können auch überdauern in Bewusstseinsfeldern, die ihnen wenig oder gar nicht entsprechen, sofern ihnen willig Einlass gewährt wird. Hier machen sie sich als Störenergien bemerkbar. Eine Störenergie ist deshalb besonders unangenehm, weil sie mit dem vorherrschenden Bewusstseinsfeld kollidiert. Es kommt daher zu vermehrten Spannungszuständen und häufigen Wutausbrüchen. Auf Dauer entsteht ein Leidensdruck, der das seelische Gleichgewicht in Gefahr bringt bis hin zu psychotischen Zusammenbrüchen.

Wenn das Phänomen der schnell schwingenden Energien in einem Organismus bereits seit geraumer Zeit existiert, entsteht ein Sog, der weitere Energien nach sich zieht. Um hier entgegenzusteuern, ist mehr als nur eine einfache Ausrichtung erforderlich. Ein Energiedefizit beruht auf der Fähigkeit dieser Energien, aus einem Organismus Energie zu absorbieren. Der Austausch geschieht auf folgende Weise: Die fremden Energien lagern sich an die Energie des Menschen an. Sie täuschen ein ähnliches Energiemuster vor, so dass der Austausch problemlos vonstatten geht. Diese Energien sind Verwandlungskünstler, weshalb es nicht einfach ist, sich zu schützen.

Der Mechanismus ist folgender: Die treibende Kraft ist die aktivere, schnellere Energie, welche die andere, langsamere, mit sich fortreißt. Ist die erste Energie sehr ungesteuert, wird davon die zweite in Mitleidenschaft gezogen. Die Energien verwirbeln und vermischen sich, wobei ein Drehmoment entsteht. Eine ungünstige Beeinflussung beiderseits ist also die Folge dieser Vermischung.

Sobald die Energien ein bedenkliches Eigenleben entwickelt haben, wird es zunehmend schwierig, darauf Einfluss zu nehmen. Doch eine Gegenwehr ist möglich.

Folgende Visualisation kann der Entwicklung entgegensteuern:

☼ *Sobald die Fremdenergien sich verstärkt bemerkbar machen, konzentriere dich auf den gestirnten Himmel. Dies kannst du im Geiste tun, auch tagsüber.*
☼ *Denk dabei an einen einzelnen Stern, der eine Schützerfunktion für dich hat. Durch diese Konzentration wird eine Verbindung hergestellt, die sehr mächtig ist. Dieses Band wird auch deine Energien besser schützen.*

Sofern keinerlei Anstrengungen zur Gegensteuerung unternommen werden, kommen immer mehr grobe Energien ins Spiel, die eine weitgehende Verdüsterung des Bewusstseinsfeldes bewirken. Diese groben Energien haben die Tendenz, sich in heftiger, besitzergreifender Weise anzuheften, und sind, wenn sie sich einmal festgesetzt haben, nur sehr schwer wieder zu entfernen. Eine ungünstige Situation in Heim oder Arbeitsplatz erschwert zusätzlich eine Loslösung.

Die auf sehr niedrigem Niveau schwingenden Energien sind nicht ungefährlich, denn sie können ein Bewusstsein soweit herabdrücken, dass es nicht mehr lebensfähig ist. Niedrige Elemente bewirken Stress und Angstgefühle. Sie sind wie ein schmutziger Strom, der unaufhörlich das Bewusstsein infiltriert. Daraus entstehen zunehmend destruktive Gedanken, die sich auftürmen und alle anderen, förderlichen Eindrücke überdecken, was zu Verzweiflungstaten bis hin zum Selbstmord führt. Kann diesem Prozess nicht Einhalt geboten werden, ist der Betroffene über kurz oder lang dem Untergang geweiht.

Der Körper ist ein Stabilisator für jede Art von Energie. Ist das Bewusstseinsfeld nicht stark genug, um sich gegen eindringende Fremdenergien erfolgreich zur Wehr zu setzen, wird es infiltriert mit Energien, die auch mit dem Körper eine Verbindung anstreben. Eine Vermischung findet statt. Nur eine Verbindung mit lichtvollen Energien könnte verhindern, dass eine Verbindung mit andersgearteten Energien zustande kommt.

Als Konsequenz daraus wird ein infiltriertes Bewusstseinsfeld immer weniger widerstandsfähig gegen Eindringlinge von außen. Das Bewusstseinsfeld expandiert, da eine Fülle von Energien angezogen wird. Dominante Strebungen gewinnen die Vorherrschaft und nicht passende Bewusstseinsfragmente werden ausgeschieden. Sie formieren sich an anderen Orten neu.

Aufgrund dieses Zusammenhangs wird leicht ersichtlich, wohin eine derartige Entwicklung führen kann: Die dominanten Energien

,übernehmen' nach einiger Zeit das infiltrierte Bewusstseinsfeld, von dem Betroffenen oft unbemerkt. Das infiltrierte Feld wird überlagert und nach einiger Zeit gänzlich ausgeschaltet. Eine Gegenwehr ist nicht mehr möglich. Hier noch einzugreifen, wäre äußerst schwierig.

Der Kanal, durch den Fremdenergien eindringen, befindet sich im Nackenbereich, dicht unter dem Haaransatz. Hier ist es Energien möglich, den menschlichen Organismus zu infiltrieren. Die eigenen Energien verbinden sich mit den eingedrungenen Energien zu einem Konglomerat, nicht nur zum eigenen Nutzen.

Die menschlichen Energien sind von einer gewissen Entwicklungsstufe ab davon abhängig, sich mit anderen Energien zu verbinden. Es wäre also keineswegs eine Lösung, danach zu trachten, die Energiezufuhr von außen einzuschränken oder gar zu verhindern. Diese Energien sind lebensnotwendig für das physische Weiterbestehen. Doch leider ist die Sache etwas komplizierter. Die eigenen Energien verbinden sich nämlich nicht nur mit günstigen Energien, sondern ebenfalls mit Energien, die schädlichen Charakter haben.

Ähnlichen Erfahrungen sind viele spirituelle Jünger ausgesetzt, wobei ihre Bewusstheit es ihnen in den meisten Fällen erlaubt, diesen Prozess zu durchschauen und eine Lösung herbeizuführen. Sie lassen nicht zu, dass ihr Organismus von niederen Energiewesen infiltriert wird, indem sie ihnen Tür und Tor öffnen. Es ist ohne weiteres möglich, sich ihnen zu widersetzen. Vor allem ein permanent höherer Schwingungsgrad als der ihre kann die niederen Wesen in Grenzen halten und letztlich zur Aufgabe bewegen.

Der menschliche Organismus ist wie eine Tür, durch die Energien ungehindert ein- und ausströmen können. Die einzige Möglichkeit, eine negative Beeinflussung bis hin zum Rückschritt zu vermeiden, besteht darin, Schutzmaßnahmen zu ergreifen, die das Eindringen negativer Energien verhindern. Um den Eintritt nur bestimmten Energien zu erlauben, ist die Kenntnis von Methoden notwendig, die den Eingang versiegeln. Der Jünger bestimmt dann selbst, wann die Tür geöffnet ist und wann nicht.

▶ Eine dieser Methoden besteht darin, die linke Hand zur Faust zu ballen, sobald jemand in die Nähe kommt, dem der Eingang verwehrt werden soll.

▶ Eine andere, weit wirkungsvollere Methode besteht in der Kenntnis geheimer Namen, die der unerwünschten Person nicht erlauben, einzutreten. Diese Namen dürfen weder laut ausgesprochen noch weitergegeben werden.

Manche Menschen klagen über anhaltende Atemnot, dem Gefühl, nicht genügend Luft zu bekommen. In einem solchen Fall gelingt es einem fremden Energiewesen, einen Teil der persönlichen Energie zu absorbieren, wodurch es zu einer Unterversorgung mit Sauerstoff kommt. Diese Unterversorgung kann sehr quälend sein.

Ständiger mentaler Kontakt kann eine Verbindung zweier unähnlicher Energien schaffen. Dies kann den Wirt in arge Bedrängnis bringen, besonders dann, wenn die sich aufdrängende Energie destruktiver Natur ist. Die Fremdenergie geht daran, nach und nach die gesamte Energie des Gastorganismus zu absorbieren, was zu einem verhängnisvollen Energiedefizit führt, falls keine Gegenmaßnahmen ergriffen werden. Im Extremfall hat dieses Energiedefizit den Tod des Gastorganismus zur Folge.

Sexueller Kontakt öffnet ein Tor für das Einfließen fremder Energien, die sich mit der Erlaubnis des Gastgebers, der sich davon einen Lustgewinn verspricht, in ihm verankern können. Auch in geschwächtem Zustand, im Krankheitsfall, ist ein Organismus kaum in der Lage, fremde Energien auf Dauer erfolgreich anzuwehren. Eine nicht intakte Aura ermöglicht gleichfalls den Einlass fremder Energien, die sehr störenden Charakter annehmen können.

Wenn die Energiezentren geöffnet sind, ist es nicht leicht, ein Eindringen fremder Energien zu verhindern. Es gibt ein starkes

Mittel der Visualisation, das die Energiezentren schützt. Die Methode beruht auf einer Gegensätzlichkeit, d.h. sie löst, um anschließend wieder zu festigen:

- Zeichne ein Quadrat und da eine Diagonale hinein, von links oben nach rechts unten.
- Konzentriere dich nur auf die Diagonale, wobei dir das Gesamtbild ebenfalls gegenwärtig sein sollte.
- Eine einzelne Diagonale hat einen trennenden Effekt, wie du sehr bald merken wirst.

Ein Teil der Energiezentren schließt sich wieder während der Konzentration. Die Zielgerichtetheit der Energien nimmt zu, was den Geist befähigen wird, sie adäquat zu lenken. Ist die Öffnung der Zentren ist noch nicht wehr weit fortgeschritten, wird diese Methode dabei helfen, die Zentren wieder zu schließen.

Das Energiesystem zu schützen, ist die vordringliche Aufgabe in einer spirituellen Entwicklung. Hierzu stehen mehrere Möglichkeiten zur Verfügung. Eine der Möglichkeiten besteht darin, seine Energie weitgehend zu harmonisieren und eine weitere Kontaktaufnahme in jedem Fall zu vermeiden. Die Fremdenergie kann sich nicht auf Dauer verankern, wenn es einer Person gelingt, sie weitgehend zu ignorieren. Unter diesen Bedingungen wird sie gezwungen sein, sie früher oder später zu verlassen und freizugeben.

Auch das dunkle Prinzip strebt, ähnlich wie ein spiritueller Sucher, nach dem Licht. Die dunklen Mächte entstammen einem Territorium, das noch unbekannt ist, daher ist es schwer zu beschreiben. Ohne menschliche Beteiligung sind sie nicht imstande, die lichten Höhen zu erreichen. Der Mensch ist eine Durchgangsstation für die Mächte. Er kann wählen zwischen Ablehnung und Kooperation. Falls er mit ihnen kooperiert, werden sie sich erkenntlich zeigen, denn im Kontakt mit ihnen kann er viel lernen.

Ist das Schwingungsniveau eines Übenden permanent niedrig, erfolgt auch gegen seinen Willen eine Verbindung mit niederen Geistwesen. Entschließt sich der Jünger, freiwillig mit dem dunklen Prinzip zusammen zu arbeiten, wird es ihm gegenüber keine feindselige Haltung einnehmen und die Verbindung kann sich zu beiderseitigem Nutzen gestalten. Die Wesen verbinden ihre Energien mit den seinen. Diese Art der Zusammenarbeit ermöglicht es ihnen, bis zu seiner Höhe aufzusteigen; sie kommen dadurch dem Licht ein gutes Stück näher.

Hat der Übende einer Verbindung zugestimmt, werden die Mächte die Frequenzen übereinstimmen, d.h., die seinige sinkt, und ihre steigt an. Sein Bewusstseinsfeld erleidet eine Einbuße, doch nichts ist vorausbestimmt. Der Mensch kann seine Schwingung anheben, indem er danach trachtet, mit der Lichtwelt in Kontakt zu kommen.

Eine Verbindung mit den dunklen Mächten ist entweder zum Nutzen oder zum Schaden eines Menschen. Entweder er zieht sie hinauf, oder sie ziehen ihn herab.

Die Mächte werden dem Betreffenden jeweils helfen, die richtigen Maßnahmen zu erkennen. Für den spirituellen Menschen, der fähig ist, ein positives Energieniveau aufrechtzuerhalten, wären die Konsequenzen kaum spürbar, für die dunklen Mächte würde eine Verbindung eine große Veränderung bedeuten. Ihre Realität würde erhellt von lichtvollen Strömen. Ihr Daseinsgrund ist ein finsteres Tal, in dem niemals die Sonne scheint. Eine Verbindung würde Wesen Licht bescheren, die danach lechzen. Für den Probanden wäre die Aufgabe nicht allzu groß, denn er würde auch etwas von ihnen erhalten, da sie viele Geheimnisse kennen.

Die dunklen Mächte können ihre Energien in der Regel mit denen eines Menschen nur dann dauerhaft verbinden, wenn er dies beabsichtigt. Sie infiltrieren sein Bewusstsein mit ihrer Energie, sofern er zustimmt. Sein Wille ist entscheidend für diesen Schritt.

Das menschliche Bewusstseinsfeld erleidet allerdings eine Einbuße, wenn es sich den fremden Schwingungen anpasst. Das bedeutet, der Übende kommt dem dunklen Prinzip auf halbem Weg entgegen. *Auf diese Weise entwickelt sich Bewusstsein.* Die dunklen Mächte sind Energiewesen, genau wie die Menschen, nur befinden sie sich auf einer niederen Schwingungsebene. Sie haben im Grunde kein Interesse daran, jemanden in die dunkle Tiefe zu ziehen. Ganz im Gegenteil sind sie daran interessiert, ihre eigenen Schwingungen anzuheben und nicht, die des menschlichen Partners herabzuziehen.

Nimmt die Entwicklung trotz allem einen negativen Verlauf, sinkt das menschliche Bewusstsein aus der Fülle des Seins hinab in die Tiefe. Im Kontakt mit dem dunklen Prinzip hat der Proband dennoch die Chance, zu überdauern, auch wenn ihm die lichten Welten verschlossen sind. Die Regenerierung eines desolaten Bewusstseins ist schwierig und nimmt einige Zeit in Anspruch. Da hat mancher Jünger nur die Möglichkeit, mit den dunklen Mächten zu kooperieren oder unterzugehen.

Manchen niederen Wesenheiten ist um jeden Preis daran gelegen, mit höheren Geistebenen einen Kontakt herzustellen. Sie warten lange Zeit auf diese Verbindung, die mithilfe eines menschlichen Bewusstseins geschehen soll. Sie betrachten dies als Preis für ausdauernde Mühen, sofern ein Mensch ihnen ‚auf den Leim gegangen' ist, wie man so treffend sagt. Indem er heftige Auseinandersetzungen mit ihnen führt oder sich ihnen widersetzt, stellt er eine Verbindung zu Wesenheiten her, die in der Wahl ihrer Methoden nicht wählerisch sind. Sie finden Mittel und Wege, ihre Energien festzuhaken und so ein stabiles Band zu erzeugen.

Gelingt es ihnen, den Jünger auf die geistige Ebene, d.h. ins Jenseits zu befördern, bleibt sein Energiekörper mit ihnen verbunden. Er wird ein Teil von ihrem Energiefeld als eine Art ‚Trabant', der seine Eigenständigkeit verloren hat. Auch derartige Verbindungen werden von nicht wenigen als erstrebenswert angesehen. Doch ihre

Eigenständigkeit geht verloren und damit die freien Wahlmöglichkeiten.

Sich von derartigen Verbindungen zu lösen, gestaltet sich als äußerst schwierig, besonders dann, wenn sie bereits über Jahre hinweg an Festigkeit gewonnen haben. Die beteiligten Wesen sind Meister der Verstellung, weshalb es ihnen gelingt, immer wieder mit allen erdenklichen Mitteln die mentale Aufmerksamkeit auf sich zu lenken.

Falls die Verbindung noch nicht allzu gefestigt ist, findet mancher Widerstrebende immer wieder Möglichkeiten, die Verknüpfungen zu lockern, was schon eine gewisse Einsicht in die besagten Mechanismen voraussetzt. Letzten Endes wird es ohne sein ausdrückliches Einverständnis schwer sein, die Verbindung dauerhaft aufrechtzuerhalten und ein Opfer seiner Freiheit endgültig zu berauben. Entschlossenes Widerstreben setzt einer dauerhaften Verbindung von unerwünschter Seite Grenzen.

Es liegt letztendlich an jedem selbst, sich zu befreien. Die dunklen Energien scheuen das Licht, daher wirken Lichtübungen auf sie abschreckend. Sobald es dem Jünger gelingt, immer wieder Licht in Körper und Geist zu ziehen, können sie nicht lange verweilen. Verbindet er sich mit höheren Geistebenen, wird ihn dies letztendlich vor den dunklen Energien beschützen. Allerdings ist eine Bereitschaft von seiner Seite, den Weg des Lichts zu gehen, die Voraussetzung für eine dauerhafte Verbindung.

Wenn der Jünger danach strebt, sein Bewusstsein anzuheben, begibt er sich tagsüber im Geiste vorwiegend in lichte Höhen. Dann entsteht ein Sog, der immer stärker wird, je länger das Bewusstsein eine Verbindung aufrechterhält. Dieser Sog ist in der Regel sehr erwünscht, denn er hebt das individuelle Bewusstsein auf die rein geistige Ebene, wo letztendlich eine Vereinigung stattfindet.

Normalerweise setzt ein spiritueller Mensch alles daran, die Lichtebenen zu erreichen und dort zu verweilen. Doch einigen geht es darum, sich vorsichtig der geistigen Sphäre anzunähern und ihr

Selbst um jeden Preis zu bewahren. Ist eine Vereinigung nicht erwünscht, dann sollte sich der Proband vorwiegend auf erdnahe Bereiche konzentrieren, sich sozusagen ‚erden'.

Welche Konsequenzen hätte eine Verbindung zu dunklen Energien für den Jünger?

Für ihn wären die Konsequenzen kaum spürbar, für die dunklen Mächte wäre sie eine sehr große Veränderung. Ihre Realität würde durchströmt von Licht, denn sie ist ein finsteres Tal, in dem niemals die Sonne scheint. Die Verbindung mit einem Menschen würde Wesen Licht bescheren, die danach lechzen. Für ihn wäre die Aufgabe nicht groß; er würde auch etwas von ihnen erhalten. Sie können ihm seine Wünsche erfüllen, wieviele er auch hat. Auf der anderen Seite können sie ihm mehr Schaden zufügen, als ihm lieb ist.

Sie *sind die dunkle Macht, die über die Menschen wacht.*

Eine solche Verbindung ist eine Entscheidung mit weitreichenden Konsequenzen, die den zukünftigen Lebensweg bestimmen wird. Die Wesenheiten benötigen das Einverständnis des Probanden. Nur mit seiner Einwilligung können sie den geeigneten Weg für ihn ebnen.

Energie-Beschleunigung

Beschleunigte Energien sind ein Ausdruck für die Nicht-Kontinuität einer Entwicklung. Die Beschleunigung kann als Zeichen dafür gewertet werden, dass Teile der Psyche ein Eigenleben entwickelt haben und sich unabhängig von der Aufmerksamkeitsrichtung bewegen.

Ist eine langsam schwingende Energie mit einer schneller schwingenden Energie verbunden, dann passt sie sich mit der Zeit deren Rhythmus an, um überleben zu können. Bei Konzentrationsübungen wird die Energie sehr beschleunigt. Die Fremdenergie passt sich der Beschleunigung an. Sie verbleibt in diesem schnellen Schwingungsrhythmus, da sie nicht genügend Elastizität aufweist, die Schwingung wieder zu verlangsamen.

Dies hat Vor- und Nachteile für die Fremdenergie. Der schnelle Schwingungsrhythmus verbessert einerseits die Verbindungsmöglichkeiten, doch gleichzeitig nimmt der Einfluss auf das infiltrierte Bewusstseinsfeld ab. So ist es anderen Geistebenen möglich, einen Einfluss im positiven Sinne aufzubauen. Hierdurch können andere Energien ins Spiel kommen, die konstruktive Ziele verfolgen.

Schnell schwingende Energien können große Teile des Gehirns in Mitleidenschaft ziehen. Die schnelle Schwingung bewirkt einen Unterdruck im Gehirn und einen Überschuss an Sauerstoff, der nicht verbraucht werden kann. Durch den Unterdruck im Gehirn schließen sich die Kapillaren. Die Zellwände werden porös. Der Sauerstoff verteilt sich in den Zellen und übt einen unverhältnismäßig starken Druck aus. Der Zellenboden ‚schmilzt' und die Zellen rollen sich zusammen. Ein Merkmal dieses Vorgangs ist, dass die Strahlungsintensität der Zellen abnimmt. Die Degeneration der Zellen ist gekoppelt mit einer Degeneration des Bewusstseinsfeldes. Das gesamte Bewusstseinsfeld wird beeinträchtigt.

In einer haltlos gewordenen Energie wieder ein Ordnungsgefüge zu erzeugen, ist äußerst schwierig. Wenn die Energien über einen längeren Zeitraum hinweg nicht hinreichend fokussiert werden, wird der ‚Mantel', die Aura, durchlässig. Eine Absorption negativer fremder Energien findet unvermeidlich statt. Diese Fremdenergien wirken sich äußerst negativ auf das Lichtkleid aus.

Das Lichtkleid ist aber gleichzeitig ein Schutzmantel, der nun seine Funktion verloren hat. Diesen Schutzschild hinreichend intakt zu halten, ist eine der Voraussetzungen für die geistige Entwicklung. Ist er einmal schadhaft geworden, lässt er sich nur schwer wieder herstellen. Ein defekter Schutzmantel ist auch verantwortlich für das

Problem der unausgeglichenen Energieströme. Das Lichtkleid ist der umfassendste Schutz, den man sich denken kann.

Die vordinglichste Aufgabe besteht darin, die Energieströme wieder der eigenen Direktion zu unterstellen und zu lenken. Gelingt es dem Kandidaten nicht, die Steuerung zu bewerkstelligen, dann zerfällt seine Energie in zwei Teile und er ist nicht mehr in der Lage, einfache Aufgaben zu verrichten, weil diverse Störenergien ihn daran hindern.

Eine Konzentration auf die höheren Geistebenen kann dabei behilflich sein, das Bewusstsein zu stabilisieren, was die Aufgabe jedes spirituellen Menschen ist. Gelingt ihm dies nicht, dann droht ein Abstieg in seiner Entwicklung. Ist es ihm hingegen möglich, die Steuerungsfunktion wieder zu übernehmen, werden sich über kurz oder lang seine Bewusstseinskapazitäten erweitern.

Die Voraussetzungen dafür sind:
- Eine entspannte innere und äußere Haltung.
- Die Ausrichtung der Gedanken auf die höhere geistige Welt.
- Die Konzentration auf einen weißen Punkt.
- Mit geöffneten Augen direkt ins Licht schauen und sich dabei ebenfalls auf einen Punkt fokussieren.

Häufig ist der Jünger mit Energiewesen in Kontakt, die ihn in seiner Entwicklung behindern. Die schnell schwingenden Energien können ihm nicht wirklich gefährlich werden, sofern es ihm gelingt, seinen Aufmerksamkeitsfokus beizubehalten. Das Potential, das diese Energien hervorbringt, weicht geringfügig von seinen normalen Denkstrukturen ab.

Derartige Energien lassen sich nicht bekämpfen. Der Übende muss danach trachten, sie zu beherrschen. Er kann einerseits versuchen, die Aufmerksamkeit abschweifen zu lassen. Dies aber würde eine Destabilisierung des Systems bewirken. Wenn er sich mit der Lichtwelt in Verbindung setzt und sein Bewusstsein konzentriert, führt das zu einer Beschleunigung, doch hierin liegt die einzige Lösung.

Die Beschleunigung ist eine Folge anhaltender Konzentrationsübungen. Eine Teilenergie, die in dem Bewusstseinsfeld relativ träge ist, wird durch die Übungen in vermehrte Schwingungen versetzt. Diese Schwingungen sind letztendlich der Schlüssel zur Befreiung. Die Bewusstseinsenergien beschleunigen sich immer mehr und können nach einer Weile den Fokus nicht mehr aufrechterhalten. Die schnell schwingende Energie sieht sich letztlich gezwungen, das ursprüngliche Bewusstseinsfeld zu verlassen.

Die beschleunigte Energie wird zunehmend dem Sog der Lichtenergie ausgesetzt, dem es sich auf Dauer nicht widersetzen kann. Der Sog wird immer stärker und befreit letztendlich das ursprüngliche Bewusstsein. Die desolate Bewusstseinsenergie wird ausgeschieden. Eine destabilisierte Energie bildet die Grundlage für viele andere Wesen, welche diese zu nutzen wissen. Zurück bleibt ein gestärktes Bewusstsein, das als Sieger aus der Auseinandersetzung hervorgegangen ist. Es hat an Festigkeit hinzugewonnen; ein neuer Fokus bildet sich in dem verbleibenden Bewusstseinsfeld.

Energie-Verkettung und Auflösung

Zu einer Auflösung von Energien kommt es regelmäßig, spätestens beim Übergang, der als Tod bezeichnet wird. Dieser Übergang kennzeichnet den Abschluss einer mehr oder weniger intensiven, erlebnisreichen Entwicklungsphase. *Lösen bedeutet Erneuerung.* Eine Erneuerung findet auch in gewissen Zeitabständen unbemerkt statt. Das Mittel hierzu sind Reinigungsphasen, die manchmal als Krankheit in Erscheinung treten.

Eine Energiezusammenballung findet regelmäßig statt, wenn sich jemand längere Zeit auf ein bestimmtes Thema konzentriert. Die Energie kumuliert für eine bestimmte Zeit - meist vorübergehend -, um bestimmte Aufgaben zu lösen. Je länger die Konzentration andauert, desto fester wird das daraus entstehende Gebilde, das sich den jeweiligen Vorstellungsinhalten entsprechend formt.

Die Geisteshaltung ist von großer Bedeutung bei der Ansammlung von Energie. Um feste Strukturen zu erzeugen, bedarf es keiner sehr hohen Gesinnung. Die angesammelten Energien wirken wie ein magnetisches Band, das sich mit dem Erzeuger verbindet. Dies ist eine zweischneidige Sache, denn auf der einen Seite hat die Ansammlung große Vorteile, doch auch die Nachteile liegen auf der Hand, wenn die Distanzierung schwer fällt.

Um die Energie aufzulösen, genügt es manchmal nicht, die Gedanken davon abzuziehen, denn Energien haben die Tendenz, sich mit gleichartigen zusammenzuschließen und zu verankern. Nun werden andere Maßnahmen notwendig, um eine Distanzierung zu erreichen.

Das Mittel, um Abstand zu gewinnen, ist die Verbindung mit lichtvollen Energien. Gelingt es dem Erzeuger nicht innerhalb einer gewissen Zeit, die Verbindungen wieder zu lösen, ketten sich die Energien immer fester an und sind bald kaum noch zum Fortgang zu bewegen.

Eine sehr gute und hilfreiche Methode ist die Herbeiziehung von Lichtfrequenzen, denn Licht hat eine auflösende Wirkung und ist in der Lage, selbst niedrigste Energien zu durchdringen. Eine andere Methode besteht darin, die Gedanken auf hochwertige Inhalte zu richten und dadurch eine höhere Frequenz zu erzeugen.

Häufig entstehen massive Energiezusammenballungen, die sich nicht auflösen. Sie bilden Muster und Strukturen von großer Vielfalt. Das Konglomerat an Energien, das gewöhnlich erzeugt wird, ist bis zu einem gewissen Grade durchlässig, wodurch in der Regel extreme Zusammenballungen vermieden werden. Immer wieder gibt es nach anstrengenden Zeiten Phasen der Regeneration und des Genießens, mit denen höhere Schwingungen einhergehen. Lichtvolle Ströme erreichen in diesen Zeiten jeden Menschen, egal, wo er sich gerade aufhält.

Die Bündelung von Energien ist eine Voraussetzung für das Leben und auch der Grund für dessen Ende. Die Zusammenhänge in ihrer

Gesamtheit zu verstehen, ist nicht leicht. Das Aufeinandertreffen von starren Energiestrukturen bewirkt eine Verhärtung der inneren Substanz, die das Eindringen heilender Lichtströme erschwert. Die Regeneration krankheitsverursachender Faktoren verzögert sich oder wird ganz und gar verhindert. Daher sind regelmäßige Lichtübungen sehr hilfreich zur Erzeugung von Heilwirkungen.

Ein Mensch mit extrem dunkler Gesinnung wird es allerdings schwer haben, in seinem Innern genügend Licht anzusammeln. Seine Energien werden zäh und dicht und bewirken eine innere Verhärtung, die nach einiger Zeit nur schwer wieder aufzulösen ist. Verhärtete Strukturen ziehen entsprechende Energien herbei. Ein fast undurchdringliches Dickicht an negativen Überzeugungen und Gedankeninhalten entsteht. Damit ist ein Gefahrenpotential verbunden, da die verdichteten Energien ein Individuum an seiner Befreiung hindern. Sie aufzulösen erfordert sehr viel positive Gegenkräfte, die in der Regel von außen kommen müssen.

Wie gelingt es einer Fremdenergie, sich trotz geringfügiger Ähnlichkeit fest anzuketten?

Eine Energie, die nicht systemkonform ist, hat hierzu mehrere Möglichkeiten. Die Fremdenergie verwendet raffinierte Methoden, um den Kontakt unter allen Umständen aufrechterhalten zu können. Dies gelingt ihr bspw. mit Hilfe von ‚Scheininformationen', mit denen sie den Wirt anlockt und dessen Aufmerksamkeit auf sich zieht. Sie benutzt den Wirt als Energiereservoir, indem sie eine gleich geartete Energie vortäuscht.

Eine ‚Energieblockade' kann entstehen. Sie beruht auf der Verkettung zweier Energien, die nur geringfügige Ähnlichkeiten aufweisen. Aufgrund des geringen Entsprechungsgrades findet kaum ein Austausch zwischen den Energien statt. Da die Entsprechung nur gering ist, gelingt es der Fremdenergie immer wieder, große Teile der Energie zu absorbieren.

Wenn das Bewusstseinsfeld einmal infiltriert ist, bedarf es großer Anstrengungen, die fremden Bewusstseinsteile wieder zu entfernen. Diese verbinden sich nach und nach mit dem Mentalfeld des Individuums und überlagern dieses teilweise. Die dabei entstehende schnelle Schwingung ist ein Abwehrmechanismus der Fremdenergie, denn sie erlaubt ihr, die Verbindung aufrechtzuerhalten.

Die Energien beschleunigen sich immer mehr, was erst einmal sehr unangenehm ist. Um die Verkettung der Energien zu lösen, bedarf es anderer Methoden als die der Konzentration, denn die schnelle Schwingung kann dem infiltrierten Bewusstsein Schaden zufügen. Sie ermöglicht aber auch den Kontakt zur geistigen Welt, wodurch der Einfluss der Fremdenergie weitgehend unterbunden und das infiltrierte Bewusstseinsfeld entlastet wird.

Die Beschleunigung führt zu einer Destabilisierung der Verkettungen. Sie werden mit der Zeit immer brüchiger und beginnen sich zu lösen. Diesen Vorgang können Reinigungsübungen sehr beschleunigen.

Eine spezielle Übung, die sehr hilfreich ist:

☼ *Klares Wasser trinken und dabei ein Licht visualisieren, das sich mit dem Bewusstsein verbindet. So wie das Wasser durchfließt Licht den Körper und entfernt dabei die Schlacken.*

Ist die Verbindung bereits relativ stabil, kann nur die mentale Ausrichtung auf die geistige Welt zu einer Entlastung und Befreiung führen.

Besteht eine Gefahr der Auflösung des physischen Organismus bei erhöhtem Schwingungsniveau?
Diese Gefahr ist tatsächlich immer vorhanden, unabhängig von der Schwingungshöhe. Auch niedrig schwingende Organismen haben die Tendenz, sich aufzulösen und tun dies ja auch regelmäßig in unterschiedlichen Zeitabständen. Bei Tieren werden die für den

Lebenserhalt notwendigen Prozesse autonom gesteuert von Kräften, die sich jenseits des tierischen Verständnisvermögens befinden.

Beim Menschen hingegen unterliegen diese Prozesse nur noch teilweise einer autonomen Steuerung, d.h. er trägt selbst einen Teil der Verantwortung für sein psycho-physisches Überleben. Darin liegt eine größere Chance der Eigenentwicklung und -kontrolle, aber auch die Gefahr des selbst verursachten Scheiterns, was natürlich auch durch sehr ungünstige Lebensumstände eintreten kann.

Je feinstofflicher ein Organismus ist, desto loser wird der Zellenverband. Ein Auseinanderdriften, die große Gefahr der geistigen Entwicklung, droht. Gleichzeitig liegt hier die einzige Chance, die Zellenstruktur zu festigen und ein Auseinanderbrechen zu verhindern. Die Verfestigung der Struktur ist einerseits eine Folge von beharrlicher Konzentration, aber auch von Intensität des Gefühlslebens und der Gedankenkraft. Ein spiritueller Wanderer, der es gelernt hat, seine Energien zielgerichtet einzusetzen, gerät weniger in Gefahr, denn ein ‚Zerfließen' wird hierdurch weitgehend verhindert. Auch kommt die Intensität seines Erlebens der Stabilität des Organismus zugute.

Die Riten der Einweihung, die manchen Kandidaten an seine Grenzen bringen, dienen vor allem dem Ziel, die psychische Struktur zu kräftigen und damit eine Verfestigung des gesamten Organismus zu erreichen. Auch Bäder und Duschen können, bei geregelter Anwendung, diesem Zweck dienen, denn Wasser, das Urelement des Lebens, kann Auflösungstendenzen entgegen wirken. Die Reinigungskraft des Wassers bewirkt bei trägen, langsam schwingenden Organismen eine Beschleunigung, die den Zerfallsprozess aufhalten kann.

Die große Heilkraft des Wassers wurde bisher kaum erkannt oder genutzt. Wasser hat eine vorbeugende Wirkung gegen viele Erkrankungen. Zur Heilung verwendetes Wasser sollte natürlich keine Krankheitskeime enthalten und möglichst - in erträglichem Maße - kalt sein. Kaltes Wasser hat eine zusammenziehende Wirkung, die Zerfallsprozessen vorbeugt. Kaltes Abduschen ist daher ein hervorragendes Heilmittel, da es auch Keime abtötet. Mit Essigsäure versetztes Wasser verstärkt diese Wirkung noch.

Eine Übung zur Stabilisierung der Psyche:

- *Setze dich mit geschlossenen Augen aufrecht hin und lege den Kopf zurück. Die Körperhaltung ist bequem, so dass jede Anspannung vermieden wird.*
- *Stell' Dir einen Kreis in einem Abstand von ca. 2m vor, in dessen Mitte sich ein roter Punkt befindet. Dieser Punkt übt eine Anziehungskraft auf dein Stirnzentrum (das Dritte Auge) aus.*
- *Ist es dir gelungen, dich auf den Punkt zu konzentrieren, dann visualisiere anschließend einen Strahl, der von diesem Punkt aus direkt dein Stirnzentrum trifft. Eine Verbindung wird hergestellt, die das Bewusstsein in eine Richtung dirigiert.*
- *Eine Stabilisierung der Psyche wird erreicht, wenn du die Konzentration eine zeitlang aufrechterhalten kannst.*

Solange ein Bewusstsein in der Lage ist, die Zielgerichtetheit seiner Gedankenkräfte aufrechtzuerhalten, ist die Gefahr einer vorzeitigen Auflösung nicht vorhanden. Stressbedingte Gemütszustände fördern die Zerstreuung von Energien. Hält ein solcher Zustand über einen längeren Zeitraum an, werden Auflösungserscheinungen sichtbar. Dazu gehören bspw. vage Gedankenäußerungen, Bewegungsstörungen wie: unkontrollierbares Zittern der Hände, unsicherer Gang etc. Mentale Übungen sind ein geeignetes Mittel, die Verfallserscheinungen aufzuhalten.

Schwingungserhöhung und Aufstieg

Ein Teil der Menschheit entwickelt sich derzeit rasant in Richtung Aufstieg, womit in erster Linie die Erhöhung der Schwingungsrate gemeint ist. Das Bewusstseinsfeld vieler Menschen erfährt eine

Erweiterung, die ihresgleichen sucht. Diese Maßnahmen sind notwendig, um einen Rückfall der Menschheit in frühere Entwicklungsphasen zu verhindern. Immer mehr Individuen erkennen ihren Ursprung und entscheiden sich, dorthin zurückzukehren.

Diese Entwicklung kann nicht aufgehalten werden, sie steht ‚in den Sternen geschrieben', wie man so schön sagt. Eine gewisse Anzahl von Personen mag sich dagegen sträuben, doch die Mehrzahl ist an dem großen Abenteuer beteiligt. Jeder Mensch ist in gewisser Weise betroffen und entscheidet mit, wohin die Reise geht, denn kein Geist kann gegen seinen Willen in irgendein ‚Niemandsland' gezogen werden, das ihm nicht entspricht.

Zu Beginn der Entwicklung ist es notwendig, eine grundlegende Entspannung des gesamten Organismus zu erreichen. Blockaden müssen gelöst werden, um die innere Stabilität zu erhöhen. Regelmäßige Atemübungen helfen dabei, Verkrampfungen zu lockern und ein energetisches Gleichgewicht herzustellen. Der Proband erreicht dadurch ein hohes Maß an Konzentration; geistige Botschaften können ihn unverfälscht und mühelos erreichen.

Bei der Erhöhung der Schwingungsfrequenz geschieht folgendes: Die energetischen Schwingungsfelder, das den Körper umgebende astrale Feld, vibriert fast unmerklich in bestimmten Abständen, was eine einheitliche Schwingung erzeugt. Die Abstände verringern sich bei der Höherentwicklung des Bewusstseins immer mehr. Diese Verringerung ist das Ziel der menschlichen Entwicklung. Die Vibration erfährt eine Beschleunigung, wenn der geistige Gehalt der Gedanken ein höheres Niveau erreicht.

Das Niveau ist abhängig vom Reifegrad eines Menschen und vom geistigen Gehalt seiner Umgebung. In der unmittelbaren Nähe von niedrig gesinnten Menschen herrscht eine gedrückte Atmosphäre, die sich auf jeden Anwesenden überträgt. Der Entwicklungsgrad ist abhängig von den Lernerfahrungen des betreffenden Individuums und deren Verarbeitung. Sobald ein bestimmtes Lernziel erreicht ist, findet eine Neuorientierung statt, die den Betreffenden dazu befähigt, eine schrittweise Veränderung vorzunehmen.

Die Entwicklung erfolgt in Abstufungen, damit der Einzelne sich an die stetige Erhöhung der Schwingungsrate anpassen kann. Andernfalls käme es zu ernsthaften Irritationen. Sobald sich das Schwingungsniveau einer Person erhöht, sind Kräfte am Werk, die diesen Vorgang unterstützen. Die Schwingungserhöhung ist eine Voraussetzung für ein Leben in der rein geistigen Welt. Sobald ein bestimmtes Niveau erreicht ist, fällt es dem spirituellen Menschen leicht, die Ebene zu wechseln und in die geistige Heimat zurückzukehren. Eine lange Entwicklung ist damit zu seinem Abschluss gekommen.

Entscheidend für den Prozess der Umwandlung ist die Qualität der Gedankeninhalte. Lediglich hoch schwingenden Geistenergien wird der Durchlass zu höheren feinstofflichen Gefilden gestattet. Die Auslese erfolgt auf unfehlbare Weise aufgrund des individuellen Schwingungsniveaus.

Da der menschliche Organismus ein Leiter feinstofflicher Energien ist, schwingt er auf einer bestimmten Frequenz. Diese Frequenz ist nicht von Geburt an festgelegt, sondern ändert sich im Lauf der Zeit. Energien mit hoher Schwingungsfrequenz wirken in zwei Richtungen. Sie destabilisieren die individuellen Energien und die Psyche zeitweilig, um den Organismus für die Aufnahme einer höheren Energie vorzubereiten.

Höhere Frequenzen werden in ausgeglichenen, harmonischen Stimmungslagen erzeugt. Letztlich ist mit einer höheren Schwingung ein Ansteigen der Bewusstseinskapazität verbunden, was eine erweiterte Wahrnehmung ermöglicht. Je schwieriger die Lebenssituation ist, desto eher haben die Frequenzen die Neigung, sich nach unten zu transformieren.

Wird ein Bewusstsein vorwiegend auf niedrig schwingende Geistenergien ausgerichtet, entsteht die Gefahr der Abtrennung von der Gesamtheit des Seins. Das individuelle Sein wird von den niedrig schwingenden Energiefeldern absorbiert und geht verloren. Nur bei einer Ausrichtung der Gedankenkräfte auf positive, hoch schwingende Inhalte bleibt die Individualität erhalten, wenngleich in umgewandelter Form.

Das energetische Potential der niedrig schwingenden Energien wir nicht vernichtet, sondern in den natürlichen Kreislauf zurückgeführt. Die Betreffenden erleben eine Zeit der Reinigung, in der ihnen Bilder aus ihrem eigenen Unterbewusstsein vorgeführt werden. Ausschlaggebend für eine Speicherung im Unterbewusstsein ist der Intensitätsgrad eines Gedankenganges oder Erlebnisses, verbunden mit einer dementsprechenden Gefühlsqualität. Es ist daher von ungeahnter Bedeutung, worauf ein Individuum seine Aufmerksamkeit richtet, denn die Entscheidung der Auswahl trifft jeder selbst.

Bevorzugen Menschen im Diesseits harmonische, niveauvolle Erlebnisse, schwingt ihr Inneres in Harmonie mit dem Kosmos und es droht keine Gefahr bei der Konfrontation mit den Tiefen ihres Selbst. Der Mensch ‚erntet, was er gesät hat', das Angenehme ebenso wie das Schreckliche.

Die vermehrte Einstrahlung hoher Frequenzen hat einen Zuwachs an Erkenntnis zur Folge. Menschen, denen es gelingt, ihre Schwingungen auf ein hohes Niveau zu bringen und dort konstant zu halten, ähneln einem Tänzer, der dauerhaft einen harmonischen Bewegungsrhythmus beibehält. Psychisches Wohlbefinden und Heiterkeit des Gemüts sind die direkte Folge eines hohen Schwingungsniveaus. Ein Kontakt zu feinstofflichen Wesen, die sich auf der gleichen oder ähnlichen Schwingungsebene befinden, wird möglich und ein lohnender, fruchtbarer Austausch kann beginnen.

Sind die Energien harmonisiert, können sie ungehindert fließen. Eine geistige Verbindung zu den höheren Ebenen bedeutet eine Zunahme der Energie des betreffenden Menschen auf allen Ebenen, die ihm die Kraft verleiht, seinen Aufgaben mit größerer Effizienz nachzugehen.

Medialität:

Verbindung mit unsichtbaren Sphären

Eine Brücke bilden

Die Grenzen zwischen den Welten sind fließend. Wir können in unserem Bewusstsein eine Brücke bauen.

Die transzendenten geistigen Energien schwingen auf einer sehr hohen Ebene. Um diese Energie für menschliche Zwecke verfügbar zu machen, ist es notwendig, sie auf ein menschliches Niveau zu transformieren. Dies wird durch eine Verlangsamung der Schwingungsfrequenz erreicht, wodurch die Energie in den sichtbaren Bereich überführt wird.

Mit der Reduzierung der Schwingungsrate ist allerdings auch eine Abnahme der Energie verbunden, was letztlich eine qualitative Verminderung bedeutet. Damit das Niveau nicht immer weiter absinkt bis zur niedrigsten Stufe, ist die Verankerung in einem Organismus notwendig, der den Fluss der Energie aufhält.

Reine Energie, die frei fließt, ist von ungeheurer Kraft und Vitalität. Sonnenenergie ist reinste göttliche Energie und schwingt auf dem höchsten Niveau. Energie in reinem Zustand ist von mitreißender Gewalt; die tobenden Elemente veranschaulichen diese Kraft.

Sobald die Energie durch einen Leiter fließt, wird die gebündelte Kraft in eine Richtung gelenkt und zentriert. Die Zentrifugalkraft ist ein Beispiel für eine gelenkte Kraft, die es ermöglicht, ein Gleichgewicht unterschiedlich wirkender Kräfte herzustellen. Ein anderes Beispiel für die Auswirkung gewaltiger Kräfte ist die Erdanziehung, die verhindert, dass der Erdball und die darauf befindliche Materie in alle Richtungen auseinander katapultiert wird. Ein zielgerichteter Energiefluss ruft die unterschiedlichen Manifestationen auf der Oberfläche der Erde hervor; er ist die Kraft, die den Kreislauf des Lebens bewirkt.

Sobald ein Mensch in der Lage ist, mental die höheren Welten zu erreichen, bedeutet dies, dass eine Brücke geschaffen wurde, die eine Informationsübermittlung ermöglicht. Sie besteht aus energetischen Schwingungsebenen, welche die Gewähr dafür bieten, dass die Verbindung aufrechterhalten wird. Falls der Empfang erschwert ist, hängt das mit einer Störung dieser Ebenen zusammen.

Die energetischen Schwingungsfelder vibrieren in bestimmten Abständen, wodurch eine einheitliche Schwingung erzeugt wird. Die Abstände zwischen ihnen verringern sich bei der Höherentwicklung des Bewusstseins immer mehr. Diese Verringerung ist ein Ziel jeder menschlichen Entwicklung.

Die rein geistigen Energien schwingen auf einem sehr hohen Frequenzniveau, das von nur wenigen Menschen erreicht werden kann. Es ist daher notwendig, eine energetische Brücke zu bilden, damit die übermittelten Informationen klar und deutlich verstanden werden. Ein reibungsloser Empfang der Botschaften lässt sich vor allem durch die Erhöhung der eigenen Schwingungsfrequenz erreichen.

Dabei geschieht folgendes: Das den Körper umgebende astrale Feld vibriert fast unmerklich. Diese Vibration erfährt eine Beschleunigung, wenn der geistige Gehalt der Gedanken ein höheres Niveau erreicht. Das Niveau ist abhängig vom Reifegrad eines Menschen und vom geistigen Gehalt seiner Umgebung. In der unmittelbaren Nähe von niedrig gesinnten Menschen herrscht eine gedrückte Atmosphäre. Der Entwicklungsstand. eines Individuums basiert vor allem auf seinen Lernerfahrungen und deren Verarbeitung. Sobald ein bestimmtes Lernziel erreicht ist, findet eine Neuorientierung statt, die den Betreffenden dazu befähigt, eine schrittweise Veränderung vorzunehmen.

Um einen ungestörten Empfang zu gewährleisten ist es notwendig, eine Reinigung der Energiezentren, der Chakren, vorzunehmen. Diese Reinigung dient dem Zweck, die Chakren zu öffnen und ihren Vibrationsgrad zu erhöhen. Negative Energie wird auf diese Weise transformiert. Bei sommerlichen Temperaturen steigt der Schwingungsgrad automatisch an, was die Übermittlung stark vereinfacht. Auch wenn jemand hungrig ist, erhöht sich seine Schwingungsfrequenz. Sofern der Übende darauf achtest, mit leerem Magen zu meditieren, wird hierdurch die Übermittlung von Botschaften vereinfacht, denn die Eiweißverbindungen in der Nahrung erzeugen ein disharmonisches Schwingungsfeld, das den Empfang unnötig erschwert.

Zu Beginn der Übertragung sollte eine grundlegende Entspannung des gesamten Organismus angestrebt werden. Blockaden müssen gelöst und die innere Stabilität erhöht werden. Regelmäßige Atemübungen helfen dabei, die Blockaden zu lockern und ein energetisches Gleichgewicht zu erreichen. Der Übende gelangt hierdurch zu einem Höchstmaß an Konzentration und die Botschaften kommen unverfälscht und mühelos bei ihm an.

Die Konzentration auf die Lichtwelt kann nur in ausgeglichenem Gemütszustand beibehalten werden. In dieser Verfassung ist der Übende mit höheren Seinsebenen verbunden und die Informationen sind absolut zuverlässig. Falls die Energien zerstreut sind, gelingt die Konzentration nur mittelmäßig. Dann dringen Energien aus der Umgebung ins Bewusstsein des Empfängers ein und die Zuverlässigkeit der Mitteilungen nimmt ab. Die Schwingungshöhe des Empfängers entscheidet somit darüber, wie zuverlässig eine Botschaft ist.

Ein medialer Mensch kann die geistigen Ebenen und ihre Helfer jederzeit erreichen, denn der Zeitfaktor ist für sie ohne Belang. Sind die Energien des Mediums sehr unausgeglichen, wird eine Kontaktaufnahme allerdings erschwert. Für Geisthelfer existiert das Problem nicht in der gleichen Weise, da ihre Energien keinen derart starken Schwankungen unterworfen sind. Sie sind ohne weiteres in der Lage, die Verbindung aufrechtzuerhalten, sobald der Kontakt von seiten des Medium zustande kommt. Die Kontaktaufnahme der geistigen Welt geschieht auf unkomplizierte Weise. Sie kann, sofern es dem Menschen zusagt, die Verbindung zu ihm ununterbrochen aufrechterhalten. Dazu bedarf es lediglich einer Willensäußerung von seiner Seite.

Auch die höheren Geistebenen könnten den Kontakt theoretisch jederzeit aufnehmen, nur sind sie daran in der Regel nicht interessiert. Daher sind festgesetzte Zeiten angebracht, in denen der Übende sich auf den Kontakt mit diesen Ebenen einstellt.

Die Einhaltung bestimmter Regeln ist von großem Nutzen. Medien sollten regelmäßig Verbindung zur Geistebene aufnehmen und täglich zu bestimmten, festgelegten Zeiten meditieren, wobei die frühen Morgenstunden und die späten Nachmittags- bzw. frühen Abendstunden besonders gut geeignet sind. Morgens kurz vor Sonnenaufgang ist ein besonders günstiger Zeitpunkt. Die Uhrzeit hängt von der Jahreszeit ab.

Im **Sommer** sind die Morgenstunden **zwischen 4.00 und 5.00 Uhr** am besten geeignet,

im **Winter** verschiebt sich der Zeitpunkt auf die Stunden zwischen **6.00 und 7.00** Uhr.

Am Nachmittag liegt die günstigste Uhrzeit im **Sommer zwischen 16.00 und 17.00 Uhr.**

Im Winter verschiebt sich die Meditation auf die entsprechend spätere Uhrzeit.

Besonders in der Morgenmeditation sollte eine offene Rezeptivität beachtet werden. Der Übende sollte täglich mehrmals eine Verbindung zu den geistigen Ebenen aufnehmen zur Reinhaltung des Kanals. Während der Verbindung sollte die Konzentration nicht unterbrochen werden, da jede Unterbrechung eine Konfusion bewirkt. Jede körperliche Bewegung gibt zudem fremden Energien die Möglichkeit, sich daran anzuhängen. *Bewegungslosigkeit ist daher oberstes Gebot in der Meditation.*

Eine Kontaktaufnahme kann nur bei konsequenter Ausrichtung der Energien vorgenommen werden. Schon das stetige Bemühen verspricht einen Erfolg. Auch wenn der Übende nicht alles sofort versteht, so werden die Botschaften doch von seinem Unterbewusstsein aufgenommen.

Verbindungskanäle

Alles Bewusstsein ist auf den tieferen, unterbewussten Ebenen eines.

Zwischen den unterschiedlichen Stufen des Seins existieren vielfältige Verbindungskanäle, die eine gewisse Durchlässigkeit für Informationen und Austausch ermöglichen. Da auf den jeweiligen Stufen unterschiedliche Kommunikationsarten benutzt werden, hängt der Grad der Verständigung davon ab, inwieweit eine Annäherung der verschiedenen Kommunikationsarten gelingt. Die Beziehungen zwischen den Systemen sind ebenso vielfältig wie die Systeme selbst und weisen in Ausmaß und Intensität große Unterschiede auf.

Die meisten Menschen haben es weitgehend verlernt, die Sprache der Seele zu verstehen. Die Kanäle sind verstopft. Wer seine geistige Kraft erkennt, wird sich der Tatsache bewusst, dass er mühelos in der Lage ist, einen Kontakt zu seinem höheren Selbst herzustellen. Je öfter eine bewusste Verbindung möglich ist, desto weniger wird sich das Verstandesbewusstsein dagegen wehren. Es wird für den Lernenden ein regelmäßiges Bedürfnis sein, sich seinem höheren

Selbst zuzuwenden und für seine täglichen Lernaufgaben Rat und Hilfe zu holen. Anfangs fällt es den meisten noch schwer, die Hilfe anzunehmen.

Sogenanntes ‚Channeling', d.h. die Übermittlung von Botschaften, findet auch dann statt, wenn ein Mensch keinen medialen Kontakt unterhält. Eine dauerhafte, bewusste Verbindung findet nur dann statt, wenn ein Medium dies ausdrücklich wünscht. Beim ‚Channeling' existiert ein Ehrenkodex, der die Infiltration mit negativen Energien verhindert.

Ein Mensch, der Fragen stellt, um seinen Wissensschatz zu bereichern, ist seiner Mitwelt gegenüber in einem beachtlichen Vorteil. Hierbei ist natürlich die Art des Wissens, das erworben wird, entscheidend. Niemand wird, wenn er bestimmte Regeln beachtet, von den geistigen Ratgebern abhängig werden. Drohende Abhängigkeit ist ein Zeichen für die Bereitschaft des Mediums, sich da hinein zu begeben und diese zuzulassen. Ist ein Individuum hierfür nicht offen, kann der Erwerb von Wissen in keiner Weise schädigenden Einfluss ausüben. Fundiertes Wissen kann ganz im Gegenteil stärkende Wirkung haben, wenn es dem Empfänger zugute kommt.

Die Vorbehalte diesbezüglich sind dennoch nicht gänzlich unbegründet. Dabei ist von entscheidender Bedeutung, inwieweit sich der Kanal auch für andere Wesenheiten öffnet als den beabsichtigten. Die Reinhaltung des Kanals sollte unbedingt gewährleistet sein. Hier sind Reinigungsübungen und eine konsequente Ausrichtung gefragt. Die Geisteshaltung, in der eine Frage gestellt wird, ist ebenfalls von immenser Bedeutung.

Jeder zieht die Energien an, die seiner Schwingungsfrequenz entsprechen. Um das innere Gleichgewicht zu wahren, ist es unerlässlich, sich auf die höheren Geistebenen zu konzentrieren, denn diese bilden einen stabilisierenden Faktor, der gemeinhin leicht übersehen wird. Je unharmonischer die Energien eines Menschen sind, desto geringer ist seine Konzentrationsfähigkeit.

Ein medialer ‚Kanal' muss seine täglichen Energien im Gleichgewicht halten, um einen adäquaten Informationsfluss zu ermöglichen. Aggressive, unruhige Energien fördern die Disharmonie und erschweren das Zustandekommen der Botschaften, denn innere Ausgeglichenheit ist eine Vorbedingung für den ungestörten Empfang. Nur durch eine regelmäßige Verbindung mit den höheren Welten wird es möglich, den Kontakten mehr Tiefe zu verleihen. In der Nacht sind die Energien besonders ausgeglichen und daher geeignet für die Übermittlung von Informationen.

Ist ein Mensch mit einem Problem konfrontiert, welches ihn sehr belastet, kann eine Frage zu der ersehnten Lösung hinführen. Im Fall von körperlichen Beschwerden, Krankheit, schwierigen Beziehungs-Konstellationen, kann ein Eingreifen der geistigen Welt mittels einer Stellungsnahme eine große Hilfe bedeuten.

Doch ist die geistige Welt nicht erfreut, wenn sie zum Zwecke persönlicher Vorteilsnahme angerufen wird. In diesem Fall misst sie der Frage wenig Bedeutung bei und reagiert mit Zurückhaltung. Hier kommen dann andere Wesenheiten auf den Plan, welche den Fragenden mit Scheininformationen versorgen, was von diesem in den meisten Fällen nicht einmal bemerkt wird.

Das Bewusstsein des größten Teils der Menschheit ist noch nicht genügend entwickelt, als dass sie die unterschiedlichen Geistebenen zu unterscheiden vermöchte. Hier ergibt sich ein weites Betätigungsfeld der psychologisch-spirituellen Schulung, um eine feinere Wahrnehmung der geistigen Ebenen zu ermöglichen. Das menschliche Bewusstsein ist bisher nur zu einem geringen Teil entwickelt. Eine Entschlüsselung der verschiedenen Bewusstseinszonen wird notwendig, um spezielle Kenntnisse innerhalb der psychologisch-spirituellen Wahrnehmung zu ermöglichen.

Ein Meditierender wird mit der Zeit erkennen, welches seine spezifischen Aufgaben sind. Einen Anhaltspunkt bieten ihm seine Meditationserfahrungen. Er kann von einem bestimmten Punkt seiner

Entwicklung aus in verschiedene Richtungen gehen. Eine Möglichkeit besteht darin, seinen Schwingungsgrad zu erhöhen, um den Kontakt zu den geistigen Welten zu intensivieren. Die meisten medialen Menschen sind damit beschäftigt, Energien aus höheren Welten aufzunehmen und zu transformieren. Mit der Zeit erkennen sie immer mehr die Bedeutung dieser Aufgabe.

Die geistigen Lehrer haben die menschliche Entwicklungsstufe bereits weit hinter sich gelassen und können sich mit Medien aufgrund der Ähnlichkeit der Kommunikationsmuster verständigen. Die psychischen Verbindungen existieren aufgrund des gemeinsamen Ursprungs. Die Menschheit ist immer mit ihnen in Kontakt gewesen, ohne dies bewusst wahrzunehmen.

Jeder gedankliche Kontakt mit anderen Wesen stellt eine Verbindung her. Tritt jemand in einen Dialog mit einem anderen Menschen, wird zwischen den beiden Kontaktpersonen ein Kanal erzeugt, durch den Informationen geistig-seelischer Natur fließen. Es ist daher nicht ohne Bedeutung, mit *wem* Kontakte geknüpft werden, besonders wenn sie dauerhafter und persönlicher Natur sind.

Wichtig ist es, beim Channeln störende Einflüsse weitgehend auszuschließen. Dazu gehört z.B., keine Laute zu intonieren, da sich mit ihnen Fremdenergien verbinden, die den Kontakt erschweren. Der Kanal muss freigehalten werden, was eine intensive mentale Verbindung voraussetzt.

Sobald die Aura durchlässig wird und die Energiezentren geöffnet sind, ist diese Verbindung besonders intensiv. Man fängt die ‚Stimmung' des Anderen auf und eine Einflussnahme findet statt. Bei anhaltender Konzentration auf ein hoch entwickeltes Wesen - z. B. auf einen geistigen Lehrer -, gleicht sich das eigene Schwingungsniveau dem des Lehrers allmählich an. Ebenso kann die Bevorzugung qualitativ hoch schwingender Gedanken das allgemeine Niveau anheben und festigen.

Manch einer fragt sich, wieso er nicht in der Lage sind, die Botschaften zu empfangen, die ihm zugesandt werden? Der Empfang kann erschwert sein, wenn der Kanal des Empfängers nicht genügend durchlässig ist. Die Antworten sind bereits da; sie warten auf denjenigen, der in der Lage ist, sie zu vernehmen. Die Botschaft kommt manchmal in verzerrter Form oder nur bruchstückhaft an. Daher sind Reinigungsübungen notwendig, um die Durchlässigkeit zu verbessern. Ähnlich einem verschmutzten Sieb, bei dem das Wasser nur träge hindurchfließt und trübe wird, kann die Information den Empfänger nicht unverstellt erreichen. Nur ein reiner Kanal ist fähig, jedwede Mitteilung in kurzer Zeit aufzunehmen und zu entschlüsseln.

Reinigungsübungen bilden die unerlässliche Voraussetzung für die Verbindung mit der geistigen Welt. Geduld ist die zweite wichtige Vorbedingung. Auch die Konzentrationskraft der Gedanken sollte geschult werden. Ohne Fokussierung der Gedankenenergien kommt die gesendete Botschaft nur bruchstückhaft an. Neben der Konzentration auf einen Punkt ist die Ausrichtung auf die höheren Geistebenen notwendig.

Nicht jede Frage kann sogleich beantwortet werden. Dies gilt natürlich vor allem dann, wenn die Information eine andere Person betrifft als den Fragenden selbst. Die Geistebenen behalten sich einen Ermessensspielraum vor bei der Beantwortung von Fragen. Ob und in welchem Umfang eine Information erteilt wird, hängt vom richtigen Zeitpunkt und der Aufnahmekapazität des Empfängers ab. Nicht in jedem Fall ist die Seele eines Betroffenen in der Lage, eine Botschaft in vollem Umfang zu verarbeiten. Hier wird auf seiten der Informanten sorgfältig ausgewählt und eine Mitteilung evtl. erst zu einem späteren Zeitpunkt vervollständigt.

Um die Geistwesen erfolgreich unterscheiden zu können, ist ein Signal - auch von geistiger Seite - von Vorteil. Medien, die Botschaften erhalten, sollten ein Erkennungszeichen zur Regel werden lassen, da die Vielfalt der geistigen Ebenen einen Missbrauch nicht ausschließt. Ein Erkennungszeichen kann viel bewirken, denn es verhindert, zumindest für den Zeitraum der Übermittlung, störende Einflüsse. Der Kanal bleibt geschützt, damit die Botschaft störungsfrei übermittelt werden kann. Der Empfänger hat Sicherheit darüber, mit wem er jeweils in Verbindung ist.

Das Signal wird in der Regel von geistiger Seite festgelegt und das Medium wird gebeten, es zu akzeptieren. Ein Vorschlag ist bspw. ein Lichtstrahl, der von oben kommt. Auch andere Symbole oder Bilder kommen infrage, wie z.B. das Öffnen und Schließen einer Tür. Auch das Ende einer Übermittlung sollte gekennzeichnet sein mit einem abschließenden Satz oder Bild von Seiten des Mediums bzw. des Botschafters.

Innere Ruhe und Rezeptivität sind ebenfalls – wie bereits erwähnt - wichtige Voraussetzungen für die Klarheit des Empfangs. Eine eindeutige und klare Zielrichtung der Gedanken vermeidet Unklarheiten. Die übermittelten Botschaften wollen darüber hinaus geschätzt werden und auf dankbare Aufnahme treffen. Die Geisteshaltung des Fragenden ist ausschlaggebend für die Erteilung von Informationen. Wenn die innere Haltung vorwiegend Lethargie und Langeweile zum Ausdruck bringt, werden die Bemühungen auch auf lange Sicht nicht zum Erfolg führen.

Als Grundsatz gilt: Je klarer ein Kanal ist, desto umfassendere und höherwertigere Botschaften können übermittelt werden. Sofern der Empfänger der Botschaften den Überbringern mit Wertschätzung begegnet, werden seine Bemühungen die gewünschten Resultate ans Licht fördern.

Unterschiedliche Symbole

Die Traumlandschaft steckt voller Symbole, Sinnbilder und Mythen.

Die Materie ist ein vorübergehender Seinszustand, dem bei der Höherentwicklung keine besonders große Bedeutung zukommt. Am Beginn der Menschheitsentwicklung ist die stoffliche Welt notwendig und hilfreich, weil sie sichtbare Zeichen setzt, deren

Bedeutungen entschlüsselt werden können. Bei der Höherentwicklung des Menschen nimmt der Stellenwert der Materie immer mehr ab, da auf den höheren Ebenen Wunsch und Vorstellung maßgebend sind.

Zur Entschlüsselung der materiell sichtbaren Zeichen ist es notwendig, den Sinngehalt der *Symbolik* zu kennen und die Hintergründe historischer Zeitepochen zu enträtseln. Bisher existieren kaum nennenswerte geschichtliche Arbeiten, die zur Aufklärung beitragen. Die Materie wirkt auf den Seinszustand des Menschen ein, wenn große Veränderungen und Umwälzungen vor seinen Augen sichtbar werden. Kommende große Umwälzungen, die nicht mehr lange auf sich warten lassen, bedeuten einen Einschnitt in der Menschheitsentwicklung.

Konzentrationsübungen mit Symbolen

Zielgerichtetheit der Gedankenenergien hat die Erreichbarkeit jeglichen Ziels zur Folge. Ein Mensch, dem es gelingt, seine Energien auszurichten, kann seine Mitwelt in Erstaunen versetzen. Unglaubliche Kräfte stehen ihm zur Verfügung. Die Schwierigkeit besteht darin, die Konzentration über einen längeren Zeitraum aufrechtzuerhalten. Hierbei sind Hilfsmittel von großer Bedeutung.

Ein Beispiel dafür ist die Arbeit mit - anfänglich sehr einfachen - Symbolen, wie bspw. die Abbildung eines Vierecks oder Kreises. Die Symbolik wird nach und nach vielfältiger; so können nach einiger Zeit Farbschattierungen hinzugenommen werden. Allmählich wird der Schwierigkeitsgrad immer höher, wodurch die Geisteskräfte enorm geschult werden. Stetige Übung ist ausschlaggebend für den Erfolg.

Die einzige Möglichkeit, einen stabilen Fokus zu erzeugen, ist das Fixieren der Gedankenkräfte auf einen mit Kraft geladenen Gegenstand, ein Symbol o. ä., während die Gedanken ausgeschaltet werden. Das Symbol wird mit Kraft aufgeladen durch oftmalige Konzentration darauf.

Der Mensch war nicht immer der Sprache mächtig, sondern benutzte am Anbeginn seiner Entwicklung Symbole, die der Verständigung dienten. Eines dieser Symbole war das Rad; es war ihm von Anfang an vertraut. Eine Möglichkeit, die geistigen Kräfte zu schulen, besteht in einer Konzentration auf das *Rad-Symbol*. Dies wird den Geist befähigen, seine Energien konsequent in eine Richtung zu lenken. Das Symbol ist mit Kraft geladen und wird den Bemühungen auf weitreichende Weise Unterstützung gewähren. Eine derart machtvolle Symbolik kann einen an jedes Ziel bringen, was immer man auch wünscht.

Das Symbol ist ein Rad mit acht Speichen bzw. ein Kreis mit acht Querverbindungen. Das Symbol sollte zur Grundlage der täglichen Übung werden. Je häufiger man es anwendet, desto besser. Es bedarf keiner weiteren Erläuterung.

Die Rose

In den Kulturen werden unterschiedliche Symbole für Konzentration - Übungen benutzt. Im Abendland wird vielfach eine knospende Rose, die sich nach und nach entfaltet, zum Vorbild der Meditation gewählt. Die Blätter kommen einzeln zum Vorschein. Die voll erblühte Rose beginnt, einen Duft zu verströmen, sich im Winde zu wiegen, etc. Als krönender Abschluss identifiziert sich der Übende mit der Rose. Dieses schrittweise Vorgehen ermöglicht eine Detailgenauigkeit, die sich dem Unterbewusstsein des Übenden einprägt. Ist dieser Vorgang einmal gelernt, kann er auch auf andere Objekte übertragen werden.

Die Rose ist von einem tiefen Symbolgehalt erfüllt und daher besonders geeignet für geistige Übungen. Die *weiße Rose* gilt als Symbol der Reinheit, des Strebens nach spiritueller Vervollkommnung. Die *rote Rose* steht für Opferbereitschaft, Mut und feste Entschlossenheit, dieses Ziel zu erreichen. Durch lang anhaltende die Konzentration auf das Rosensymbol wird der spirituelle Aufstiegskörper erzeugt. Die Entfaltung der Blütenblätter steht für die stufenweise Annäherung an das höchste Ziel. Hat ein Mensch die Vollkommenheit erreicht, dann erscheint er einem anderen Seher wie die vollkommene Form einer Rose mit weiß-roten Blütenblättern.

Die Rose galt früher im Abendland als höchstentwickelte Pflanze, sie war die Königin der Blumen, die Überbringerin von Glück und Segen. Daher erfreute sie sich im Garten besonderer Beliebtheit und darauf beruhte ihre enorme Anziehungskraft bei den Sehern.

Das Hexagramm

Eine umgekehrte Pyramide bildet zusammen mit der aufrecht stehenden ein Sechseck. Der sechseckige Stern ist ein uraltes Menschheitssymbol und zeugt von dem tiefen Wissen, das zu allen Zeiten vorhanden war. Er ist auch als *Judenstern* bekannt, denn die Hebräer waren ein altes Kulturvolk, das schon frühzeitig die Bedeutung dieses Symbols kannte.

Die umgekehrte Pyramide bedeutet, dass die oberen Welten die unteren durchdringen, doch je tiefer sie gelangen, desto geringer wird ihr Einfluss. Das Sechseck symbolisiert die gegenseitige Durchdringung der oberen und unteren Welten. Der Einfluss der höheren Welten auf die tieferen hört nie ganz auf. Auch an der Basis, an der unteren Linie des aufrechten Dreiecks, ist noch ein schmaler Spielraum da.

Der Ausspruch: *„Das was oben ist, ist so wie das Untere und das Untere gleicht dem Oberen"* weist auf die tiefe Verbundenheit hin, die zwischen den beiden Welten existiert, die sich ja auch gegenseitig durchdringen und miteinander verwoben sind. Oben und unten, tief und hoch sind nur zwei Seiten derselben Münze, auch wenn das anfangs nicht leicht zu verstehen ist.

Kreuz und Kreuzigung

Ein Beispiel für die Höherentwicklung der Menschheit ist das Gleichnis der *Kreuzigung*, das den Leidensweg des Menschen durch die Materie beschreibt. *Christus am Kreuz* symbolisiert den Menschen in seiner Beziehung zum Kosmos. Das Kreuz tragen bedeutet, die verhängten Leiden auf sich zu nehmen.

Der *Kelch* ist ein Sinnbild für die göttliche Strafe, die als Folge der Abkehr vom ursprünglichen Pfad verhängt wurde. Das vergossene *Blut* bezeichnet die Mühen und Leiden, die ein Mensch auf sich nehmen muss. Das *Gericht* ist ein Symbol für die Umkehr des Menschen, der bereit ist, sich der göttlichen Prüfung zu unterziehen.

Das Kreuz steht darüber hinaus für die Vereinigung aller Gegensätze in einem Punkt. Die unteren sowie die oberen Welten sind in einem Punkt unauflöslich vereinigt; sie können niemals vollständig getrennt werden.

Der menschliche Körper

Auch der stoffliche Körper ist von Symbolkraft durchdrungen:
- Der *Kopf* bis zu den *Füßen* symbolisiert die höheren Welten, während
- *Arme und Hände* als Gleichnis für die niederen Welten dienen. Sie stehen für handwerkliche Tätigkeit, die nur auf der irdischen Ebene möglich und notwendig ist.
- Der *Kopf* ist der Sitz der Gedanken und des sogen. ‚Dritten Auges', des Hellseherorgans des Menschen, mit dem er Kontakt zu den höheren Welten aufnehmen kann. In der Frühzeit der Menschheit besaß er die uneingeschränkte Fähigkeit, dieses Organ zu benutzen. Nach und nach ging ihm diese Gabe verloren. In der Gegenwart bedarf es Anstrengungen seitens jedes einzelnen Menschen, diese Fähigkeiten wiederzuerlangen.

▫ *Füße, Beine* und *Rückgrat* symbolisieren den aufrechten Gang, der den Menschen von den übrigen Lebewesen unterscheidet und ihn befähigt, mit den höheren Welten in Kontakt zu treten. Diese Fähigkeit zeichnet ihn vor den anderen Lebewesen aus.

▫ In der Mitte befindet sich das *Herz*. Durch das Herz, als den Sitz der Gefühle, sind die niederen und höheren Welten unauflöslich miteinander verbunden.

Das Lebensrad

Man kann die verschiedenen Leben mit einem Rad vergleichen, bei dem die Speichen die einzelnen Leben symbolisieren. In der Mitte des Rades befindet sich das geistige Zentrum, von dem alle Aktivität ausgeht. Dieses Zentrum pulsiert mit großer Regelmäßigkeit. Die Strahlen, die es aussendet, sind die verschiedenen Leben. Bei der Höherentwicklung des Menschen gewinnen diese Strahlen an Leuchtkraft und Stärke. Am Ende eines Entwicklungszyklus vereinigen sich die Strahlen wieder mit dem Zentrum, aus dem sie hervorgegangen sind.

Die Brücke

Das ‚Brückengeheimnis' betrifft den Übergang in die nächste Welt. Eine Brücke dient als Sinnbild, aber der eigentliche Vorgang findet im Geiste statt.

Bäume

Man kann Menschen mit den Jahreszeiten vergleichen, in denen ein Baum wächst:
- Ein *Jahreszyklus* symbolisiert eine Lebenszeit.
  - Der *Frühling* ist die Kindheit, wo sich die Knospen öffnen, alles grünt und blüht.

- Der *Sommer* ist die Hochzeit; das Leben des Menschen erreicht einen Höhepunkt.
  - Die *Samen* oder *Früchte* sind seine Gedanken, die er unablässig aussendet.
- Der *Herbst* ist das Alter; die Blätter verwelken ebenso wie die Haut des Menschen.
- Der *Winter* symbolisiert den Tod; eine Ruhepause tritt ein.

Ein Bild ist auch ein Tor

Die Tore zur geistigen Welt öffnen sich nur sporadisch zu bestimmten Zeiten. Doch es gibt auch Tore, die beständig sind und einen stetigen Durchgang ermöglichen. Zu diesen Durchgängen gehören Bilder, da ihnen eine besondere Kraft innewohnt. *Bilder sind Pforten in die andere Welt,* was weitgehend unbekannt ist.

Ein Bildnis eröffnet einen direkten Kontakt zu der abgebildeten Person. Es ist ein Schlüssel, der die Barrieren durchbricht. Auf diesem Prinzip beruhen magische Operationen, bei denen Bildnisse von Personen verwendet werden, die beeinflusst werden sollen. Das Bildnis ist die Pforte, welche die Einflussmöglichkeiten verstärkt. Wenn ein Bild den gesamten Körper abbildet, dann kann der Einfluss weiter ausgedehnt werden. Ein Bild kann im positiven wie im dunklen Sinne verwendet werden. Heilende Kräfte können aktiviert werden, bei denen eine Abbildung gute Dienste leistet.

Ein Bild ist aber nicht nur eine Pforte, sondern eine Art Drehtür, durch die umgekehrt auch Kräfte eindringen können. Die Tür schließt sich nicht vollständig, auch nachdem das Bild beiseite gelegt wurde. Es ähnelt einem leichten Luftzug, der in eine Halle strömt und dort verweilt.

Störungen beim Empfang

Telepathie ist ein zweischneidiges Schwert.

Sobald jemand einen telepathischen Kontakt mit geistigen Welten unterhält, sind ihm im Prinzip alle Informationen zugänglich, die er sich wünscht. Doch hier hat die Weisheit ein Hindernis eingebaut: Nur solche Informationen werden ihm zuteil, wie es seine Schwingungshöhe und damit sein geistiger Entwicklungsstand zulässt.

Je weiter ein Medium entwickelt ist, desto leichter wird es ihm möglich, die Antworten herbeizuziehen, nach denen es ihn verlangt. Wissen beinhaltet erhebliche Vorteile, zumal wenn es von einer geistigen Ebene kommt, deren Horizont weitaus umfangreicher ist als derjenige der irdischen Welt. Da Wissenszuwachs immer auch mit Verantwortung und Reife des Anwendenden verbunden sein muss, sind die geistigen Botschafter zurückhaltend in der Vermittlung, um Missbrauch und den damit einhergehenden Schaden für die Gemeinschaft zu unterbinden.

Falls jemand also eine Frage in der Meditation stellt, sollte er sich vorher in eine harmonische seelische Stimmung versetzen, indem er vorher bspw. wohlklingende Musik hört oder seinen Gedankenfluss auf geistige Inhalte, abseits von den Problemen des Alltags, lenkt. In einer solchen Verfassung ist es leichter, in Kontakt mit entsprechenden geistigen Wesen zu gelangen, die eine adäquate Antwort übermitteln. Grundsätzlich sollte sich ein Mensch niemals in Meditation begeben, wenn er in niedergedrückter oder angespannter innerer Verfassung ist. In dieser Stimmung zieht er keine hohen Geistwesen an und muss damit rechnen, zum Spielball unsichtbarer Wesen zu werden, die seinem derzeitigen Niveau entsprechen.

Fragen, die jemand in die Meditation mitbringt, werden manchmal erst zu einem späteren Zeitpunkt beantwortet. Der Fragende sollte daher nicht gleich mit Ungeduld und Enttäuschung reagieren, wenn er nicht sofort eine Antwort erhält. Vielleicht ist gerade nicht der richtige Zeitpunkt, denn manchmal kann zuviel Wissen auch schaden. Oder die Information gelangt erst an einem der nächsten Tage ans Ziel. Ganz unvermutet ist sie plötzlich - für den Empfänger überraschend - da. Die geistigen Lehrer sind bei ihren Methoden ausgesprochen kreativ, denn ihrer Phantasie sind keine Grenzen gesetzt.

Manchmal nimmt die Qualität der ‚Durchsagen' rapide ab und die Übermittlung ist gestört.
Dies geschieht, wenn die Gedankenkräfte nicht zielgerichtet auf einen Punkt gelenkt werden und die mentale Aufmerksamkeit nickt genügend konzentriert ist. Der Empfänger medialer Botschaften muss seine Gedanken bündeln wie einen Strahl. Die Streuung darf nicht zu breit sein, andernfalls lässt die Klarheit nach und die Gedanken verschwimmen zu einem diffusen Brei. Störende Einflüsse machen sich bemerkbar, ähnlich wie bei einem Rundfunkempfänger, der nebenbei noch andere Wellenlängen empfängt, die sich mit der Hauptwellenlänge überlagern und diese zum Teil überdecken. Bei einer *Konzentration auf die Farbe GRÜN* werden die Störungen verringert.

Von Zeit zu Zeit entsteht der Eindruck eines Kontaktabbruchs. Doch ein Individuum kann niemals von seinem höheren Selbst getrennt werden. Alle Ängste diesbezüglich sind unbegründet. Der Kontakt scheint nur dann unterbrochen, wenn der Betreffende sich selbst blockiert. Ein Anfänger ist meist verunsichert, weil die Verbindung noch neu und für ihn ungewohnt ist. Sobald er mehr Vertrauen in seine innere Führung entwickelt hat, wird es Probleme dieser Art nicht mehr geben. Er sollte seinen intuitiven Wahrnehmungen vertrauen, denn das wird ihm zusätzliche Sicherheit geben. Blockaden errichtet der Übende selbst.

Probleme beim Empfang medialer Mitteilungen sind auch eine Frage der jeweiligen Stimmungslage. Zu Beginn ist der Empfänger noch ängstlich und unsicher und gibt sich innerlich manchmal betont lässig, was sich auf die Konzentration störend auswirkt. In zerstreuter innerer Verfassung schweift die Aufmerksamkeit zu sehr ab. Es sind Anfangsschwierigkeiten, die mit der Zeit verschwinden.

Der Empfang von Botschaften braucht seine Zeit. Die Mitteilung sollte erst dann entgegen genommen werden, wenn ein untrügliches, sicheres Gefühl vorhanden ist. Ein feines Unterscheidungsvermögen ist dazu notwendig. Manchmal wartet der Empfänger nicht lange genug und entnimmt die Antworten seinem eigenen Unterbewusstsein. Er sollte jeweils eine kleine Pause einlegen - ohne dabei angespannt zu sein -, solange bis er sicher ist, alles richtig verstanden, d.h. den Kern der Mitteilung erfasst zu haben. Mit der Zeit lernt der mediale Mensch, dieses Unterscheidungsvermögen zu entwickeln. Er hat dann ein Gefühl der ‚Richtigkeit', wenn eine Botschaft bei ihm ankommt. Ist er mit Ernsthaftigkeit bei der Sache, wird sich alles Weitere fügen.

Übermäßige Kontrolle kann schaden und den Informationsfluss hemmen oder ganz zum Erliegen bringen. Also das gegenteilige Problem wie eingangs erwähnt. Anspannung entsteht, wenn die Energien nicht im Gleichgewicht sind, was zu einer verzerrten und eingeschränkten Wahrnehmung führt. Der Empfänger sollt bestrebt sein, ein seelisches Gleichgewicht aufrechtzuerhalten. Eine offene, heitere Stimmungslage sowie wache Bewusstheit sind sehr geeignet, um die Botschaften klar zu empfangen.

Eine Übermittlung aus geistigen Gefilden geschieht immer, auch jenseits der bewussten Wahrnehmung. Um den Kontakt aufrecht zu halten, genügt es, die Aufmerksamkeit willentlich auf die Geisthelfer zu lenken. Die Kontaktaufnahme ist jederzeit möglich, auch unabhängig von der Schwingungshöhe. Lediglich die Übermittlung von Botschaften unterliegt Schwankungen.

Störende Einflüsse sind ein Teil des Mediums. Sie bilden das, was man gemeinhin das Unterbewusstsein nennt. Bei der Übermittlung öffnen sich die Schleusentore und das Bewusstsein wird mit widersprüchlichen Botschaften überschwemmt. Starke Schwankungen, denen ein Bewusstseinsfeld unterworfen ist, können im Kontakt mit Geisthelfern vermindert werden.

Den Fokus der Aufmerksamkeit aufrechtzuerhalten, ist ein Lernprozess, der viele Stunden der Übung erfordert. Die Lenkung der Gedankenkräfte in eine Richtung ist nicht so schwer, wie manche sich das vielleicht vorstellen. Die Schulung der Aufmerksamkeit gehört zur Grundstufe des Lernens. Um die Übermittlung von Botschaften zu erleichtern, ist es ratsam, ein Symbol oder einen Lichtstrahl zu visualisieren, der die Energien erhält und schützt.

Die ungeteilte Konzentration der Aufmerksamkeit auf die geistige Ebene stellt den Kontakt her. Nur so kann der Empfänger sicher sein, dass die Information von dort kommt. Er sollte nicht mit übertriebener Anspannung auf die Botschaften warten, noch sich innerlich völlig gehen lassen, sondern in entspannter, ruhiger Erwartung die Mitteilungen empfangen. Und noch einmal: Es gilt, sich Zeit zu nehmen und nichts zu übereilen, denn innere Ausgeglichenheit, Ruhe und Sicherheit sind notwendig.

Sobald das innere Gleichgewicht hergestellt ist, wird die Botschaft klar. Die geistige Welt vermittelt zudem Kraft und Sicherheit; auch die Worte kommen von dort. Der Empfänger hat nichts weiter zu tun, als der Botschaft zu lauschen. Es wäre vorteilhaft, wenn er sich vorher auf den Kontakt, bspw. mit meditativer Musik, einstimmen würde.

Jemand, der vorwiegend Misstrauen und Angst empfindet und dem es an Vertrauen in die geistige Führung mangelt, ist innerlich angespannt. In diesem Fall sind positive Suggestionen hilfreich. Der Glaube an die guten Mächte des Daseins und die Überzeugung, dass nichts Unheilvolles passieren wird, bilden eine vertrauensvolle Grundlage.

Die jeweilige Themenauswahl ergibt sich meist von selbst. Nichts sollte übereilt werden. Zum richtigen Zeitpunkt werden dem Zuhörer diejenigen Themen zufließen, die ihn interessieren und an denen er seine Freude hat. Es bleibt dem Medium selbst überlassen, wie intensiv der Kontakt gestaltet wird.

Anfangs besteht noch ein Fremdheitsgefühl, doch das wird mit der Zeit vergehen. Ungeduld, die sich urplötzlich bemerkbar macht, ist die eigene, nicht die des Geistlehrers bzw. des höheren Selbsts. Das höhere Selbst akzeptiert den Menschen so, wie er ist. Es ist zufrieden mit dem Lernenden, was er auch tut.

Störende Gedanken deuten auf eine unbewältigte Problematik hin; sie kreuzen den Strahl des höheren Selbst und vermischen sich manchmal damit. Das kann der Übende nur verhindern, indem er sich vertrauensvoll öffnet. Die störenden Gedanken sollte er beiseite legen wie ein altes Buch, damit die Botschaft unverfälscht übermittelt werden kann. Wenn er sich hin und wider auf einen weißen Punkt in der Mitte der Stirn konzentriert, wird ihm das helfen, sich nicht ablenken zu lassen.

Eine Botschaft vom höheren Selbst lautet:

„Wisse: Du bist Ich, Ich kenne dich schon von Anbeginn. Wir waren niemals getrennt, das schien nur so. Deine geheimsten Gedanken und Gefühle sind mir bekannt; deine Eingebungen kommen von mir. Du bist Ich und daher vollkommen. Vielleicht weichst du manchmal vom Wege ab, doch immer wirst du zurückkehren, früher oder später. Sei dir dessen bewusst. Ich Bin dein höheres Selbst und Ich Bin immer auf deiner Seite. Ich beschütze dich auf allen deinen Wegen, auch wenn es dir nicht bewusst ist.

Ich habe dich geschaffen mir zum Bilde. Richte deine Aufmerksamkeit mit steter Entschlossenheit auf Mich, und Wir sind eins. Achte auf die Qualität deiner Gefühle. Deine Gefühle heben dich zu mir empor oder werfen dich zurück. Sobald störende, negative Gefühle auftauchen, ist der Kontakt zu mir gestört oder ganz unterbrochen. Des Interesse von deiner Seite und die ungeteilte Aufmerksamkeit sind ebenfalls wichtig. Bleibe bei allem, was dir begegnet, gelassen. Sage dir immer, dass es dich in deinem tiefsten Inneren nicht berührt. Du bist unzerstörbar. In deinem Innern bin Ich."

Im Kontakt mit der geistigen Führung lernt der Schüler, Selbstbeherrschung zu üben. Seine Gefühle werden sich nach und nach verändern, wenn es ihm gelingt, Vertrauen zu entwickeln. Dann kann er sicher sein, dass die geistige Welt für ihn da ist, denn sie begleitet ihn auf allen seinen Wegen. Solange er innerlich gelassen und friedvoll bleibt, existiert die Verbindung und unangenehme, widrige Ereignisse können ihn nicht erreichen.

Die eigentliche Aufgabe besteht darin, das Geheimnis des Lebens zu erschließen, zu erkennen, *was die Welt im Innersten zusammenhält* und letztendlich den Tod zu transzendieren. Dieser Erkenntnis widmen Mystiker ihr gesamtes Leben. Die einzelnen Schritte sind dabei nicht festgelegt, sie hängen vom jeweiligen Erkenntnisstand des Einzelnen ab.

(Anmerkung der Verfasserin: Die Kunst des Channelns besteht u. a. darin, Zweifel zu überwinden und selbst auf den ersten Blick unglaubhaft erscheinende Inhalte zu notieren und zu akzeptieren. Setzt die Kritik zu früh - bereits bei der Übermittlung - ein, könnten interessante, zunächst unwahrscheinlich anmutende Inhalte leicht übersehen werden.

Diese akzeptierende Haltung bezieht sich nicht unbedingt auf den Stil oder das Niveau. Hier sollte ruhig eine Vorprüfung erfolgen und ggf. die Übermittlung abgebrochen werden. Beim Erhalt von Botschaften ist es wichtig, die ‚Spreu' vom ‚Weizen' zu trennen und nicht auf jeden Unsinn hereinzufallen. Ohne ein gut ausgeprägtes Unterscheidungsvermögen kommt ein Medium schnell in ‚Teufels Küche'. Nur in entspannter, heiterer Verfassung macht es Sinn, sich

Wesen aus dem Astralreich binden, die sie hinabziehen und einem spirituellen Aufstieg im Wege stehen, denn Verbindungen dieser Art sind nicht so leicht aufzulösen, wenn sie einmal geschlossen worden sind.

Bindet sich ein Medium an niedere Wesenheiten, verdichtet sich seine Energie und seine Lebensumstände stagnieren. Dies kann Unruhezustände und seelische Qualen verursachen. Verdichtet sich die Energie immer weiter, kommt es zu Kurzschlussreaktionen und der Empfindung, dass die Luft zum Atmen knapp wird. Belastende Energien anderer Menschen verschränken sich mit seinem Energiesystem, was die Lage noch zusätzlich erschwert.

Es kann so weit gehen, dass sich fremde Wesenheiten in den Energiekörper der medialen Person einklinken und diesen für ihre Zwecke und zum eigenen Nutzen umfunktionieren. Das Medium bemerkt erst sehr spät, was da vor sich geht. Gemeinhin fehlt es ihm an Steuerungsmöglichkeiten, um dem permanenten Energie-Abzug Einhalt zu gebieten. Dies ist einer der Gründe für den frühen Tod von medialen Menschen, denen nach einiger Zeit nicht mehr genügend Kraft zur Verfügung steht, um ihre Lebensfunktionen aufrecht zu erhalten. Das permanente Energie-Defizit bringt sie an den Rand der Erschöpfung und bläst ihnen letztlich das Lebenslicht aus. Nur regelmäßige Lichtübungen können Schlimmeres verhindern.

Das Medium Jane Roberts

Man muss lernen, die richtigen Fragen zu stellen.

Der Gesundheitszustand des amerikanischen Mediums Jane Roberts, die sich über 21 Jahre lang intensiv dem Channeling widmete, wurde im Laufe der Zeit immer schlechter und führte schließlich zu ihrem Tode.

Ein Medium wie Jane Roberts benötigt sehr viel Energie, um das intensive Channeling durchzuhalten. Sind die eigenen Energien aber schwach, dann reichen sie nicht aus, um einen Ausgleich zu erzielen. Ein Energiedefizit entsteht, das mit der Zeit immer ausgeprägter wird und zu Blockaden im Organismus führt. Jane Roberts hatte nicht bedacht, wie sehr dieses Energiedefizit ihr zu schaffen machen würde. Sie war überzeugt von ihrer ‚Mission', die sie als überaus wichtig ansah.

Eine Mission wie die ihre, die sich über einen langen Zeitraum erstreckte, brachte aber die Energien auf einen niedrigen Level, der sich mit der Zeit immer mehr verminderte. Ein Energiedefizit macht sich auf vielerlei Arten bemerkbar; nicht nur das allgemeine Befinden ist beeinträchtigt, sondern auch die Atmung und die Bewegungen werden gestört. Letztendlich war Jane Roberts Glaube, eine wichtige Mission zu erfüllen zu müssen, Teil eines Ringes, der sich langsam und unaufhaltsam um sie schloss. Ihr Unvermögen, die wahren Zusammenhänge zu durchschauen, ließen ihr keine andere Wahl. – In ihrem Nachlass befinden sich einige Botschaften, die eindeutige Hinweise hätten sein können...

Seth, der Übermittler aus der geistigen Welt, hat nicht in aller Deutlichkeit auf die prekäre Gesundheitslage des Mediums aufmerksam gemacht, sondern ihr immer wieder Besserung und Heilung versprochen und sie damit über die tatsächliche Lage hinweggetäuscht.

Hierzu hat Seth tatsächlich nicht eindeutig Stellung bezogen. Eine Energiepersönlichkeit wie Seth ist in seiner Struktur nicht so festgefügt, wie es den Anschein hat. Er besteht aus vielen Facetten, vielen Energien, die sich mit ihm verbunden haben und die im geeigneten Moment in Erscheinung treten. Während all' der Jahre war also jeweils nur ein Teil der Seth - Energie in Kontakt mit Jane Roberts; nicht immer war die Botschaft gleich geartet. Die

Schwankungen waren viel stärker, als sie letztendlich zum Ausdruck kamen.

Eine facettenreiche Energie wie Seth verfolgt darüber hinaus unterschiedliche Ziele und Absichten, die nicht immer mit denen des Mediums in Einklang stehen. In tragischer Weise verband sich die Gutgläubigkeit Janes mit den listenreichen Variationen, die Seths Absichten zugrunde lagen. Er hatte zu Beginn keineswegs vor, ihr Schaden zuzufügen, und anfänglich war die Zusammenarbeit sehr gut, wie anhand des übermittelten Materials leicht zu ersehen ist.

Doch mit der Zeit schlichen sich in die Übertragung nichtwohlwollende Elemente ein, die immer weiter vordrangen und zuletzt eine dominante Rolle einnahmen. Während einer Übermittlung von langer Dauer ist es dringend geraten, sich immer wieder der Energien zu vergewissern, mit denen man in Kontakt ist. Jane Roberts Arglosigkeit und Naivität ließen derartige Überlegungen gar nicht aufkommen. Sie war befangen in einer gutwilligen Voreingenommenheit, die ihr nicht zum Segen gereichte.

Wäre sie aufmerksamer gewesen, dann wären ihr die Fluktuationen der Energien, mit denen sie in Kontakt kam, kaum entgangen. Doch sie dachte nicht im Geringsten daran, die Wesenheiten, mit denen sie sich verband, zu hinterfragen. Nur so konnte es geschehen, dass sich ihr mit der Zeit immer mehr ungute, übelwollende Wesen näherten, welche die anfänglichen Intentionen der Seth - Energie keineswegs teilten.

Jane war hin- und her gerissen zwischen lichten und düsteren Elementen, wobei es letzteren gelang, immer mehr die Oberhand zu gewinnen. Sie bemerkte nicht, wie ihr langsam immer mehr die Kontrolle über das Geschehen entglitt. Zu sehr war sie auf ihre Rolle als Medium fixiert und durchdrungen von der Wichtigkeit ihrer Aufgabe. So wurde sie zum Spielball fremder Mächte, ohne es zu bemerken oder auch nur zu ahnen.

Das Besondere an ihrer Situation war der Bekanntheitsgrad, den sie erreichte, indem sie ihre Rolle ausfüllte. Dies beeindruckte sie selbst über alle Maßen, denn es war mehr, als sie sich je hätte träumen lassen. Dafür war sie bereit, auch einiges aufs Spiel zu setzen und in Kauf zu nehmen. Nur war ihr zu keiner Zeit klar, welchen Preis sie letztendlich zu zahlen hatte. Dieser Entwicklungsweg überstieg ihr Begriffsvermögen, das in anderer Hinsicht nicht im mindesten eingeschränkt war.

Janes Dilemma lag in dem hohen Anspruchsdenken, das ihrem Handeln zugrunde lag und das sie sich selbst gegenüber erfüllen wollte. Dieser Anspruch ließ es kaum zu, von einem einmal eingeschlagenen Weg abzuweichen oder diesen kritisch zu durchleuchten. Ihr grausames Schicksal ist durchaus kein Einzelfall, denn viele Medien verfangen sich in Netzen, von denen sie zuvor keine Ahnung hatten und mit denen sie nicht rechneten.

Die Energiepersönlichkeit Seth war nicht in der Lage, die dunklen Strömungen aufzuhalten, die unweigerlich immer näher an das Medium Jane Roberts heranrückten. Der Wille eines Menschen ist die entscheidende Größe im Spiel der Gewalten. Jane war zu keiner Zeit abgeneigt, sich auf dieses Spiel einzulassen und mit den Gewalten zu kooperieren, ja sogar sich ihnen auszuliefern.

Warnungen sind zwar erfolgt, wurden aber nicht verstanden. Jane Roberts Bruder, der vor ihr starb, setzte sich von der Geistebene aus mit ihr in Verbindung und sandte ihr eindeutige Botschaften, die sie allerdings nicht ernst nahm und missachte. Diese Mitteilungen ließen an Deutlichkeit nichts zu wünschen übrig. Den Warnungen keine Aufmerksamkeit zu schenken ist eine Entscheidung, die jeder Mensch für sich selbst trifft.

Die Absicht der Seth-Persönlichkeit war die Übermittlung einer Botschaft, unabhängig von den Umständen und den Auswirkungen, die dieses hervorrief. Ein Energiewesen wie Seth greift so gut wie nie in Abläufe dieser Art ein, denn er sieht das Geschehen aus einem erweiterten Blickwinkel, der die Entwicklung in ein anderes Licht rückt. Er sieht sich kaum in der Lage, in Verläufe dieser Art einzugreifen, da sie keineswegs festgelegt oder voraussehbar sind.

Die Intentionen einer Energie-Persönlichkeit umfassen weit mehr als nur einen begrenzten Zeitraum, daher kann ihr Verhalten nicht an einem Zeitausschnitt von einigen wenigen Jahren gemessen werden. Die Absicht Seths war keineswegs, Jane Roberts Schaden zuzufügen, ganz im Gegenteil setzte er alles daran, ihre Integrität zu wahren. So hatte er, als die Schwierigkeiten begannen, seine Hauptenergie zurückgezogen, um ihr damit ein Zeichen zu geben. Doch um eine Entwicklung wie diese aufzuhalten, bedurfte es mehr. Zwingende Maßnahmen wären notwendig gewesen, um Jane von dem einmal eingeschlagenen Weg abzubringen.

Eine Warnung war - wie bereits erwähnt - erfolgt von einer Seite, die Jane Roberts vertraut war. Warnungen wie diese nützen wenig, wenn der Empfänger nicht bereit ist, sie anzunehmen. Ein Channel-Medium ist sich in den meisten Fällen der Implikationen dieses Vorgangs auf einer inneren Ebene wohl bewusst und nimmt das Geschehen unbewusst in Kauf. Es vergegenwärtigt sich die Entwicklungsschritte, die auf diese Weise ermöglicht werden und die es aus einem eintönigen Alltag herausheben.

Entwicklungsverläufe wie diese treten häufig auf bei Menschen, deren Leben öde und sinnentleert geworden ist und die nach einer Möglichkeit suchen, ganz anders geartete Erfahrungen zu machen. Ihr dringender Wunsch lässt sie in Kauf nehmen, was anderen unverständlich erscheint. Ein Gefahrenpotential, das sie nicht ausreichend ergründen, baut sich um sie herum auf wie eine Mauer, die sie letztendlich einschließt. Eine diesbezügliche Warnung fruchtet wenig, wenn sie weder verstanden noch akzeptiert wird.

Jane Roberts hätte der unguten Entwicklung rechtzeitig Einhalt gebieten können, wenn sie das gewollt hätte. Sofern sie beim Auftreten der ersten Probleme präzise Fragen gestellt hätte, wären diese nicht unbeantwortet geblieben. Die geistigen Helfer geben in der Regel genügend Winke und Fingerzeige, die nur entschlüsselt zu werden brauchen. (*Also keine klaren Aussagen?*) Je klarer eine Aussage, desto mehr droht sie missverstanden zu werden. Jane

Roberts war gewillt, in hohem Maße Risiken in Kauf zu nehmen, und zwar in einer Weise, die andere nicht verstehen würden. Daher ist es schwierig, einem Außenstehenden die Entwicklung begreiflich zu machen.

Immerhin existiert ein ‚Ehrenkodex', der Medien angeblich Schutz gewährt.

Ein Ehrenkodex existiert nur, solange Warnungen nicht missachtet werden. - Es war nicht möglich, Jane Roberts Energien zu stabilisieren. Man kann ihre Gedanken mit seinem Bienenschwarm vergleichen, der unentwegt nach allen Seiten hin ausschwärmt. Es ist die Aufgabe des Bewusstseins, die Gedankengänge zu ordnen. Jane war wie ein Blatt im Wind, eine instabile Energie, die sich jeder Zentrierung widersetzte. Sie hatte einen Fokus, der sehr beweglich war und der in dieser Weise für ihre Aufgabe als Medium benötigt wurde.

Insgesamt übertraf Jane Roberts Mission die Maßstäbe, mit denen im Allgemeinen gemessen wird. Ihr Fall ist deshalb besonders spektakulär, weil bis zuletzt niemand merkte, was mit ihr geschah und worum es eigentlich ging. Ihre Energien wurden immer haltloser und verstrickten sich im Lauf der Zeit mehr und mehr in Netze, aus denen letztlich kein Entkommen mehr möglich war.

Die Energiewesen, die sich während der Übermittlungen mit ihr verbanden, kannten zuletzt nur noch ein Ziel: Die Verankerung immer weiter zu festigen und eine Auflösung zu verhindern. Die Unauflöslichkeit der Verbindung besiegelte das Schicksal Jane Roberts. Sie kämpfte bis zuletzt einen aussichtslosen Kampf, der schon viel früher entschieden war, denn sie hatte nicht bemerkt, welch dunkle Wolken sich um sie zusammenzogen, die ihre Kraft aufzehrten und ihre Gesundheit untergruben.

Den lichtvollen Strömen wurde es zunehmend unmöglich, dieses Schattenreich zu durchdringen und aufzulockern. Hat sich die dunkle

Energie bis zu einem gewissen Grade verfestigt, dann sind die Lichtströme nicht mehr in der Lage, die Dunkelheit zu durchdringen. Ein wolkenartiges Gebilde entsteht um das Medium mit der Tendenz, sich immer weiter zu verdichten.

Diese Energie - Wolke ist imstande, wichtige Lebensfunktionen anzugreifen und nach und nach lahmzulegen, Funktionen, die aber dringend benötigt werden, um den reibungslosen Ablauf im physischen Organismus aufrechtzuerhalten. Angriffe dieser Art führen anfangs zum Ausfall bestimmter Sinneswahrnehmungen, die sich unmerklich einstellen und nach und nach steigern. Bei fortschreitendem Prozess werden auch Körperfunktionen angegriffen, wodurch das Befinden empfindlich gestört wird. Bemerkt das Medium nicht, was vor sich geht, kann das zu Blindheit oder Taubheit führen oder auch zum Ausfall wichtiger Organfunktionen.

Die dunkle Energie trachtet danach, die Ursprungsenergie der Persönlichkeit zurückzudrängen und selbst wichtige Positionen, sogenannte ‚Schlüsselstellen', zu besetzen. Das Medium ist dem Angriff hilflos ausgeliefert, je länger es mit den Energiewesen kooperiert. Diese Wesen sind aber nicht einfach nur ‚böse', sondern bei alldem spielt auch der Gedanke der Fortentwicklung eine Rolle. Obgleich ein Medium in dieser Weise beeinträchtigt wird, kann das Bewusstsein dennoch einen enormen Aufschwung erleben, der es erlaubt, in Höhen hinaufzusteigen, die ihm andernfalls nicht zugänglich gewesen wären. Die Bewusstseinsenergie eines Mediums, die während der Trance den Körper verlässt, wird senkrecht in ungeahnte Höhen katapultiert, ein Fortschritt, der auf andere Weise in dieser Form nicht erreichbar wäre.

Einem Medium wie Jane Roberts wäre es möglich gewesen, zum geistigen Ursprung zurückzukehren und dort zu verweilen, falls sie das gewünscht. hätte In Janes Fall gestaltete sich diese Entwicklung allerdings schwierig, denn sie hatte eine starke Affinität zu ihrem Ehemann und zu ihrem Werk, das eine überaus starke

Anziehungskraft ausübte. Hieraus entstanden erhebliche Schwierigkeiten, die in dieser Form nicht vorgesehen waren. Die Energie des Mediums wirbelte in einem Kosmos aus Strahlen und Tränen, aus Dankbarkeit und Hilflosigkeit. Letztendlich obsiegte die Verzweiflung und sie sank zurück auf ein niedrigeres Niveau.

Meditation in spirituellen Gemeinschaften
All jene mit offenen, liebevollen Sinnen werden in der feinstofflichen Welt willkommen geheißen.

Gemeinsame Meditationserfahrungen können sehr lohnend sein, wenn Menschen mit gleicher Zielsetzung zusammen kommen und in der Versenkung eine spirituelle Ebene erreichen. Dies gilt besonders für diejenigen, die nach einer Anleitung suchen. Sobald jemand selbst genügend Erfahrungen gesammelt hat und er die Unterstützung durch eine Gruppe nicht mehr benötigt, kann er auf Hilfsmittel jeglicher Art verzichten.

Spirituellen Gemeinschaften mit gleicher Zielsetzung gelingt es in der Regel, einen vertieften Kontakt zu den geistigen Ebenen herzustellen, wodurch die spirituelle Entwicklung der einzelnen Mitglieder beschleunigt wird. Die jeweilige Anzahl der Meditierenden ist dabei von nebensächlicher Bedeutung, entscheidend sind die gemeinsame Entwicklungsrichtung und die Intensität der gemeinschaftlichen Erfahrung, die nur durch Kommunikation auf einer vertieften Ebene möglich wird. Voraussetzung für einen Fortschritt ist eine ausreichende Vorbereitung und die weitgehende Zurückstellung privater Interessen. Die spirituellen Erfahrungen innerhalb einer solchen Gemeinschaft können sehr intensiv sein und den Rahmen alles bisher Erfahrenen sprengen.

Die Vorbereitungen dauern meist sehr lange und können auf verschiedenen Wegen erfolgen, die alle in dasselbe Ziel einmünden.

Eine Möglichkeit wäre bspw. der Weg des Yoga, der dem Einzelnen verschiedene Mittel an die Hand gibt, eine Höherentwicklung zu erreichen. Dabei ist zu beachten, dass nur Wenige auf diesem Pfad zum Ziel kommen, da lebenslange Disziplin und Ausdauer vonnöten sind.

Ein anderes Beispiel für eine Disziplinierung und geistige Entwicklung ist die Reinkarnation, bei der eine Vielzahl von Erfahrungen in verschiedenen Lebensspannen zugänglich ist. Die Entwicklung gleicht einer aufwärts führenden Spirale, die in dem höchsten Punkt gipfelt. Ausschlaggebend sind dabei Lernerfahrungen von besonderer Intensität, denn nur durch tiefgehende Erlebnisse lernt ein Individuum, die irdischen Schranken zu überwinden.

Viele Medien verfügen bereits über ausreichend lange Meditationserfahrungen, weshalb die Mitarbeit in einer Gruppe unnötig ist. Sofern sie aber das Verlangen danach verspüren, mehr mit anderen Menschen zusammen zu sein, sollten sie nicht zögern, sich bietende Gelegenheiten zu nutzen.

Hilfe aus der geistigen Welt

Wenn jemand ein echtes Anliegen hat, wird ihm aus der geistigen Welt Hilfe zuteil.

Menschen mit medialen Fähigkeiten haben leider häufig die fatale Neigung, die Verantwortlichkeit für ihr materielles Dasein abzugeben. In ihren geistigen Führern sehen sie einen Helfer in der Not, Versorger bei materiellen Engpässen, seelischen Beistand, Berater bei sämtlichen Problemen usw. Die mediale Praxis wird als ‚Allround-Service' rund um die Uhr missbraucht, der mit Hilfsmitteln aller Art und nicht versiegendem Wissen ausgestattet ist.

Doch die geistigen Lehrer sind wenig erfreut, wenn von ihnen Hilfe in allen Lebenslagen erwartet wird. Ein Beistand, der sich nicht nur auf spirituelle Ziele erstreckt, muss manchmal teuer erkauft werden. Hier wie dort gilt das *Gesetz des Ausgleichs*. Wem eine spezielle Gabe gewährt wird, der rechnet womöglich nicht mit den damit verbundenen Implikationen, die von Fall zu Fall variieren.

Die Geisthelfer sind zwar gern bereit, Unterstützung zu gewähren, doch sind an die Gabe Bedingungen geknüpft, die nicht immer klar zutage treten. Der Helfergeist ist auf den Empfänger ebenso angewiesen wie umgekehrt. Lässt er ihm hilfreiche Botschaften zukommen, dann verbindet er seine Energien für die Dauer der Übermittlung mit denen des Empfängers und hat so die Möglichkeit, sein eigenes Schwingungsniveau zu erhöhen.

Aus einem tiefen Tal heraus hat er die Chance, die lichten Ebenen zu erreichen, was ihm aus eigener Kraft nicht möglich wäre. Die Schwingungen des Empfängers erleiden eine – oft kaum merkliche – Einbuße für die Dauer der Übermittlung. Auch reduziert sich die ihm zur Verfügung stehende Energiemenge.

Mediale Menschen werden manchmal von ihrer ‚inneren Stimme' gefragt, ob sie einer Hilfestellung seitens der geistigen Welt für Menschen in Not zustimmen. Diese Hilfe bezieht sich in der Regel auf Situationen, in denen eine besondere Unterstützung dringend erforderlich wäre. Der Preis hierfür ist vergleichsweise gering. Der Helfende ‚bezahlt' mit einem gewissen Quantum an Energie, das er nicht dringend benötigt und dessen Verlust kaum ins Gewicht fällt.

Die Unterstützung, die von der geistigen Seite gewährt wird, kann verfahrene Situationen bereinigen und Dinge auf ein neues Gleis befördern. Somit ist der Aufwand weitaus geringer als der Nutzen, der aus der Hilfeleistung erwächst.

Manche Helfer gewinnen den Eindruck, die gewährte Hilfe kommt nur anderen zugute, während sie selbst leer ausgehen. Doch die Wünsche der Helfer sind der geistigen Welt keineswegs gleichgültig. Ein Mensch auf dem spirituellen Weg, dessen Wunschbaum bis zum Himmel reicht, kann allerdings die Anforderungen, die an ihn gestellt werden, kaum erfüllen. Seine auf ein bestimmtes Ziel gerichteten

Wünsche hindern ihn daran, Chancen zu sehen und zu ergreifen, die den Wegrand säumen und die alles andere als nichtig sind.

Wenn jemand auf eine große Vergünstigung aus ist, dann muss er zum Ausgleich etwas Selbstloses tun, eine Tat, die der Höhe der Vergünstigung angemessen ist. Selbstlosigkeit wirkt zugleich als Schutz, der den Empfänger vor negativen Gegenkräften, die mit der Vergünstigung einhergehen, bewahrt. Eine selbstlose Tat fragt nicht nach Gewinn.

Mangelnde Hilfsbereitschaft auf seiten des Wanderers resultiert aus einer Art Frustration, die seinen Weg begleitet und die er im Grunde selbst erzeugt hat. Eine festgefahrene Haltung lässt keine andere Richtung mehr zu. Dies ist umso bedauerlicher, sofern am Anfang die Zielrichtung eine ganz andere war.

Die Klagen mancher Kandidaten treffen nicht den Kern des Ganzen. Von einer höheren Warte aus gesehen befinden sie sich in einer privilegierten Situation, in der sie die Chance haben, anderen Menschen überpersönliche Hilfe zuteil werden zu lassen. Wenn sie in erster Linie Nachteile sehen, übersehen sie dabei, welche immensen Möglichkeiten ihnen gegeben sind, das Elend anderer zu lindern. Gewisse Situationen können nur von bestimmten Menschen bereinigt werden.

Viele Wanderer gehen an bedeutsamen Wegmarken achtlos vorüber, obwohl sie augenfällig ihren Weg kreuzen. Das starre Festhalten an bestimmten Vorstellungen hindert sie daran, die Chancen zu sehen, die mit einem Wechsel der Fahrspur verbunden wären. Es gibt bspw. Wegkreuzungen, die einen Suchenden mit anderen Menschen in Verbindung bringen können. Würden sie darauf ihre Aufmerksamkeit richten, dann kämen fruchtbare Verbindungen zustande, die beiden Teilen zum Vorteil gereichen würden.

Die verschiedenen Wegmarken können nicht alle aufgezählt werden, denn sie sind sehr zahlreich. Es gibt Versäumnisse, die zu einem späteren Zeitpunkt nicht mehr nachgeholt werden können.

Manche Pilger sind in der bedauerlichen Lage, dass ihr Weg ins Abseits führt. Die Sterne, die einst klar und hell strahlten, verfinstern sich immer mehr, bis auch die geistigen Lehrer keine Möglichkeiten mehr sehen, ihnen helfend zu Seite zu stehen. Dann ist das Ende der Reise erreicht. –

Falls sich jemand eine besondere Vergünstigung aus der geistigen Welt erhofft, sind ihm die Konsequenzen nicht immer von vornherein klar. Ein Geschenk ‚von oben' enthält immer verschiedene Facetten, die berücksichtigt werden sollten. Wird jemand auf besondere Weise begünstigt, indem ihm z.B. bei der Lösung einer schwierigen Aufgabe geholfen wird, kann dies sein Leben unermesslich bereichern. Doch er könnte auch einen Rückschlag erleiden, der seine Bestrebungen bezüglich der spirituellen Entwicklung in Gefahr bringt.

Auf jeder Ebene - hier wie dort -, gibt es Neider, die ihm seinen Erfolg missgönnen. Positive Entwicklungen erzeugen Gegenströmungen, die im Hintergrund tätig sind und einen ‚Ausgleich' anstreben, so wie negative Strömungen gleichfalls einen Ausgleich bewirken können. In manchen Fällen könnte dies zu unberechenbaren Konsequenzen führen, die dem Begünstigten seine neu errungenen Freuden vergällen. Seine spirituelle Entwicklung würde dann eine steile Abwärtskurve nehmen.

Doch negative Konsequenzen müssen nicht zwangsläufig eintreten; sie sind von verschiedenen Bedingungen abhängig. Eine Voraussetzung hierfür wäre Unachtsamkeit den geistigen Bestrebungen gegenüber. Würde sich die Aufmerksamkeit in der Folgezeit einseitig auf materielle Ziele richten, wäre dies ein Zeichen für das Scheitern der geistigen Entwicklung. In diesem Fall würden geistige Mächte einschreiten, um den Kurs zu korrigieren. Der Betreffende würde eindeutige Signale erhalten, die ihm zeigen, was eine Kursabweichung für ihn bedeutet. Eine gut entwickelte intuitive Wahrnehmung reicht in der Regel aus, um die Situation zu klären.

Erreicht ein Hilfesuchender niedere Ebenen, ergeben sich weitere Probleme. Die Wesenheiten dort sind oft bestrebt, eine engere Verbindung einzugehen, als manchem lieb ist. Sie finden einen Weg, das Energie-Reservoir eines Menschen anzuzapfen und auf höchst eigennützige Weise ihren Profit daraus zu ziehen. Der Bittsteller bemerkt erst mit der Zeit, dass sein Energie-Vorrat schwächer wird. Meist fällt es ihm schwer, die Zusammenhänge zu begreifen und die Ursache für den Energie-Verlust zu erkennen.

Nach einiger Zeit entsteht eine unauflösliche Verbindung, die im günstigen Fall für beide Teile Vorteile bringen kann, wenn nämlich der Bittsteller Hilfestellungen bei seinen Problemen und einen Wissenszuwachs erhält. Im negativen Fall nimmt seine Energie immer mehr ab und auch die Hilfe wird immer geringer. Das Opfer wird zum Spielball astraler Mächte, die auch nicht davor zurückschrecken, ihm seinen Lebensodem zu nehmen, indem sie sich in seinem Organismus festsetzen und die wichtigen Schaltstellen, die für die Energie-Zufuhr zuständig sind, besetzen.

Die einzige Möglichkeit, dem entgegenzusteuern, besteht darin, sich mit der Lichtebene zu verbinden, da diese die astralen Wesen unter Kontrolle halten kann. Die Hinwendung zur Lichtwelt ist ein Schutz, den jeder Hilfesuchende dringend benötigt.

Astrale Mächte wissen ihren Vorteil aus gewissen Ausschweifungen und Schwächen zu ziehen (Sex, Alkohol, Habgier). Immer ist die geistige Welt bemüht, dem Strauchelnden die Zusammenhänge klar vor Augen zu führen und ihm zu ermöglichen, eine Verbindung mit der Lichtwelt einzugehen. Geisthelfer sind daran interessiert, Schüler, die einen spirituellen Fortschritt anstreben, zu helfen, auf eine höhere Stufe zu gelangen. Eine Verbindung zu ihnen ist der Schutz, der astrale Wesenheiten fernhält.

Falls jemand die Lösung eines wichtigen Problems anstrebt, sollte er seine Aufmerksamkeit unverwandt und mit fester Absicht auf die geistige Welt richten. Beharrlichkeit und Ausdauer können einen wirkungsvollen Eindruck hervorrufen. Er sollte weiter nichts dazu tun, sondern seine kreative Phantasie zu diesem Zeitpunkt ganz beiseite lassen. Und nicht enttäuscht sein, wenn der Erfolg sich nicht sogleich einstellt. Die Versuche scheitern, sobald die Atmosphäre zu ‚aufgeheizt' ist.

Ein medialer Mensch kann im Grunde jedwedes Wissen empfangen, wenn er in der Lage ist, die Botschaft zu entschlüsseln und die vorgenannten Punkte Berücksichtigung finden. Ein Erfolg der Bemühungen kann zu einem ungeahnten Aufschwung der persönlichen Entfaltung führen, der ‚Himmel und Erde' in beseligenden Einklang bringt.

Manifestation und Materie

Die Formbarkeit der Materie

Bevor ein komplexes Unternehmen zur Ausführung gelangt, müssen Materialien beschafft, Mitarbeiter gewonnen und Verhandlungen geführt werden. Die Räumlichkeiten müssen zur Verfügung stehen, Zeitpläne aufgestellt und Terminabsprachen getroffen werden. Der Erfolg des Unternehmens hängt von der Einsatzbereitschaft und Ausdauer der beteiligten Personen ab. *Der Grundstein wird allerdings auf der geistigen Ebene gelegt*: Der akribischen Planung muss fundiertes Wissen über den Gegenstand der Planung vorausgehen. Doch auch der Grad des Vorherwissens, das intuitive Überschauen der Zukunftsperspektive, ist ein Mittel zur Einschätzung der Wahrscheinlichkeit eines Erfolges.

Die relative Dichte der irdischen Realität bewirkt eine Trägheit der Materie, die ihrer Formbarkeit einen erheblichen Widerstand entgegensetzt. Dies verdeutlicht, dass zwischen der Planung und deren Ausführung der Zeitfaktor berücksichtigt werden muss. Die Zeitspanne zwischen Plan und Verwirklichung vergrößert sich mit zunehmender Anzahl der zu berücksichtigenden Faktoren.

Individuen, deren Einfallsreichtum und Ideenüberfluss ein Mangel an Ausdauer sowie das Fehlen konkreter, präziser Pläne zur Ausführung entgegensteht, befinden sich anscheinend im Geiste noch auf einer höheren Intensitätsebene. Innere Widerstände hindern sie daran, ihren ‚Fall', der sie auf eine niedere Schwingungsebene befördert hat, auch psychisch nachzuvollziehen und die Grenzen der vorgefundenen materiellen Gegebenheiten zu akzeptieren. Wenn sie in ihren hochfliegenden Plänen unsanft mit der Realität in Konflikt geraten, wird ihnen eine große - vielleicht heilsame - Enttäuschung zuteil.

Die Formbarkeit der Materie erhöht sich parallel zum Schwingungsgrad des umgebenden Energiefeldes. Die Ideen - nicht deren Ausführung -, gewinnen immer mehr an Bedeutung. Da die Realisierung an Einfachheit gewinnt, wird das Schwergewicht der Aufmerksamkeit auf andere Gesichtspunkte verlagert, die mit der Qualität der zur Verwirklichung gelangenden Ideen und der exakten Festlegung von Einzelheiten korrespondieren.

Die menschlichen Gedanken sind unentwegt produktiv und säen stets aufs Neue ihren Samen in die Materie aus. Die Aussaat der Gedanken erreicht mit der Zeit einen beträchtlichen Umfang, angefangen vom Kleinstkindalter in den ersten Wochen bis in die Gegenwart. Jeder erzeugt Materie, anfangs noch unsichtbar, aber bereits in den Anfängen wahrnehmbar. Was jemand ausgesät hat, beginnt zu wachsen und Früchte zu tragen. Er wird die Resultate sehen, sobald er aufmerksam seine Umgebung betrachtet.

Jeder spirituelle Jünger ist dabei, einen Teil seiner Gedanken auszusäen und ein Universum zu erschaffen. Doch er ist nicht allein bei der spontanen Schöpfung durch Gedankenenergie. Der Schutz seines Geistführers verhindert, dass einige Gedanken sich extrem negativ manifestieren.

Konzentration und Gedankenqualität

Um ein erwünschtes Ziel anzusteuern, bildet ausdauernde und intensive Konzentration in die entsprechende Richtung die Grundlage. Haben sich die Energien eine zeitlang auf ein bestimmtes Ziel hin zubewegt, strömen sie ganz von selbst weiter dorthin. Fließt die Energie erst konstant in eine Richtung, kann die Aufmerksamkeit anderen Dingen zugewendet werden. Der Energiefluss unterliegt allerdings im Normalfall Schwankungen, die es zu berücksichtigen gilt.

Je niedriger das Schwingungsniveau eines Menschen ist, desto schwieriger wird es für ihn, Ideen in Materie umzusetzen. Dann ist harte körperliche Arbeit erforderlich, um die Vorhaben, die oftmals nicht mal die eigenen sind, in der Realität zu verwirklichen.

Sobald die Schwingungsfrequenz eines Menschen sich erhöht, wird es für ihn leichter, seine Gedankengebilde ohne viel Mühe zur Ausführung zu bringen. Die materielle Realisierbarkeit einer Idee hängt in erster Linie von der Gedankenqualität ab. Der Zeitfaktor muss ebenfalls berücksichtigt werden, daher sind Geduld und Ausdauer Grundvoraussetzungen für die materielle Umsetzbarkeit mentaler Erzeugnisse.

Bei Konzentrationsübungen ist es unabdingbar, immer wieder Licht herbeizuziehen, denn wenn sich negative Energien zusammenballen, können sie nur schwer wieder aufgelöst werden, während lichte Energien leichter und in der Form wandelbarer sind. Die lichten Energien sind allerdings zu flüchtig, um eine dauerhafte Form zu erschaffen. Sie benötigen daher dunkle, schwere Energien zur Balance, zum Erhalt ihrer Form. Sind die Energien dagegen zu massiv und fest, versteinern sie und verlieren ihre Formbarkeit. Hier gilt das Gesetz des Ausgleichs.

Intensive Gefühle

Auch Gefühle helfen mit bei der Realisierung von Ideen. Heftige, spontan auftretende Gefühlsaufwallungen bergen das große Risiko, zu unerwünschter Verwirklichung zu gelangen, da auf den niederen Schwingungsebenen häufig Angst und Aggression die auslösenden Faktoren sind. Gefühlsausbrüche beinhalten eine geballte, energetische Ladung mit durchschlagender Kraft. Die häufigste Auswirkung davon sind Unfälle oder Verletzungen, die bei ausgeglichener Gemütsverfassung nicht realisiert worden wären.

Nicht jeder heftigen Äußerung gelingt glücklicherweise die Einkehr in die Materie, da aufgrund ambivalenter Einstellungen auch gegenteilige Gefühle zur Geltung kommen. Ist es einem eruptiven Gedanken gelungen, die Mauer, die ihn von der Verwirklichung trennt, zu durchstoßen, gibt es kein Zurück mehr. Unaufhaltsam bricht er sich Bahn, bis er in der Realität sichtbare Präsenz erlangt. Auf diese Weise werden Menschen mit den Auswirkungen ihrer eigenen seelischen Erzeugnisse konfrontiert, auch wenn in vielen Fällen die Einsicht in die Zusammenhänge fehlt. Dies ist vor allem dann der Fall, wenn eine zeitliche Differenz zwischen der Erzeugung des Gedankenmusters und seiner Auswirkung besteht.

Manchmal dauert es Jahre, bis regelmäßig erzeugte Gedankengebilde sichtbare Realität erlangen. Es kommt durchaus vor, dass die eigene Person Adressat unguter Gedankenschwingungen wird, die ihre Gesundheit ruinieren und im Extremfall ihren Tod zur Folge haben.

Die zur Realisierung gelangten Ideen können als ‚Blaupausen' angesehen werden, die der materiellen Realität zugrunde liegen. Gedankengebilde, in Kombination mit Gefühlen, sind der ausschlaggebende Faktor bei der Erzeugung der Materie. Ist ein Gedanke zur Verwirklichung gelangt, trägt er wesentlich zum Erhalt des Universums bei, denn die materiellen Konstrukte sind es, die als Stützpfeiler dienen, welche dem Universum Festigkeit verleihen.

Verwirklichung durch Beschleunigung

Konstruktive Ideen werden auf der feinstofflichen Ebene von geistigen Wesenheiten gefördert durch Beschleunigung der Gedankenschwingungen, während negative Gedankenmuster in vielen Fällen nicht zur Auswirkung gelangen. Um die Umsetzung destruktiver Ideen in die sichtbare Wirklichkeit zu verhindern, wird die massive Aufladung geschwächt, indem die Gedankenenergie durch eine Art feinstofflichen ‚Trichter' geleitet wird, der die Funktion hat, die Geschwindigkeit der Energie zu verringern. Der Fluss wird verlangsamt und damit wird die Auswirkung auf die materielle Ebene stark beeinträchtigt.

Umgekehrt werden konstruktive Ideen mittels eines ‚Rotationsverfahrens' beschleunigt, wofür eine Turbine die notwendigen Voraussetzungen schafft. Die auf die feinstoffliche Ebene gelangten mentalen Energien erzeugen einen Kraftstrom, der die Räder der Turbine in Bewegung setzt. Diese Bewegung beschleunigt sich immer mehr, wodurch die Gedankenkräfte gebündelt werden. Dadurch gewinnen sie an innerem Zusammenhalt und Stärke und ein Zerfließen, eine Auflösung, wird verhindert.

Der Gedankenstrahl durchstößt die Schranke zu seiner Verwirklichung. Er wird von der feinstofflichen auf die materielle Ebene zurückgelenkt und gelangt so in die sichtbare Realität. Immer gelangen auf diese Weise mehr konstruktive als gegenteilige, negative Ideen zur Auswirkung, wodurch eine langsame, aber stetige Aufwärtsentwicklung der Menschheit gefördert wird.

Auch wenn vorübergehende Rückschläge - z.B. durch verheerende Kriegsfolgen -, das Gegenteil zu bezeugen scheinen, so wird hierdurch oft erst ein Neuanfang möglich, der ohne die scheinbare Rückentwicklung nicht stattgefunden hätte.(Dies trifft allerdings nicht auf jede kriegerische Auseinandersetzung zu.) Auch negative Ereignisse in der Menschheitsgeschichte enthalten aufbauende

Kräfte, wenn sie auf ihre langfristigen Auswirkungen hin untersucht werden.

Bevor ein kraftvoller Gedanke zur Auswirkung gelangt, findet eine mentale Rückkopplung mit dem Empfänger statt. Sein Einverständnis bildet in der Regel die Grundlage für die Verwirklichung von Gedanken in seinem Einflussbereich. Ist sein Einverständnis nicht gegeben, dann gelangt die ausgesandte Energie zurück an den Ursprung, an den Erzeuger der Gedankenschwingung. Dieser Prozess findet großenteils auf der unterbewussten Ebene der menschlichen Psyche statt. Die Wahrnehmung erfolgt, ähnlich den Botschaften der Träume, in verschlüsselter Form.

Gedanken-Fragmente

Lose zusammenhängende Gedankengebilde, Gedanken-Fragmente, die sich nicht verwirklichen lassen, gelangen zurück auf die materielle Realitätsebene. Sie bilden dort Konglomerate, d.h. nicht-kompakte Bestandteile der Materie, die überall auf der Welt anzutreffen sind. Ein anschauliches Beispiel dafür sind die Vorgänge in der Atmosphäre; wechselnde Witterungsbedingungen, die den Menschen ihre eigenen, kollektiv erzeugten Gedankenprodukte anschaulich vor Augen führen. Wenn diesen Zusammenhängen mehr Beachtung zuteil würde, dann würden mentale Schöpfungen mit mehr Sorgfalt erzeugt.

Der größte Teil der Menschheit verschließt sich aufgrund mangelnder Verantwortungsbereitschaft vor der Tatsache der geistigen Verursachung ihrer Realität. Daher hat sie mit Problemen umzugehen, die bei größerer Sorgfalt in der Form niemals existieren würden. Eine Problembeladene Menschheit hat es lange Zeit versäumt, sich mit den Produkten ihrer eigenen Psyche zu befassen und auseinanderzusetzen, wodurch adäquate Lösungsmöglichkeiten im Vorfeld nicht in Betracht gezogen wurden.

Probleme, die nicht in angemessener Weise gelöst werden, haben die Tendenz, sich zu verstärken, bis sie zu unübersehbarer Präsenz gelangen. Hierdurch werden sie in ihrer Auswirkung aber letztlich abgemildert, denn die Verstärkung erzwingt eine Lösung in naher Zukunft, während eine Verleugnung über lange Zeiträume hinweg unabsehbare Folgen hat.

Regeln im Umgang mit mentalen Erzeugnissen:

♦ *Die Phantasie nicht ausschweifen lassen, sondern zielgerichtet in eine Richtung lenken. Der Gedanke ist die Tat; jeder Gedanke birgt in sich das Potential zu seiner Verwirklichung.*
♦ *Bei unangenehmen Empfindungen oder Vorstellungen die Konzentration umlenken auf einen erwünschten Gegenstand.*
♦ *Sobald Gedanken mit Empfindungen verbunden sind, wird auf der feinstofflichen Ebene etwas erschaffen. Daher sollte die Aufmerksamkeit vorzugsweise auf positive Inhalte gerichtet werden, während Unangenehmes in seiner Bedeutung herabgemindert wird.*

Die Arbeit mit Symbolen

Werden die Gedankenkräfte zielgerichtet eingesetzt, rückt die Erreichbarkeit eines jeden Ziels in greifbare Nähe. Ein Mensch, dem es gelingt, seine Energien kontinuierlich auszurichten, kann seine Mitwelt in Erstaunen versetzen, denn unglaubliche Kräfte stehen ihm zur Verfügung. Die Schwierigkeit besteht darin, die Konzentration über einen längeren Zeitraum aufrechtzuerhalten. Hilfsmittel sind dabei von großer Bedeutung:

Ein Beispiel dafür ist die Arbeit mit Symbolen. Anfänglich werden sehr einfache Motive verwendet, wie bspw. die Abbildung eines Vierecks, Dreiecks oder Kreises. Die Symbolik wird nach und nach vielfältiger und komplexer. So können nach einiger Zeit Farbschattierungen hinzukommen. Allmählich wird der

Schwierigkeitsgrad gesteigert, wodurch die Geisteskräfte sichtbar geschult werden. Stetige Übung ist ausschlaggebend für den Erfolg.

In den unterschiedlichen Kulturen wird seit altersher eine Vielzahl von Symbolen benutzt. Im Abendland wurde vielfach eine knospende Rose, die sich nach und nach entfaltet, zum Vorbild der Meditation gewählt. Die Blätter kommen einzeln zum Vorschein; die voll erblühte Rose beginnt, einen Duft zu verströmen, sich im Winde zu wiegen, etc. Als krönenden Abschluss identifiziert sich der Meditierende mit der Rose. Dieses schrittweise Vorgehen ermöglicht eine Detailgenauigkeit, die sich dem Unterbewusstsein des Übenden einprägt. Ist dieser Vorgang einmal gelernt, kann er auch auf andere Objekte übertragen werden.

Sympathische Anziehung

Alles das, wofür ein Mensch Sympathie empfindet, wirkt anziehend auf seine geistigen Kräfte. *Sympathie bewirkt ein unsichtbares geistiges Band, das immer stärker wird, je länger die Anziehung andauert und je intensiver sie ist.* Wenn ein Individuum also gewisse Dinge und Ereignisse in seinem Erfahrungsbereich vermeiden will, sollte es ihnen keine besondere Aufmerksamkeit widmen, da sie sonst unweigerlich in seinen Erfahrungsbereich hineingezogen werden.

Sympathie ist wie ein Kitt, der die Dinge zusammenhält und zudem eine Rückwirkung auf diejenigen entfaltet, die Sympathiegefühle aussenden. Diese Rückwirkung entspricht demjenigen Gegenstand oder der Eigenschaft, die der Empfänger der sympathischen Ausstrahlung repräsentiert. Soll eine Wechselwirkung vermieden werden, sollte man tunlichst die sympathischen Gefühle, die man aussendet, kontrollieren.

Die mentalen Energiefäden verknüpfen sich mit jedem Gegenstand, auf den die konstante Aufmerksamkeit gerichtet wird. Je größer das Interesse, desto mehr Energie fließt in eine bestimmte

Richtung und desto fester wird das Band, das zum Gegenstand der Aufmerksamkeit geknüpft wird. Bei Nicht-Erreichen des Ziels kann es zu einer Verwirrung der Energien kommen.

Eine völlige Parteilosigkeit ist zwar im Alltag kaum möglich und auch nicht wünschenswert, doch die Verschwendung der Aufmerksamkeit an Dinge, Personen und Ereignisse, die diese nicht verdienen, wirkt sich auf die Bewusstseinsentwicklung nachteilig aus. Sympathie bringt ein fortgeschrittener Jünger nur noch für solche Personen und Ereignisse auf, die er in seinen Erfahrungsbereich ziehen möchte.

Inneres Gleichgewicht

Die Voraussetzung, um ein inneres Gleichgewicht zu erzeugen, sind regelmäßige dementsprechende Übungen. Sobald Stimmungsschwankungen weitgehend vermieden werden, wird das Denken zielgerichteter. Bereits die Ausrichtung der Gedankenenergien hat eine ausgeglichene Stimmungslage zur Folge.

Der kontinuierliche Gedankenfluss wird unterbrochen, sobald das Denken ungesteuert in verschiedene Richtungen abschweift. Das Ziel besteht darin, die Gedankenkräfte solange wie möglich auf einen Gegenstand auszurichten, um Desorientierung zu vermeiden. Auch eine abstrakte Vorstellung ist geeignet. Jedes Abschweifen unterbricht die Kontinuität der Gedanken.

Es geht darum, so etwas wie einem roten Faden zu folgen und aufeinander aufbauende oder sich ergänzende Gedankenketten zu erzeugen, was eine grundlegend stabilisierende Wirkung hat. Träumerische, gedankenleere Zustände sollten weitgehend vermieden werden.

Von großem Nutzen ist in diesem Zusammenhang auch die fleischlose Kost. Pflanzenkost gefährdet das Gleichgewicht in weit geringerem Maße als tierisches Eiweiß. Menschen, die zu Gefühlsüberschwang neigen oder sogar zu eruptiven Ausbrüchen, sollten ganz auf tierisches Eiweiß verzichten. Pflanzen enthalten einen hohen Anteil an Lichtenergie und bieten somit die ideale Grundlage für eine ausgewogene Ernährung, die den Prozess der Harmonisierung unterstützt. Auch der Verzicht auf Genussmittel wie Alkohol, Zigaretten, Kaffee etc. unterstützt die innere Harmonie.

Innere Gelassenheit und Gleichgültigkeit selbst unter schwierigen Bedingungen ist die Voraussetzung jeglicher Konzentration. Nur dann ist ein Mensch in der Lage, auch größere Energiemengen zu bewältigen.

Die Ausrichtung der Gedankenkräfte erfordert zwar viel Disziplin, hat aber auch weitreichende Folgen. Ein Mensch, dem die Kontrolle seiner gedanklichen Tätigkeit gelungen ist, hat sich damit ein Instrument erarbeitet, das ihn in die Unabhängigkeit führt, ja als eine der Voraussetzungen hierfür angesehen werden kann. Auch anspruchsvolle Lebensaufgaben werden leichter bewältigt, sobald eine Zerstreuung der mentalen Energien verhindert wird.

Eine adäquate Lenkung der Gedankenkräfte ist nicht von einem Tag auf den andern erreichbar, sondern das Resultat intensiver Übung. Am Anfang genügt es, mehrmals am Tag zu bestimmten festgesetzten Zeiten zu üben. 5 Min. pro Stunde reichen völlig aus. Ganz allmählich werden die Übungen ausgeweitet, bis die Konzentration zur Gewohnheit geworden ist. Ein Meditierender ist angehalten, den Kontakt zu geistigen Ebenen regelmäßig aufzunehmen, um das Band zu klären und zu festigen.

Sobald ein gewisses Niveau erreicht worden ist, gestaltet sich der Lernprozess grundsätzlich anders. Das Freisein von Gedanken ist Teil dieses Prozesses. Doch solange dieses Stadium nicht erreicht wurde, sollten die Gedankenkräfte fokussiert und gesteuert werden. Die bevorzugte Richtung ist nicht festgelegt; sie kann je nach Interessenlage des Individuums sehr unterschiedlich sein.

Stehen die mentalen Kräfte unter der Kontrolle des Bewusstseins, kann sich der Übende wieder größere Freiheiten in jeglicher Hinsicht erlauben.

Magische Anwendungen

Wenn ein Magier die Dunkelheit heraufbeschwört, wird sie versuchen, ihn zu vereinnahmen.

Fingernägel und Haare enthalten ein hohes Maß an Lichtkraft, die ‚Essenz' eines Menschen sozusagen. Daher werden sie gern für magische Prozeduren verwendet, die es darauf anlegen, eine Verbindung zu dem ehemaligen Träger herzustellen. Aus diesem Grund ist Achtsamkeit wichtig im Hinblick auf die körpereigene Essenz.

Je nach individuellem Träger enthalten die Nägel unterschiedliche Eigenschaften, die für verschiedene Zwecke verwendet werden. Hat ein Mensch in seiner Entwicklung ein gewisses Niveau erreicht, dann dient seine Essenz aufbauenden Zwecken. Sie wird zerkleinert und gemahlen und – zusammen mit anderen heilsamen Ingredienzien - dem Körper zugeführt.

Essenzen können auch schwarzmagischen Absichten dienen, indem sie bei rituellen Beschwörungen eine Rolle spielen. Ein direkter Kontakt zum ehemaligen Träger wird möglich, den dieser in den meisten Fällen nicht freiwillig hergestellt hätte. Sind die magischen Absichten destruktiv, dann muss das betreffende Opfer um sein Leben fürchten, denn die Essenz kann stellvertretend für die ganze Person verwendet und einem entsprechend negativen Einfluss unterworfen werden.

Werden Fingernägel oder Haare für lichtvolle Zwecke eingesetzt, werden sie meist gleichfalls zerkleinert und gemahlen, nur mit gegenteiliger Zielsetzung. Sie dienen aufbauenden Zwecken und sollen - umgekehrt wie bei schwarzmagischen Prozeduren -, den ehemaligen Träger in höhere Schwingungszustände befördern.

Zu diesem Zweck wird in manchen Glaubensgemeinschaften eine Haarlocke der Gemeindemitglieder abgeschnitten, die dann von eingeweihten Mitgliedern einer okkulten Behandlung unterzogen wird. Dieser Vorgang ist als ‚Imprägnierung' bekannt und dient rein lichtvollen Zielen. Die Beeinflussung geht von Eingeweihten aus, welche die Haarlocke einer speziellen Behandlung aussetzen Das Haar wird verbrannt und die Asche in einem Gefäß gesammelt. Die Asche wird mit Regenwasser angefeuchtet und zu einer Paste verrührt. Diese wird der Sonneneinstrahlung ausgesetzt, bis die trocken wird und zerfällt. Das Pulver ist nun gebrauchsfertig. Es kann nun für verschiedene Zwecke eingesetzt werden.

Da die Essenz eine direkte Verbindung zur Person herstellt, ist eine unmittelbare Wirkung möglich. Es wirkt ähnlich wie bei der sogenannten ‚Puppenmagie', nur um ein Vielfaches stärker, da ein direkter Kontakt zustande kommt.

Kreativität und Spiritualität

Der Körper gehört dem Reich der Vergänglichkeit an;
die Ewigkeit gehört dem Geist.
Maria Szepes

Kreative Energien sind das Salz der Erde, ohne sie gäbe es keine Entwicklung und keinen wahrhaften Fortschritt. Ein kreativer Prozess (wie z.B. das Malen und Zeichnen) erfordert absolute Ruhe und Aufmerksamkeit, denn nur so kann Inspiration entstehen. Ein Maler gleicht selbst einer leeren Leinwand, die mit Farbe ausgestaltet wird. Seine Aufmerksamkeit ist zeitweilig abgelenkt in andere Bereiche des Seins, in denen inspirativer Empfang möglich ist.

Mit dem Schaffensprozess stehen Geistwesen in Verbindung, welche die Entwicklung des Künstlers fördern. Dies geschieht auch zu eigenem Nutzen, denn von einer Zusammenarbeit profitieren auch sie. In der Freude an künstlerischem Schaffen liegt ihre Bereicherung, da ihre Energien angehoben werden. In Wahrheit profitieren von der Verbindung beide Seiten, Maler und Geistlehrer,

gleichermaßen, denn der Spaß an der kreativen Betätigung hebt auch die Schwingungen des Malers an. So sollte es zumindest sein.
Die Verbindung mit den inspirierenden geistigen Wesenheiten ist nur vorübergehend und wird nach Beendigung des Malvorganges wieder aufgelöst. Das Malen an sich hat daher keine schädlichen Auswirkungen. Jedem ist es möglich, unbefangen seiner Malfreude nachzugehen. Eine Infiltration mit Fremdenergien kann allerdings bei geöffneten Energiezentren immer erfolgen. Um dem vorzubeugen, sind geeignete Schutzmaßnahmen empfehlenswert, wie z.B. die Beachtung der Schwingungshöhe. Kreative Prozesse stärken die Intelligenz und das Auffassungsvermögen. Zeichnen und Malen schon ab dem Kleinkindalter fördert die Entwicklung ungemein, denn das Kind entwickelt Gaben, die seiner Entfaltung Auftrieb geben.

Das Malen als kreativer Prozess behält seine Bedeutung auch auf den höheren Stufen der Entwicklung noch lange bei. Es ist ein ‚Spiel der Götter', denn es erfordert Phantasie und Einfallsreichtum auf hohem Niveau. Hingebungsvolles künstlerisches Schaffen verbindet den Künstler mit seiner geistigen Heimat, dem Seinszustand, der sein Ursprung ist.

In einem späteren Abschnitt der Entwicklung werden die künstlerischen Gaben nicht mehr benötigt, da der Seinszustand des spirituellen Menschen sich grundlegend verändert. Mit zunehmender Vergeistigung lässt der Wunsch nach kreativer Betätigung allmählich nach, denn künstlerischem Schaffen ist nur auf den unteren und mittleren Stufen der Entwicklung von Bedeutung. In den höheren Seinsbereichen hingegen geschieht die Schöpfung auf andere Weise.

Das Geistfeld expandiert in unvorstellbarem Maße. Hier sind andere Prozesse notwendig, um Kreativität zu ermöglichen. Die Aufmerksamkeit ist fortan ohne störende Ablenkung auf ein geistiges Ziel ausgerichtet. Ein riesiges Bewusstseinsfeld explodierender Energie gewinnt mit der Zeit immer mehr an Stabilität und Festigkeit. Stabilität ist die Grundlage für jeden Schaffensprozess. -

Die Schöpfung ganzer Welten ist sehr hohen Stufen der Entwicklung vorbehalten.

Bilder als Pforten in andere Räume

Es gibt kein Bild ohne Licht.

Die Tore zur geistigen Welt öffnen sich nur sporadisch zu bestimmten Zeiten. Doch es gibt auch Tore, die beständig sind und einen stetigen Durchgang ermöglichen. Zu diesen Durchgängen gehören Bilder, da ihnen eine besondere Kraft innewohnt. Dass Bilder Pforten in die andere Welt sind, ist weitgehend unbekannt.

Auch das Bildnis eines Menschen eröffnet einen direkten Kontakt zu der abgebildeten Person. Es ist ein Schlüssel, der die Barrieren durchbricht. Auf diesem Prinzip beruhen magische Operationen, bei denen Bildnisse derjenigen Personen, die beeinflusst werden sollen, verwendet werden. Das Bildnis ist die Pforte, welche die Einflussmöglichkeiten verstärkt. Wenn ein Bild den gesamten Körper abbildet, kann der Einfluss noch weiter ausgedehnt werden. Dies soll hier nicht näher ausgeführt werden.

Bei Gemälden verhält es sich ähnlich wie mit fotografischen Abbildungen; auch sie öffnen einen Durchgang, und zwar einen direkten Weg in die Psyche des Malers. Dies ist einer der Gründe, warum Originale von berühmten Meistern so begehrt sind. Verfügt der Besitzer eines solchen Gemäldes über genügend Ausdauer und Konzentrationskraft, ist es ihm möglich, einen Blick in die Psyche des Schöpfers zu werfen. Dies gilt auch dann, wenn der Maler seit langem verstorben ist.

Der Schaffende gibt unbewusst einen Teil seiner Essenz in das Kunstwerk hinein, die auch nach seinem Ableben noch vorhanden ist. Ein Gemälde ist keineswegs ein so festes Gebilde, wie es scheint. Es besteht aus Schichten, die sich durchdringen und eine gewisse Beweglichkeit aufweisen. Auch ein Betrachter übt - von ihm selbst unbemerkt – einen gewissen Einfluss aus. Gemälde, die in einem Museum hängen, sind von einer großen Anzahl an Schichten durchdrungen, so dass von der Original-Essenz des Malers kaum noch etwas zu spüren ist.

Um die ursprüngliche Essenz so rein wie möglich zu erhalten, wäre es daher vorteilhaft, Gemälde großer Meister sorgsam aufzubewahren. Sobald sie in einem Museum ausgestellt werden, tritt genau das Gegenteil ein.

Könnten Gemälde von Betrachtern auch in ihrer Substanz verändert werden?

Dies setzt eine besondere Konzentrationsfähigkeit voraus, die im Normalfall nicht gegeben ist. Die Farben weisen eine feste, klebrige Konsistenz auf, die sie haltbar werden lässt und undurchdringlich macht. Nur ein magisch geschulter Mensch, ein Meister seines Fachs, könnte hier etwas bewirken.

Was über Bilder und Fotos gesagt wurde, trifft auf Gemälde in weitaus stärkerem Maße zu. Sie fungieren als Tore in das Innere eines Bewusstseins, in diesem Falle des Schöpfers. Daher sollte sich ein Maler gut überlegen, wem er seine Werke überlässt, da der Kontakt, abhängig von der Psyche des Empfängers, direkt und sehr durchdringend sein kann.

Eine schöpferische Tätigkeit beschwingt und erfreut das Gemüt. Daher ist das Malen und Schaffen an sich nicht nachteilig. Allein die Verwendung der Bilder ist ausschlaggebend für die Wirkungen, die es auf den Erzeuger hat.

Sofern eine Person ein bestimmtes Gemälde nicht willentlich in böser Absicht betrachtet, erwachsen dem Maler daraus keine Nachteile. Mit den meisten Betrachtern steht er ohnehin in keinem persönlichen Austausch, was die Wirkungen zusätzlich abschwächt. Gefährlich wird es erst dann, wenn jemand, mit dem er persönlich bekannt ist, destruktive Absichten hegt. Daher ist es generell wichtig, sich seine Kontaktpersonen gut auszusuchen.

Im Grunde wirkt die gesamte natürliche Umgebung wie eine Art Gemälde, das ins Bewusstsein eines jeden Betrachters eindringt. Die natürliche Umgebung dient dazu, das individuelle Bewusstsein zu bereichern und ihm unterschiedliche Erfahrungen zugänglich zu machen. Auch hier sollte sich jeder Mensch die Umgebung, die er tagtäglich sieht, gut auswählen, denn die bildhaften Eindrücke prägen sich in sein Unterbewusstsein dauerhaft ein.

Das Bewusstsein hat den Zweck, zu lernen und sich auszuweiten. Dies könnte ohne die vielfältigen Eindrücke, die ihm die Umgebung liefert, nicht stattfinden. Neben den Kontakten mit anderen Lebewesen ist die Umgebung der wichtigste Faktor, der Lernen ermöglicht.

Man kann willentlich ein Bild zu einem Tor werden lassen. Dies ist eine Frage der Konzentration. Ein Bild öffnet sich dem Betrachter, wenn dieser es mit aufmerksamer Intensität anschaut. Der Geist ist imstande, in das Innere eines Bildes vorzudringen, einzudringen in das gezeigte Motiv. Ähnlich wie in *3D* kann er Wanderungen unternehmen und das Innere des Bildes erkunden. Vor allem Landschaftsbilder sind dazu geeignet, mentale Spaziergänge zu unternehmen und ein Bild ‚von innen her' kennenzulernen. Die Phantasie des Betrachters ist maßgeblich daran beteiligt, wohin der Spaziergang führt und wie weit er geht.

Das ‚Tor' ist somit die eigene Phantasietätigkeit. Doch nicht nur die eigene Phantasie, sondern das Motiv ist entscheidend dafür, wohin die Reise geht. Der Durchgang ist geöffnet, wenn der Geist des Betrachters offen ist. Ein Jeder sollte es sich gut überlegen, wen oder was er in die Tore seines Geistes hereinlässt, denn die Einflussmöglichkeiten sind immens, wenn das Tor weit geöffnet ist. Lässt jemand dunkle Mächte eindringen, resultieren daraus Unfreiheit und Unterdrückung, auch wenn anfangs ein oberflächlicher Machtgewinn damit verbunden scheint.

Eine Abbildung kann im positiven wie im negativen Sinne verwendet werden. Auch heilende Kräfte, bei denen ein Bild zum Einsatz kommt, können aktiviert werden. Ein Bild ist aber nicht nur eine Pforte, sondern eine Art Drehtür, durch die Kräfte eindringen können. Die Tür schließt sich nicht vollständig, auch nachdem das Bild beiseite gelegt wurde. Es ähnelt einem leichten Luftzug, der in eine Halle strömt und dort verweilt.

Bei intensiver Konzentration auf eine Abbildung reichert sich die Atmosphäre mit fremden Energieausstrahlungen, sogen. *Fluiden*, an, was nicht immer angenehm ist. Man kann sich das wie eine Halle vorstellen, die mit fremden Energieausstrahlungen gefüllt ist, welche die reine Klarheit der Luft durchsetzen. Die Atmosphäre wird stickig und schwer, abhängig von den Motiven, die abgebildet sind. Dies geschieht allerdings nicht, wenn die Bilder aus der eigenen Hand des Betrachters kommen.

Die Tür permanent geschlossen zu halten, wäre keine Lösung, denn dann würde sich nichts bewegen. Der Inhaber der Halle kann die fremden *Fluiden* entfernen, indem er einen Abzug schafft, der die Energieströme nach oben in lichtere Sphären abfließen lässt. Dafür ist eine bewusste Konzentration auf die geistigen Gefilde vonnöten, wobei die vormals dichte und schwere Energie eine Umwandlung erfährt und der Rauch an Dichte und Schwere verliert. Im Kontakt mit geistigen Helfern wird der ‚Abzug' automatisch geschaffen, damit der mediale Mensch nicht permanent von fremden Energieströmen belastet wird.

Allerdings hat die Entfernung fremder Energien seine Grenzen, besonders wenn sie schwer und destruktiv sind. Bildlich gesehen ist in diesem Fall die Öffnung nach oben zu klein, das ‚Sieb' nicht durchlässig genug, um dichte, schwere Energie-Zusammenballungen hindurch zu lassen. Die schweren Energien setzen sich am Boden des Raumes ab und verschmutzen ihn. Daher ist eine intensive Reinigungsarbeit erforderlich, um die dunklen Ablagerungen zu beseitigen.

Hierzu gibt es spezielle Übungen, welche die Verschmutzungen nach und nach auflösen. Dabei wird die Konzentration intensiviert und auf die Ablagerungen gerichtet. Sie werden mental mit Licht durchflutet, bis sie mit der Zeit immer durchlässiger werden und sich letztendlich auflösen und in Lichtpartikel verwandeln. Hierzu bedarf es beharrlicher Konzentration auf das Licht, denn dunkle, verschmutzte Energien sind zäh und klebrig. Sie haften hartnäckig an Böden und Gegenständen. Die mentale Reinigungsarbeit entspricht der Reinigung von Räumen in der physischen Welt, nur dass statt Putztüchern der Geist die Reinigungsarbeit vornimmt.

Erhöhung der Schwingungsfrequenz

Mediale Botschaften

Die reinen Energien schwingen auf einer höheren Frequenzebene, die nur von wenigen Menschen erreicht werden kann. Es ist daher notwendig, eine Brücke zu bilden, damit Informationen aus geistigen Ebenen klar und deutlich übermittelt werden können. Sobald jemand in der Lage ist, mental die höheren Geistwelten zu erreichen, bedeutet dies, dass eine Brücke erzeugt wurde. Sie besteht aus energetischen Schwingungsebenen und ermöglicht eine Informationsübermittlung.

Die energetischen Schwingungsebenen bieten die Gewähr dafür, dass die Verbindung aufrechterhalten werden kann. Wenn der Empfang nicht rein ist, hängt dies mit einer Störung dieser Ebenen zusammen. Ein reibungsloser Empfang der Botschaften lässt sich erreichen durch Erhöhung der eigenen Schwingungsfrequenz.

Reinigung der Energiezentren

Zu Beginn des Weges ist es notwendig, eine grundlegende Entspannung des gesamten Organismus zu erreichen. Der Reifegrad.

eines Menschen ist abhängig von den Lernerfahrungen des betreffenden Individuums und deren Verarbeitung. Sobald ein bestimmtes Lernziel erreicht ist, findet eine Neuorientierung statt, welche den Menschen dazu befähigt, eine schrittweise Veränderung vorzunehmen.

Regelmäßige Atemübungen helfen dabei, die Spannungen zu lockern und ein energetisches Gleichgewicht herzustellen. Verkrampfungen werden gelöst, was die innere Stabilität erhöht. Der mediale Mensch erreicht dadurch ein Höchstmaß an Konzentration. Botschaften aus geistigen Gefilden können ihn unverfälscht erreichen. Um einen ungestörten Empfang zu gewährleisten ist es notwendig, eine Reinigung der energetischen Zentren vorzunehmen. Negative Energie wird auf diese Weise transformiert. Die Reinigung dient dem Zweck, die Chakren zu öffnen und den Vibrationsgrad zu erhöhen.

Bei sommerlichen Temperaturen steigt der Schwingungsgrad automatisch an, was die Übermittlung stark vereinfacht. Auch wenn jemand hungrig bist, steigt die Schwingungsfrequenz an. Wenn das Medium darauf achtet, mit leerem Magen zu meditieren, wird hierdurch die Übermittlung von Botschaften vereinfacht. Die Eiweißverbindungen in der Nahrung erzeugen ein disharmonisches Schwingungsfeld, was den Kontakt erschwert.

Bei der Erhöhung der Schwingungsfrequenz geschieht folgendes: Das den Körper umgebende astrale Feld vibriert fast unmerklich. Diese Vibration erfährt eine Beschleunigung, wenn der geistige Gehalt der Gedanken ein höheres Niveau erreicht. Dieses Niveau ist abhängig vom Reifegrad eines Menschen und vom geistigen Gehalt seiner Umgebung. In der unmittelbaren Nähe von niedrig gesinnten Menschen herrscht eine gedrückte Atmosphäre.

Die energetischen Schwingungsfelder vibrieren in bestimmten Abständen, wodurch eine einheitliche Schwingung erzeugt wird. Die Abstände verringern sich immer mehr bei der Höherentwicklung von Bewusstsein. Dies ist das Ziel der menschlichen Entwicklung.

Klärung der Aura

Spirituellen Adepten wird geraten, sich abseits von großen Menschenansammlungen aufzuhalten, denn die Bedingungen dort sind ihrer Entwicklung abträglich. Beim Zusammentreffen vieler Menschen entsteht in der Regel ein mächtiges negatives Bewusstseinsfeld, wobei die Gefahr besteht, dass die Schwingungen des Einzelnen absorbiert werden. Eine Vermischung findet statt, was negative Auswirkungen auf die individuelle Schwingungshöhe eines Übenden hat. Es kommt zu Kreuzungen in den Auren, die von nachhaltiger Dauer sind.

In der Gefahr der gegenseitigen Durchdringung der Aura liegt der Grund für das Eremitentum vieler Mystiker begründet. Das Vermögen des Übenden, die Durchdringung seiner Aura rückgängig zu machen, d.h. seine Aura zu klären, ist begrenzt. Die eigenen Schutzmaßnahmen reichen in der Regel nicht aus, sobald mehrere Menschen auf begrenztem Raum zusammentreffen. Einen guten Effekt erzielen Meditationsübungen, welche die Aura schützen. Auch das Singen heiliger Mantras erzielt eine tiefgehende Reinigungswirkung.

Bei Einzelkontakten mit Freunden und Verwandten, deren Schwingungshöhe sich im mittleren Bereich befindet, verläuft die Durchdringung weniger massiv und ist nicht von nachhaltiger Dauer. Anders verhält es sich, wenn Personen, die bereits eine höhere Entwicklungsstufe erreicht heben, zusammenkommen. Hier geschieht die Durchdringung des Bewusstseinsfeldes zu gegenseitigem Nutzen, da die positiven Schwingungen verstärkt, nicht gemindert werden.

Aura-Übungen

Ist die Aura aufgrund negativer Durchdringung in Mitleidenschaft gezogen, dann kann folgende Übung zur Klärung beitragen:

☼ *Stell' dir vor, auf einem Sieb zu sitzen. Von oben ergießt sich ein rauschender Sturzbach, der alle Verdunkelungen, alle Unreinheiten, mit sich fortschwemmt.*
☼ *Nach dem Regenguss klart der Himmel auf, eine strahlendhelle Sonne erwärmt und trocknet dich. Dabei werden die verbleibenden Verunreinigungen beseitigt.*

Noch eine zweite *Übung* ist von großer Reinigungskraft:

◘ *Du spielst (in deiner Vorstellung) auf einem Musikinstrument, z.B. auf einer Harfe oder Flöte, eine sehr harmonische Melodie.*
◘ *Die Klänge durchfluten deine Aura mit ihren sanften an- und abschwellenden Tönen. Das Spiel währt solange, bis sich ein Gefühl von Schwerelosigkeit einstellt.*

Aufbauende Gedanken

Wer negativen Energien ausweichen will, kann dies auf eine recht einfache Weise tun. Bei der Reinigung des Organismus sind Kräfte im Einsatz, die sich jenseits der Kontrolle des Einzelnen befinden. Man kann sie unterstützen durch aufbauende Gedanken und Gefühle, denn jede negative Schwingung behindert die Reinigungsarbeit. Die aufbauenden Kräfte beinhalten die höchste Kraftquelle. Wer die geistigen Gesetze beachtet, unterstützt damit den Prozess der Reinigung.

Das Vorhandensein negativer Energien lässt auf eine unentwickelte Psyche schließen, wobei der Anteil dunkler Energien dem jeweiligen Reifegrad entspricht. Beim Vorwärtsschreiten auf dem Pfad der Vervollkommnung ist es notwendig, Teile dieser Energien nach und nach zu absorbieren bzw. umzuwandeln. Dies geschieht je nach Reifegrad in einem kürzeren oder längeren Zeitraum. Jeder sollte sich darüber im Klaren sein, dass er diese negativen Energien aufgrund eigener Schwingungsmuster angezogen hat.

Die Erhöhung des eigenen Schwingungsgrades erlaubt es diesen Energien nicht auf Dauer, sich in einem spirituellen Menschen zu verankern. Er ist in der Lage, Distanz zu ihnen herzustellen und sich ihren Einflüssen zu entziehen. Die Kontrolle der eigenen Gedankeninhalte ist dabei von ausschlaggebender Bedeutung. Er kann gewiss sein, dass die geistigen Helfer ihn bei dieser Reinigungsarbeit unterstützen werden.

Schutzmaßnahmen

Nur wer gewalttätig ist, wird von den Göttern verstoßen.
Dion Fortune

Die Wege sind verschieden, ebenso wie die Menschen, die sie gehen. In dem Maße, wie ein natürlicher Entwicklungsverlauf stattfindet, verringern sich die Probleme auf dem Weg. *Der nach spirituellem Fortschritt strebende Mensch sollte sich darüber im Klaren sein, dass alle seine persönlichen Probleme während der Entwicklung eine Verstärkung erfahren.*
In dem Maße, wie sich jemand seiner Schwäche bewusst ist, steigt für ihn auch die Möglichkeit, diese zu überwinden. Die Fähigkeit zur Kontemplation, zum Nachdenken über das Erlebte, ist eine wichtige Voraussetzung zu Bewältigung auftretender Schwierigkeiten. Manch einer, der sich mit Enthusiasmus auf den Pilgerpfad begeben hat, ist über kurz oder lang gescheitert.

Festigung der Aura

Einen ausreichenden Schutz aufzubauen ist eines der Hauptanliegen von Menschen, die sich für übernatürliche Einflüsse öffnen. Sobald der Schutz mangelhaft ist, bleibt die Tür geöffnet für jedermann, so als würde man jedwedes Gesindel zur Tür hereinlassen. Eine schützende Mauer ist daher unbedingt notwendig, um feindliche Eindringlinge abzuwehren.

Die Aura eines jeden Menschen ist bis zu einer bestimmten Grenze durchlässig. Die Durchlässigkeit des Schutzschildes nimmt weiter zu, wenn es Menschen nicht gelingt, das innere Gleichgewicht aufrecht zu erhalten. Dann können sich vermehrt Energien von außen, denen normalerweise der Zugang verwehrt ist, annähern und eindringen. Das Gleichgewicht der Kräfte zu wahren ist daher von äußerster Dringlichkeit.

Ein mangelhafter Schutzwall hängt in erster Linie mit unruhig umherirrenden Gedanken und Gefühlsaufwallungen zusammen. Die Aura wird durchlässig, wenn die Gefühle eine gewisse Intensität annehmen. Mentale Kontrolle ist daher unabdingbar, wenn die Aura – wie bei medialen Menschen – kein geschlossenes Feld ist.

Harmonische Energien erzeugen eine schützende Aura, die den Körper wie eine Hülle umgibt. Disharmonische Energien hingegen bewirken eine zunehmende Durchlässigkeit, was den Zustrom fremder, gleichfalls disharmonischer, Energien ermöglicht. Auch Alkoholkonsum trägt nicht zur Stabilisierung der Aura bei, sondern bewirkt ganz im Gegenteil eine noch stärkere Durchlässigkeit. Die Stabilität des gesamten Systems ist in Gefahr, wenn Schutzmaßnahmen ausbleiben.

Man stelle sich die Aura als schützenden Mantel vor, als eine Hülle, die den Körper von allen Seiten umgibt und in der man sich sicher und geborgen fühlt. Eine intakte, schützende Aura ist die Grundbedingung für jeden geistigen Fortschritt. Sie wehrt negative Energien von außen ab, da ihnen das Eindringen erschwert wird. Leider ist der Schutzmantel bei vielen Menschen durchlässig, was mit ihrem aufregenden Lebensstil, mit heftigen emotionalen Auseinandersetzungen, zusammenhängt.

Der Schutz besteht darin, die Energien zu harmonisieren und eine Schutzaura zu visualisieren, wodurch die natürliche Aura gestärkt wird. Unterbleibt die Harmonisierung der Energien, gelingt es mit der Zeit immer gröberen Energien, sich Zugang zum Organismus zu verschaffen, was sich verheerend auf das Lichtkleid auswirkt. Nach einiger Zeit sind sie kaum noch beherrschbar.

Die tagtägliche Arbeit am PC trägt ihren Teil dazu bei, ein Durcheinander im Energiehaushalt zu bewirken. Wenn die schnell schwingenden Energien keinen Ausgleich erfahren, ziehen sie den Organismus in Mitleidenschaft. Es liegt an jedem selbst, entsprechende Gegenmaßnahmen zu ergreifen, um sein Energiefeld zu schützen.

Die Abnahme des Schutzfilters bewirkt eine Schwächung der Energien. Um hier Abhilfe zu schaffen, wären Reinigungsübungen notwendig, die über das hinausgehen, was jemand normalerweise praktiziert. Auch eine optimistische innere Haltung und häufige Kontaktaufnahme mit höheren Geistebenen stärkt die Aura. Gerade in der kalten, dunklen Jahreszeit - eine Zeit nachlassender Kräfte - ist diese Belebung notwendig.

Oft entwickeln negative Energieströme ein bedenkliches Eigenleben und es wird zunehmend schwierig, darauf Einfluss zu nehmen. Sind die eigenen Energien noch stark und intakt, ist eine Gegenwehr möglich.

Folgender Strategie hilft dabei:

☼ *Sobald die Energien sich verstärkt bemerkbar machen, konzentriere dich auf den gestirnten Himmel. Dies kannst du im Geiste tun, auch tagsüber.*

☼ *Denk dabei an einen einzelnen Stern, der eine Schützerfunktion für dich hat. Durch diese Konzentration wird eine Verbindung hergestellt, die sehr mächtig ist. Dieses Band wird auch deine Energien besser schützen.*

Um die Schutzfunktion der Aura zu erhöhen, hilft es, dreimal täglich ½ l klares Wasser zu trinken. Auch wenn die Aura bereits durchlässig ist, besteht immer noch eine Chance zur Heilung, solange die Willenskräfte stark genug sind, um eine Veränderung zu bewirken. Geduld und Standfestigkeit begünstigen die Entwicklungsmöglichkeiten in hohem Maße, während Zweifel und Unzufriedenheit die vitalen Kräfte schwächen; ein nicht zu unterschätzendes Hindernis.

Man kann die Durchlässigkeit einer instabilen Aura vermindern, indem man schwarze Farbe visualisiert, die sich in die Aura ergießt. Die Farbe schwarz hat eine hemmende, verlangsamende Wirkung. Allerdings ist ein absoluter Schutz ist möglich und auch nicht wünschenswert, denn eindringende Energien von außen können auch eine Bereicherung sein, solange sie nicht destruktiver Natur sind.

Eines der Ziele einer spirituellen Entwicklung ist es, die Durchlässigkeit der Aura zu erhöhen und gleichzeitig dunkle Energien abzuwehren. In diesem Lernprozess befinden sich viele Adepten. Haben sie die Hürde überwunden, liegt ein wichtiger - wenn auch unangenehmer - Abschnitt des Weges hinter ihnen. Diese Überwindung kostet Zeit, Geduld und stetige Aufmerksamkeit.

Störenergien von außen

Die Verursacher von Störenergien sind oft Leute aus dem Bekanntenkreis, die in Schwierigkeiten stecken. Sobald Menschen sich in einer Krisensituation befinden, bei der starke destruktive Emotionen beteiligt sind, setzen sie entsprechende Energien frei. Viele Menschen haben mit immensen Problemen zu kämpfen, die sie nach außen tragen. Auch wenn die Sender in der nahen Verwandtschaft zu suchen sind, wäre es keine große Hilfe, sie zu erkennen. Möglicherweise würde dies die Problematik noch verschärfen.

Die einzige Möglichkeit, eine negative Beeinflussung bis hin zum spirituellen Rückschritt zu vermeiden, besteht darin, Schutzmaßnahmen zu ergreifen, die das Eindringen negativer Energien verhindern. Der menschliche Körper ähnelt einer Tür, durch die Energien ungehindert ein- und ausströmen können. Um den Eintritt nur bestimmten Energien zu erlauben, ist die Kenntnis von Methoden wichtig, die den Eingang versiegeln können. Der Betreffende bestimmt dann selbst, wann die Tür geöffnet ist und wann nicht.

▶ Eine dieser Methoden besteht darin, die linke Hand zur Faust zu ballen, sobald jemand in die Nähe kommt, dem man den Eingang verwehren möchte.

▶ Eine andere Methode ist das Aussprechen eines Mantras oder bestimmter Namen, die der unerwünschten Person nicht erlauben, einzutreten. Diese Namen sind geheim und dürfen nicht weitergegeben werden.

Ein Mantra verbindet den Adepten mit Mächten, die weitaus gewaltiger sind, als er sich das vorstellen kann. Nur gereinigte Energien auf hohem Niveau haben Zutritt zu ihnen. Desolate Energien sind nicht geeignet für das Aussprechen eines machtvollen Namens. Ein heiliger Name wird nur im extremen Notfall gegeben oder wenn einer spirituellen Weiterentwicklung nichts mehr im Wege steht. Um wirksam zu sein, muss das Mantra regelmäßig angewandt werden.

Sensitive Menschen sind die Adressaten einer Vielzahl von Energien aus anderen Räumen, die ihnen nicht bekannt sind. Der Absender der Energien können Wesenheiten sein, die ihnen einen Denkzettel erteilen wollen, da sie ihren Belehrungen kein Gehör schenken. Auf diese Weise werden sie gezwungen, sich mit der Problematik auseinanderzusetzen, so oder so.

Eine eingeschränkte Sinneswahrnehmung, d.h. das Fehlen von übersinnlichen Kräften, ist ein Schutz und dient dem inneren Gleichgewicht. Bei Menschen mit erweiterter Bewusstheit, die innerlich unausgeglichen sind, besteht die Gefahr von Horrorvisionen und alptraumhaften Vorstellungen, was zu seelischer Zerrüttung und Destabilisierung der Psyche führt.

Das Innenleben des Menschen ist daher von entscheidender Bedeutung. Eine ausgeglichene Psyche ist die Voraussetzung für eine Weiterentwicklung zu höherem Bewusstsein. Nur einer ausgeprägten Bewusstseinskontrolle ist es zu verdanken, wenn das psychische System dem Druck standhält und keinen Schaden davonträgt.

Mentale Angriffe

Um gegen mentale Angriffe wirksam vorzugehen, ist magisches Wissen erforderlich. Je schwächer die Abwehr, desto stärker erscheint der Angreifer. Er hat nur die Stärke, die ihm eingeräumt wird. Eine feste innere Haltung, die negative Energien im Keim erstickt, kann viel bewirken. Die Abwehr geschieht unterbewusst und ist nichtsdestoweniger sehr wirksam.

Es kann niemals schaden, sich mit grundlegenden Schutztechniken vertraut zu machen. Sie sind allerdings nur so mächtig wie derjenige, der sie anwendet. Ein schwacher Geist ist kaum imstande, sich gebührend gegen Angriffe zu wappnen.

Wenn es jemandem gelingt, seine Gedanken in eine hohe Schwingung zu versetzen, hat das bereits einen schützenden Effekt. Ein hohes Energie-Niveau, das auf Lichtenergie basiert, dient als Abwehr gegen trübe, niedrig schwingende Energien, die ihn hinunterziehen. Gelingt es ihm über einen längeren Zeitraum, ein hohes Energie-Niveau beizubehalten, wird er nach kurzer Zeit die positiven Auswirkungen spüren.

Der nächste Schritt besteht im Aufbau einer mentalen Schranke, einer Art Mauer, die unerwünschte Energien nicht passieren lässt. Das kann bspw. die Figur eines Drachen sein, der eine Wächterfunktion hat oder weißes Licht, dass einen von oben bis unten umhüllt. *Alles, was in der Vorstellung eine schützende und bewahrende Funktion hat, ist geeignet, die ihm zugedachte Aufgabe zu erfüllen.*

Auch die Mundatmung trägt zur Regeneration der Energien in hohem Maße bei, denn sie erschwert die Ankettung fremder Energien ganz erheblich. Ganz entschieden kann auch ein verbesserter Lärmschutz zu einer Verbesserung der Situation beitragen. Die Ohren sind empfindliche Seismographen, die jedes Geräusch in der Umgebung registrieren. Die Verbindung mit unerwünschten Energien führt u.a. über Geräuschwahrnehmungen.

Folgende Übung kann die Energien in absehbarer Zeit stabilisieren:

☼ Schließe die Augen und stelle dir einen Stern vor am Firmament, der mit deinem Scheitelchakra in Verbindung ist.
☼ Von diesem Stern gehen harmonisierende Strahlen aus, die deinen Energiehaushalt wieder in Ordnung bringen.

Täglich ½ Stunde sollte anfangs genügen, um Energieverluste und unerwünschte Verbindungen zurückzuhalten. Während dieser Zeit wäre es von großem Vorteil, wenn man die Regeneration seines Energiefeldes durch aufbauende Gedanken unterstützt. Nur dann können regenerierende Energieströme in den Organismus einfließen.
Energieverlust

Energie ist ein kostbares Gut, daher sind auch andere Wesenheiten daran interessiert. Um seine Energie zu schützen, hilft es, die Schwingung zu erhöhen. Die Energie wird in Lichtenergie umgewandelt und fließt nicht zweckentfremdet in materielle Kanäle ab. Die Transformation der Energie in die geistigen Bereiche bedeutet, dass man von seinem Lichtselbst aus seine irdischen Belange steuern kann.

Die eigenen Kräfte werden unausgeglichen und angreifbar, sobald die stete Ausrichtung fehlt. Sie zerstreuen sich in verschiedene Richtungen und Energie geht verloren. Ein probates Mittel, der Zerstreuung entgegen zu wirken, ist die Lenkung der Energien. Es gibt Möglichkeiten zur Steuerung von Energien, die bislang nicht bekannt sind. In der geistigen Welt existiert ein Mechanismus, der wie ein Trichter funktioniert. Die Energien werden dort gesammelt und zu einem Strahl gebündelt.

Ein Adept kann seine Energien erhöhen, indem er auf seine Schwingung achtet und im Bereich des Dritten Auges einen orangefarbenen Lichtpunkt visualisiert, der ihm Energien zusendet. Eine erhöhte Schwingungsfrequenz ist der wirksamste Schutz gegen ungebetene Gäste von der Art, mit der viele konfrontiert sind.

Die Schutzmaßnahmen können nur wirksam sein, solange sie angewendet werden. Sie bewirken eine Erleichterung, können aber nicht die alleinige Lösung sein. Negative Energien werden angezogen aufgrund von Reizbarkeit und einer Neigung zum Defätismus (Schwarzseherei). Solange ein Adept es jemand versäumt, den wirksamsten Schutz in sich selbst zu finden, wird er von negativen Energien behelligt. Sie sind darauf aus, die Kontrolle über ihn zu erlangen bzw. aufrecht zu erhalten und von seiner Energie zu profitieren. Hier versagt meist die Hilfe von außen.

Wenn es jemandem gelänge, sämtliche unerwünschten Kräfte fernzuhalten, würde er sich gleichzeitig von jeglicher Energie isolieren. Er ist aber auf den Kontakt mit diesen Energien angewiesen, denn sie sind die Lebenskraft, die ihn erhält und ihn täglich aufs Neue mit Energie versorgt. Ein absoluter Schutz ist also weder möglich, noch wünschenswert. Sinnvoll dagegen wäre eine Abschirmung vor extrem dunklen Energien, die der Psyche Schaden zufügen können, ein Filter sozusagen, der nur Energien durchlässt, die den eigenen entsprechen.

Der Filter befindet sich im eigenen Herzen und im Sinn. Es ist die Qualität des Denkens, die einen schützt vor unerwünschten Einflüssen. Bei vielen spirituellen Wanderern ist das Filtersystem zum Glück noch weitgehend intakt und bedarf keines besonderen Schutzes.

Succubus und Inkubus

Eine Verbindung über das Sexualchakra ist eine zweischneidige Angelegenheit. Je nach Art der Verbindung kann sie die Person in geistige Höhen befördern oder aber hinab in den Sumpf ziehen. Eine Abwehr gegen nieder ziehende Kräfte ist die innere Einstellung, die es ablehnt, sich den niederen Schwingungen zu öffnen.

Die jeweiligen Gedankenkräfte bilden die Grundlage, die es niederen Mächten erlauben, eine Verbindung einzugehen oder dies im Gegenteil verhindern. Niedere Energie-Wesen können in höheren Schwingungsniveaus nicht lange existieren. Sie verlieren den Halt und werden aus dem Organismus buchstäblich hinausgeworfen.

Solange jemand mit sexuellen Aktivitäten keine niederen Phantasien verbindet, ist damit ein gewisser Schutz gegeben.

Schutz gegen Fremdenergien

Es gibt Möglichkeiten, die dabei helfen, andrängende dunkle Energien zu neutralisieren. Das Rennen kann zu Gunsten des Adepten entschieden werden, wenn er einige Punkte beachtet. Sind die Energiezentren geöffnet, ist es nicht leicht, ein Eindringen fremder Energien zu verhindern. Falls die Energien sehr hartnäckig sind, ist es an der Zeit, adäquate Methoden anzuwenden, starke Mittel der Visualisation.

Ein Teil der Energiezentren schließt sich wieder, wenn der Adept sich konzentriert. Die Zielgerichtetheit der Energien nimmt zu, was ihn befähigen wird, sie adäquat zu lenken. Ist die Öffnung der Energiezentren noch nicht sehr weit fortgeschritten, ist diese Methode geeignet, die Zentren wieder zu schließen.

Der Mensch ist kein hilfloses Opfer zerstörerischer Energien, wie manche vielleicht annehmen. Die eigenen Abwehrkräfte gegen Mächte jeglicher Art gehen gestärkt aus dem Kampf hervor. Falls jemand die Unterstützung von geistigen Helfern benötigt, dann sollte er darum bitten.

Er selbst hat vielfältige Möglichkeiten der Gegenwehr:
- Ein probates Abwehrmittel ist kaltes, sauberes Wasser. In regelmäßigen Abständen die Stirn damit benetzen, um das Stirnzentrum zu reinigen.
- Ein weiteres Mittel, das als ‚Gegenzauber' wirkt, ist das Anbringen von Huflattich um den Türrahmen im Eingangsbereich.
- Als Soforthilfe sind Schaumbäder zu empfehlen mit einer Mischung aus 1/3 Lavendelöl, 1/3 Thymianöl, 1/3 Myrrhe (oder Salbei).
- Eine andere Möglichkeit besteht darin, sich Apfelscheiben auf die Stirn zu drücken, da Apfel die Eigenschaft hat, negative Energien an sich zu ziehen.
- Ein guter Schutz ist auch Butter; sie hat ebenfalls die Eigenschaft, negative Energien zu binden.
- Innere und äußere Reinheit sind die Voraussetzungen für einen wirksamen Schutz.
- Der wirksamste Schutz besteht in der steten Hinwendung zum Höheren Selbst.

Verbindung mit lichtvollen Strömen

Viele Energien streiten in einem spirituellen Wanderer um die Vorherrschaft und es ist an ihm, zu entscheiden, mit welcher Art von Energie er sich verbindet. Ist er in erster Linie auf die höhere geistige Welt ausgerichtet, können lichtvolle Ströme ihn durchdringen und sich mit ihm vereinigen. Deshalb ist es ratsam, seine Gedanken möglichst unverwandt auf die geistige Welt gerichtet zu halten, selbst bei den alltäglichen Verrichtungen. Nur so kann eine stabile Verbindung mit heilsamer Wirkung entstehen.

Eine Verbindung mit lichtvollen Strömen befreit den Organismus von Verunreinigungen und bewirkt eine Hebung des Energieniveaus.

Der Organismus wird durchlichtet und mit der Zeit immer transparenter. Diese Transparenz wirkt wie ein Filter, der verunreinigten, dunklen Energien den Zugang verwehrt. Die Strukturen des Organismus verfeinern sich, das Netz wird engmaschiger, so kann man es umschreiben.

Die Widerstandskraft des Organismus steigt mit zunehmender Verfeinerung der Energien. Um sich mit der geistigen Welt zu verbinden, wäre es sehr von Vorteil, wenn der Adept dies beabsichtigen würde. Eine feste Absicht schafft ein starkes Band zwischen ihm und den lichtvollen Strömen.

Ein inkarnierter Lehrer kann einen wirkungsvollen Schutz bieten, da er selbst in Kontakt mit der geistigen Welt steht und die Funktion eines Mittlers innehat. Er schirmt den Schüler gegen feindliche Eindringlinge wirkungsvoll ab, so wie auch geistige Helfer zu seinem Schutz da sind. Oft sind die eigenen Strategien nicht ausreichend und Möglichkeiten, den Problemen zu entkommen, werden nicht zum eigenen Vorteil genutzt. Das ist zwar bedauerlich, aber auch sehr lehrreich für den Wanderer.

Die häufig zum Ausdruck gebrachte Besorgnis bezüglich der spirituellen Öffnung hat durchaus ihre Berechtigung, besonders in problematischen Fällen. Doch andererseits ist die Gefahr, gänzlich zu unterliegen, nicht übermächtig, da geistige Helfer bestrebt sind, genügend Hinweise zu geben, um die Gefahren abzuschwächen. Hindernisse auf dem spirituellen Weg sind keine Seltenheit. Jeder Mensch entwickelt andere Strategien, um damit fertig zu werden.

Verbindung mit der Lichtwelt

Wo Licht ist, da ist auch Leben.

Licht hat die Eigenschaft, menschliche Energien zu transformieren. Es befreit den nach spiritueller Erfahrung Strebenden von einengenden Vorurteilen. Er erhält die Mittel zur Selbsterkenntnis, die ihn zu einem erweiterten Bewusstsein hinführen können.

Die Auswahl an Möglichkeiten, die ihm zur Verfügung stehen, vergrößert sich. Er lernt, vor dem Hintergrund einer erweiterten Sichtweise Unterscheidungen zu treffen. Dies gibt ihm die Mittel an die Hand, über seine Zukunft selbst zu bestimmen. Auch andere Entwicklungsrichtungen, die er bislang übersehen hatte, gelangen in sein Blickfeld.

Eine erweiterte Wahrnehmung schafft generell einen größeren Spielraum. Gesundheitliche Probleme verschwinden weitgehend aus dem Erfahrungsbereich. Der Mensch erwacht zu seinem vollen Potential; sein Handlungsspielraum erweitert sich. Ihm erschließen sich neue Bewusstseinsmöglichkeiten; er erhält Einblick in zukünftige Entwicklungen und in die Vergangenheit. Seine Vorbehalte schwinden, je mehr sich die Verbindung mit der Lichtwelt festigt. Sein Horizont erweitert sich in dem Maße, wie er das zulässt. Ein reiches Spektrum an Verhaltensalternativen steht plötzlich zu seiner Verfügung. Das weite Feld der Möglichkeiten verleiht seinen Handlungen ein neues Gewicht. Nahezu spielend leicht kann er jedes Problem überwinden.

Das Bewusstseinsfeld erweitert sich in einem kaum vorstellbaren Maße. Die Vielfalt der Erfahrungsmöglichkeiten macht eine Beschreibung unmöglich. Das Bewusstsein ähnelt einem Blütenblatt mit abertausend Blüten. Jedes Blatt entspricht einem neuen Muster der erweiterten Wahrnehmung. Diese Vielfalt erzeugt immer neue wandlungsfähige Möglichkeiten ohne Ende. Aus diesem Grund ist eine Beschreibung zum Scheitern verurteilt. Als Vergleich können die vielen unterschiedlichen Farbnuancen dienen. Auch hier ist eine Beschreibung der Abstufungen nahezu unmöglich.

Die Bemühungen der geistigen Lehrer zielen darauf hin, die Farben aufzuhellen und zum Leuchten zu bringen. Ein Erfolg bringt auch ihren eigenen Farben, als Belohnung für ihre Bemühungen, mehr Leuchtkraft. Sie haben daher das Bestreben, die spirituelle

Entwicklung eines Kandidaten zum Ziel zu führen. Dann sind sie frei, eigene Pläne zu verwirken. Je mehr der Mensch ihre Bemühungen unterstützt, desto eher wird die Zeit kommen.

Wesen, die mit dem Licht verbunden sind, erkennen sich untereinander, denn ein natürliches Kennzeichen stellt eine Verbindung zwischen ihnen her. Dieses Zeichen ist subtiler Natur und daher nicht leicht zu beschreiben. Es wird bei dem ersten Eintritt in die Lichtsphäre vermittelt. Hierbei geht ein Teil der körpereigenen Substanz verloren und etwas Neues wird eingefügt. Diese neue Substanz vermittelt den Eindruck der Leichtigkeit, des Schwebens. Hinzu kommt eine lichtvolle Ausstrahlung, die von dem Betreffenden ausgeht.

Alles dies versetzt den Lernenden in die Lage, die Schatten seiner Vergangenheit zu bewältigen und das Neue in sich zum Erblühen zu bringen. Die Erweiterung des Bewusstseinshorizonts geht mit einer erweiterten Aufnahmefähigkeit einher. Ein Mensch, der diesen Status erreicht, hat niemals den Wunsch, in seine begrenzte Vergangenheit zurückzukehren. Die vielfältigen und lohnenden Erfahrungen lassen ihn den Verlust seiner individuellen Vergangenheit verschmerzen.

Ein Teil des Lichts ist mit dir verbunden, aber auch ein Schattenanteil. Hältst du die Waage zugunsten des Lichts, bist du auf der sicheren Seite.

Der Weg und das Ziel

Den ersten Schritt auf dem Weg muss jeder selbst tun.

Spiritueller Hürdenlauf

Ein spiritueller Prozess ähnelt einem Hürdenlauf, bei dem es gilt, ein Hindernis nach dem anderen zu überwinden. In der Folge nehmen die Schwierigkeiten ab, denn das Bewusstseinsfeld klärt sich nach und nach.

Die Inhalte des Weges sind in einem offenen Prozess nicht völlig determiniert sind. Die geistigen Helfer können allenfalls Richtlinien geben, die aber niemals in der Lage sind, einen lebendigen Prozess zu ersetzen. Der Mensch hat die Chance, einen Vorstoß zu wagen in bisher unbekanntes Terrain. Hier ist die Themenwahl nicht gefiltert durch eindeutige Vorstellungen, den Inhalt anbetreffend.

Der geistige Bereich unterscheidet sich nicht grundsätzlich von der ‚Schule des Lebens', in der das Übernehmen von Eigenverantwortung ein wichtiger Teil des Lernprozesses ist. Die Verbindung zu einem geistigen Lehrer kann einen spirituellen Schüler weitgehend abschirmen vor einem Teil der gröbsten Gefährdungen. Jeder Sucher ist gefordert, die Mittel und Wege, die seinem Schutz dienlich sind, zu entdecken und gewisse Regeln einzuhalten.

Hierzu gehört, keinen leichtfertigen Umgang mit der Geisterwelt zu pflegen, sowie den geistigen Wesenheiten mit Respekt und Hochachtung zu begegnen. Die ‚Schule des Lebens' sollte dem Probanden bereits gewisse Grundsätze nahe gebracht haben. Nicht ohne Grund werden zwielichte Verbindungen im menschlichen Lebensumfeld mit einer kritischen Einstellung bedacht. Vieles, was im mitmenschlichen Bereich geschieht, kann auf die Prozesse, die im geistigen Bereich von Bedeutung sind, übertragen werden. Daher ist jeder spirituelle Wanderer für sein Schicksal selbst verantwortlich, da ihm ja ein angemessener Lernbereich zur Verfügung steht.

Wenn ein Prozess zu einem guten Ende gelangen soll, dann ist es oft ratsam, in den persönlichen Einstellungen einige Änderungen vorzunehmen. Diese Änderungen betreffen das Bewusstseinsfeld. Oft bedarf die Sicht der Dinge noch einiger Klärung, denn die belastenden Problembereiche sind in einem versteckten Winkel der Psyche eingesperrt. Der Jünger wird Erschütterungen nicht vermeiden können, wenn er die Blumen des Weges pflücken will. Übertriebene Zielstrebigkeit behindert den Prozess des Werdens, so wie ein Wasserlauf, der sich selbst begradigt, die Früchte des Weges nicht genießen kann. Auf diese Weise verfehlt man das Ziel, das ja gerade darin besteht, die Früchte zu schauen und einzusammeln.

Befindet sich jemand in einer selbst induzierten Zwangslage, entspricht dies nicht dem herkömmlichen Werdeprozess. Ein Prozess, der stagniert, ähnelt einer Frucht, die langsam verdirbt, weil der Vorgang des Reifens nicht zum Abschluss gekommen ist. Das Bewusstsein stagniert auf eine Weise, die sehr bedauerlich ist, denn viele Probanden haben mehr Möglichkeiten der Weiterentwicklung, als sie annehmen.

Ein verlangsamter Prozess kann verglichen werden mit einer Turbine, die im Leerlauf arbeitet. Die Maschinenteile nutzen sich schneller ab, da sich das Drehmoment beschleunigt. Ist die

Entwicklung ins Stocken geraten, dann ist große Mühe erforderlich, den Prozess wieder in Gang zu bringen. Doch besteht grundsätzlich die Möglichkeit hierzu, wenn die Absicht des Betreffenden eindeutig ist.

Hierbei ist eine konsequente mentale Ausrichtung von großem Nutzen. Das ‚setting' der ins Stocken geratenen Entwicklung kann auf die gleiche Weise nicht wiederholt werden. Ein neuer Entwicklungsschritt wird notwendig, der andere Muster aufweist als der vorangegangene. Das neue Muster weist zwar Ähnlichkeiten auf mit dem alten, doch ändert sich die Form. Die geistigen Lehrer sind hierbei auf die Phantasie und Bereitschaft seitens des Probanden angewiesen, das Spiel mit neuen Vorzeichen zu wiederholen.

Das gesamte Prozessgeschehen ähnelt einem Hürdenlauf. Manche Menschen geben schon bei der ersten auftretenden Schwierigkeit auf, während andere dieselbe Hürde mit Leichtigkeit überwinden. Zur Veranschaulichung kann folgendes Beispiel dienen: Ein Mensch, welcher das Ziel verfehlt, gleicht einem Läufer, der nach 100m aufgibt, weil die letzten 2m nicht mehr erreichbar erscheinen. Der Mensch dreht sich im Kreis, weil er nicht gelernt hat, seinem inneren Selbst zu vertrauen.

Auch wenn die menschlichen Energien einen Entwicklungssprung erlauben, ist der Geist oft noch nicht soweit. Wenn der Fortschritt stagniert, sieht leider jede Entwicklung wie ein Zwang aus. In dieser Phase hilft dir nur die nötige Einsicht weiter. Eine Möglichkeit, die Situation zu verbessern, wäre es, die Erhabenheit des Geistzustandes zu akzeptieren. Ein weitreichender Prozess muss stattfinden, um eine Umorientierung erfolgreich werden zu lassen Die Neuorientierung schließt Konsequenzen ein, die in ihrer Fülle nicht ohne weiteres überschaubar sind. Hat die Umorientierung stattgefunden, gibt es kein Zurück mehr.

Zum weiteren Verlauf des Geschehens lässt sich sagen: Die Einzelheiten können zwar nicht dargelegt werden, doch sind Umrisse aufzeigbar. Das gesamte Geschehen, mitsamt den Zielvorstellungen, ist ein komplexes Unternehmen. Als Beispiel kann ein Unternehmen gelten, welches Wasserwirtschaft zur Grundlage hat. Der Ertrag richtet sich nach der Menge der Regenfälle innerhalb eines sensiblen Zeitraums. Bleibt der Regen aus, dann kann das Unternehmen nicht erfolgreich beendet werden. Die Unternehmensstruktur bedarf einer Änderung, wenn der Erfolg gesichert werden soll. Ein nicht erfolgreiches Unternehmen in gleicher Weise fortsetzen zu wollen, käme dem Hinsteuern auf einen Konkurs gleich. Ein Richtungswechsel ist also erforderlich; die unabdingbare Voraussetzung für einen Erfolg.

Der schmale Grat zwischen Hoffnung und Verzweiflung hängt von den rechten Bedingungen ab. Sind diese gegeben, dann steht einem Erfolg nichts im Wege. Um erfolgreich zu sein, genügt die feste Absicht hierzu. Hält jemand diese Absicht nicht kontinuierlich aufrecht, hat dies einen Wechsel der Strategie zur Folge. Hierdurch kommt es zu Verzögerungen in dem Prozess mit unliebsamen Folgen. Die Folgen sind umso schwerwiegender, als dem Probanden ihre Bedeutung nicht klar ist. Geisthelfer können lediglich Hilfestellung leisten, nicht aber die Probleme beseitigen.

Die Menschheit ist *eine Kette* sich spirituell entwickelnder Wesen. Ein Glied in der Kette, das nicht nach Plan vorwärts schreitet, stört den gesamten Ablauf. Der spirituelle Wanderer vermag die Zusammenhänge erkennen, wenn er selbst die entsprechende Stufe erreicht hat. Die in der Nähe befindlichen Kettenglieder werden lose; der gesamte Verband lockert sich. Wird die Kette gänzlich unterbrochen, so führt dies zum Rückgang der Entwicklung einer Reihe von Wesen, was die geistige Welt unter allen Umständen vermeiden will.

Ein Gleichnis kann dies verdeutlichen: Ein Bienenschwarm schwärmt aus und bewegt sich in eine bestimmte Richtung. Schert eine einzelne Biene aus dem Verband aus, so folgen einige andere instinktiv nach, während der restliche Schwarm weiterfliegt. Die abgesonderten Exemplare hinterlassen eine Lücke im Schwarm, die nie wieder geschlossen werden kann. Gibt es mehrere dieser Lücken, dann wird der gesamte Verbund instabil. Der Schwarm läuft Gefahr, seinen Zusammenhalt zu verlieren. Je mehr Lücken existieren, desto größer wird die Gefahr. Den abgesonderten Exemplaren wiederum droht das Schicksal, jeden schützenden Halt zu verlieren; ihr Überleben ist in Gefahr.

Der Prozess des Werdens beansprucht Ausschließlichkeit. Ein weites Feld der Möglichkeiten ergibt sich für die weitere Entwicklung, was aufgrund der Komplexität nicht eindeutig und vollständig dargestellt werden kann.

Bewusstseinsstufen

Das Bewusstsein existiert in verschiedenen Abstufungen. Jede Stufe ist in einer anderen Realität beheimatet. Bewusstes Sein existiert in unüberschaubarer Vielfalt und einer endlos scheinenden Anzahl von Variationen. Der Mensch vermag normalerweise die Zusammenhänge im Einzelnen nicht zu erkennen.

Der transzendente Teil des Menschen ist so umfassend, dass er nicht allein mit Worten erklärt werden kann. Aufgrund mangelnder Vorerfahrungen ist ein Individuum kaum in der Lage, das geistige Wesen auch nur ansatzweise zu verstehen. Derjenige, der nach transzendentem Wissen strebt, kann nicht umhin, seine Erfahrungen auf geistigem Gebiet zu erweitern. Zu diesem Zweck sollte er sich Zeit für tägliche Übungen nehmen, die seine Kenntnisse vertiefen.

Die höheren Welten bilden eine besondere Stufe des menschlichen Bewusstseins, das man sich als Pyramide - aufgeteilt in verschiedene Schichten - vorstellen kann, wobei jede Schicht ihre Eigentümlichkeiten und Besonderheiten aufweist. Die einzelnen Stufen weisen gravierende Unterschiede im Bewusstheitsgrad auf.

Auf den höheren Stufen nimmt das Bewusstsein immer mehr an Dichte und auch an Intensität zu, während gleichzeitig die ‚Streuung' immer mehr verringert wird. Auf der höchsten Stufe ist es in einem Punkt vereinigt.

Die gleichen kosmischen Wahrheiten werden in Abstufungen, auf verschiedenen Ebenen bzw. verschiedenen Niveaus dargestellt. Sie treten entweder in hässlichem Kleid zutage und werden in abstoßende Bilder und Worte gefasst, die dem Bewusstsein des Empfängers entsprechen, oder sie werden in klare, ausdrucksvolle Formen gebracht und in schönen, ansprechenden Bildern dargeboten. Der Inhalt variiert zwar jeweils, weist aber dennoch viele Entsprechungen auf.

Der Bewusstseinsstufe entsprechend entfaltet sich auch das Ergebnis, das geistige Kind, das aus diesem Prozess entsteht und ihm zugrunde liegt. Die Formen und Farben dieses Kindes und die Inhalte, mit denen es angefüllt wird, sind entscheidend für den Entwicklungsprozess derjenigen Seele, die sie erzeugt.

Die verschiedenen Bewusstseine streben alle dem gleichen Ziel zu und helfen dabei einander - zu einem früheren oder auch späteren Zeitpunkt der Entwicklung -, dieses Ziel zu erreichen. Ein unentwickeltes Bewusstsein kann noch nicht seinen Auftrag, zu Erhaltung des Ganzen beizutragen, erkennen. Es wird sich in den ausgelegten Netzen verfangen und so den geistigen Pfad verfehlen. Strebt ein solches Bewusstsein keine Entwicklung in angemessener Form an, dann fällt es zurück auf seinen vorherigen Stand. Es wird eines Tages in der Lage sein, zu verstehen, wann und in welcher Weise es vom Wege abgekommen ist. Dann werden ihm Einsichten zuteil, die in einer aktuellen Situation noch nicht gegeben werden können.

Vielleicht ist hier ein Beispiel dienlich:

Ein Bauer, der im Frühjahr die Saat auf den Acker ausgebracht hat, führt im folgenden Herbst die Ernte ein. Dies ist ihm nur möglich, weil ein Wechsel der Jahreszeiten die Frucht reifen ließ.

Jeder Mensch ist einem Prozess des Werdens anheim gegeben, wobei er weitgehend selbst bestimmt, wohin die Reise führen wird. Das menschliche Bewusstsein gleicht dem Acker, auf dem so manche Saat aufgeht, während viele Samen nicht überdauern.

Ein spiritueller Wanderer empfängt so manchen Samen, aus dem ein stattlicher Baum werden kann. Solange das menschliche Bewusstsein nicht erkennt, was es in Wahrheit zum Ausdruck bringen kann, werden viele Samenkörner nur unfruchtbaren Boden erreichen.

Das Ziel nicht aus den Augen zu verlieren, ist eine wichtige Voraussetzung auf dem geistigen Entwicklungsweg. Gerät dieses Ziel in Vergessenheit, dann ist der Weg ernsthaft gefährdet. Sobald der Wanderer eine Grenzlinie erreicht, die zu überqueren ihm schwer fällt, wird ihm die geistige Welt zwar einige Hinweise geben; doch grundsätzlich muss er auf dem Weg alleine vorwärts schreiten.

Der Jünger sollte versuchen, sich auf das Eigentliche zu konzentrieren. Die Suche darf sich nicht zu sehr auf die Oberfläche beschränken; die Entwicklungsschritte sollten auf das Wesentliche bezogen sein. Der Adept muss lernen, zu vertrauen. Oft stimmen seine Ansichten bezüglich der geistigen Entwicklung nicht mit den tatsächlichen Gegebenheiten überein und ein Teil des Weges liegt im Dunkel. Dies hängt mit der bisherigen Geisteshaltung und der bevorzugten Richtung der Aufmerksamkeit zusammen.

Der Kandidat lernt, seine Gedankenkräfte besser auszurichten und den Kontakt zu geistigen Mächten ungehinderter aufzunehmen. Dies wird ihm ermöglichen, die geistigen Wahrheiten auf direktem Wege, ohne störende Hindernisse, zu erfahren. Um eine Kontaktaufnahme zu erleichtern, ist es von Vorteil, bestimmte Regeln zu beachten. Auch die Körperhaltung ist von Bedeutung, denn ein gerades Rückgrat fördert das Fließen energetischer Ströme.

Die eigentliche Aufgabe des Geistesschülers besteht darin, sich das Geheimnis des Lebens zu erschließen, zu erkennen, *was die Welt im Innersten zusammenhält* und letztendlich den Tod zu transzendieren.

Dieser Erkenntnis widmen Sucher ihr ganzes Leben. Die einzelnen Schritte sind dabei nicht festgelegt, sie hängen vom Erkenntnisstand des Suchenden ab.

Viele Erwartungen werden getrübt durch vergangene Erfahrungen, doch die Zukunft kann dennoch lichtvoll und schön werden. Auch Geisthelfer haben Erwartungen an den Probanden und sind nicht wenig enttäuscht über die Richtung, die manche Entwicklung nimmt. Wird die Zeit zur Umkehr konstruktiv genutzt, ist mit einen weiteren Rückfall kaum noch zu rechnen. Der Kandidat wird immer mit den Geisthelfern verbunden bleiben, auch wenn er davon nichts weiß.

Eine eingeschränkte Sinneswahrnehmung, d.h. das Fehlen von übersinnlichen Kräften, ist ein Schutz, der dem inneren Gleichgewicht dient. Bei Menschen mit erweiterter Bewusstheit, deren Psyche unausgeglichen ist, besteht die Gefahr von Horrorvisionen und alptraumhaften Vorstellungen, die zu seelischer Zerrüttung und Destabilisierung der Psyche führen können.

Das Innenleben des Jüngers ist daher von entscheidender Bedeutung für eine Weiterentwicklung zu höherem Bewusstsein und eine ausgeglichene Psyche dessen Voraussetzung. Nur einer ausreichenden Bewusstseinskontrolle verdankt es der Jünger, wenn sein psychisches System standhält und keinen Schaden davonträgt. *Ein reiner, unbefangener Sinn ist der beste Schutz gegen schädigende Einflüsse.*

Eine erweiterte Wahrnehmung schafft für den spirituellen Wanderer, der den Eindrücken gewachsen ist, generell einen erweiterten Spielraum. Ihm erschließen sich neue Bewusstseinsmöglichkeiten und er erhält Einblicke in Zukunft und Vergangenheit. Seine Vorbehalte schwinden, je mehr die Verbindung mit dem Licht gefestigt ist. Sein Horizont erweitert sich in dem Maße, wie er es zulässt.

Ein Adept, der die Stufenleiter nach oben erklimmt, tendiert mit der Zeit zunehmend dazu, sich von irdischen Interessen abzuwenden und spirituelle Zielsetzungen an deren Stelle zu setzen. Sobald das

Streben nach nicht-materiellen Zielen an die erste Stelle rückt, steht dem Sprung in die geistigen Gefilde nichts mehr im Wege. Hat jemand eine bestimmte Stufe der Entwicklung erklommen, kann er über den weiteren Fortgang selbst bestimmen. Er ähnelt einem Flugzeuginsassen, der sein Ziel frei wählen kann.

Auf einer gewissen Stufe der Entwicklung hat der Wanderer die Möglichkeit, den Pfad weiter zu beschreiten oder umzukehren. Die Entscheidung liegt bei ihm. Entscheidet er sich, weiterzugehen, erwartet ihn eine segensreiche Zukunft. Kehrt er aber um, ist auch das akzeptabel.

Auf den fortgeschrittenen Stufen ist eine Umkehr allerdings nicht mehr ohne weiteres möglich. Der Adept hat entweder die Möglichkeit, zu steigen oder zu fallen. Der Pfad verläuft vertikal: Man wird erhöht, oder man stürzt. Wenn jemand seinen eigenen Sturz verursacht, wird er dafür später zur Rechenschaft gezogen.

Will der Geistesschüler seine Entwicklung fortführen, wird für ihn ein Lernprogramm erarbeitet. Mit seiner Einwilligung wird die geistige Welt den Weg, der am geeignetsten erscheint, für ihn ebnen. Er hat die Möglichkeit, ein Führer der Menschheit zu werden, wie schon so viele vor ihm. Seine Aufgabenbereiche sind nicht festgelegt; er wird eine Tätigkeit seinen Fähigkeiten entsprechend erhalten. Er wird in freier Entscheidung handeln, d.h., er ist nicht direkt weisungsgebunden.

Sollte er allerdings nicht zustimmen, dann ist ihm ein trauriges Los beschieden. Er wird verblühen und verwelken, ohne von der Blume des Lebens gekostet zu haben. Auf der anderen Seite wird das ganze Universum sich um ihn drehen und er wird König werden in seinem Reich.

Verschlungene Pfade

Wie ein Schmetterling, der sich nach langer Erdgebundenheit aus der Raupe entwickelt und seine Fühler dem Licht entgegenstreckt, befindet sich der heutige Mensch an der Schwelle zu einem neuen Zeitalter. Er hat noch nicht gelernt, zu fliegen und steht noch ganz am Anfang einer anspruchsvollen Entwicklung, die ihn zu ungeahnten Höhen führen kann. Er sollte bereit und offen sein für die Lernschritte, die auf ihn zukommen werden.

Der Weg hängt mit der Art der geistigen Fortentwicklung zusammen. Die Wege sind vielfältig, bedingt durch die unterschiedlichen Stufen des individuellen Bewusstseins. Das letztendliche Ziel ist aber bei allen Bewusstsein das gleiche: die Verbindung mit der Alleinheit.

Die spirituelle Entwicklung entspricht dem Pfad des Lebens und ist so oder in ähnlicher Form schon von unzähligen Menschen erlebt worden. Die Entwicklungsmuster ähneln sich in Grundzügen, wenngleich große Abweichungen die Vielfalt des Lebens bekunden. Herausragende Beispiele finden sich in den Mythen der Völker.

Die verschlungenen Pfade die Entwicklung sind nicht immer vorauszusehen. Sie ähneln manchmal einem Zickzack-Kurs, der den Probanden von unten nach oben treibt und umgekehrt. Die Art der Wahrnehmung hängt vom jeweiligen individuellen Fokus des Menschen ab; Menschen ähneln sich und können doch sehr unterschiedlich reagieren. Wenn eine bestimmte Entwicklungsstufe erreicht ist, schwanken manche zwischen Aufwärtsentwicklung und Zurückbleiben.

Ein geistiger Weg führt entweder nach oben, in die Lichtwelt, oder abwärts in düstere Gefilde. Ein Dazwischen existiert in der Regel nicht. Das Bestreben etlicher Geistwesen liegt darin, spirituellen Menschen durch hilfreiche Interventionen den Aufstieg zu erleichtern. So konnte schon mancher tiefe Fall verhindert werden. Sie sind die geistige Avantgarde, die dem Menschen vorausgegangen ist auf dem Weg.

In den unsichtbaren Gefilden existieren allerdings unterschiedene Wesen, die alle bestrebt sind, ihren Einfluss auszuüben. Es gibt herabziehende dunkle, sowie hilfreiche helle Mächte. Entsprechend der Motivation eines Individuums kommen diese Mächte zum Einsatz.

Auch wenn die Anfangsschwierigkeiten gemeistert sind und ein kleiner Teil des Weges hinter dem Kandidaten liegt, hat er natürlich noch viele Lektionen zu lernen, so wie die meisten anderen Menschen auch. Der wichtigste Reifungsschritt, den er zu vollziehen hat, besteht in einer ausdauernden Hingabe und Liebe, zu der nur hoch entwickelte Menschen fähig sind. Wenn er in sich die Fähigkeit erkennt, ein Höchstmaß an Liebe und Vertrauen zu entwickeln, wird ein harmonisches Umfeld für ihn zur Wirklichkeit und sein Schwingungsgrad beträchtlich erhöht.

Wieso war Guy de Maupassant, der berühmte französische Schriftsteller, ab einem gewissen Zeitpunkt nicht mehr Herr im eigenen Haus?

Der französische Schriftsteller Maupassant ist ein trauriges Beispiel dafür, wie eine anfänglich segensreiche Entwicklung außer Kontrolle geraten kann und eine Richtung nimmt, die dem Menschen zum Nachteil gereicht. Bei dem Schriftsteller versagten die Sicherungsbarrieren, die ein menschliches Bewusstsein von dem seines Mentors trennen. Er war zuletzt nicht mehr fähig, zwischen seinem eigenen und dem fremden Bewusstsein eine Trennlinie zu ziehen.

Das geschieht, wenn ein Mensch allzu leichtfertig und unbedarft den Kontakt mit den geistigen Ebenen sucht. Nichts Böses ahnend verstrickt er sich immer mehr in mentale und emotionale Bande, die mit der Zeit immer fester werden und letztlich eine unauflösliche Verbindung erzeugen.

Maupassant ist tatsächlich ein besonderer Fall, bei dem die Mechanismen, die einen Menschen vor Übergriffen aus dem geistigen Bewusstseinsfeld schützen, versagt haben. Die Sicherheit ist immer dann gewährleistet, wenn das Streben eines Individuums uneigennützig ist und keine egoistischen Motive zugrunde liegen.

Der Schriftsteller war äußerst erfolgreich in allem, was er tat, doch dabei übersah er geistige Gesetzmäßigkeiten. Seine Bestrebungen hatten vor allem den materiellen Erfolg im Blickfeld, während spirituelle Belange so gut wie keine Rolle spielten. Diese Einseitigkeit des Strebens wurde ihm letztlich zum Verhängnis, denn die geistige Welt erwartet von einer Person, die in hohem Maße Unterstützung aus dem Geistfeld erhält, eine gleichzeitige Entwicklung der Persönlichkeit.

Maupassant war ein Landedelmann, der im Grunde seiner Seele ein einfacher Bauer geblieben ist. Trotz seines Erfolges verhielt er sich respektlos und aufbrausend und wusste die Gaben, die ihm so reichlich zuflossen, nicht zu schätzen. Arroganz und Egozentrik, verbunden mit tiefsitzenden irrationalen Ängsten, sind die Stolpersteine, die einem Individuum zum Verhängnis werden können.

Die geistige Entwicklung wird von Regeln und Gesetzen bestimmt, die eine Schutzfunktion haben und die in vielen Fällen ein Abgleiten oder sogar einen Sturz verhindern. Sind die Bestrebungen und Interessen nicht einseitig, wird ein schützendes Umfeld geschaffen, das dem Pobanden genügend Hinweise zuteil werden lässt, die ihn vor größerem Schaden bewahren. Daher ist ein ‚Absturz' oder eine ‚Übernahme' nicht zu erwarten, sobald die Ambitionen nicht nur auf die materielle, sondern darüber hinaus in Richtung spirituelle Entwicklung zielen.

Die Hürden, die sich einem geistig Strebenden in den Weg stellen, sind tatsächlich sehr vielfältig. Unwissenheit, gepaart mit

Gutgläubigkeit, ist nicht immer ein Schutz, wenn es darum geht, spirituelle Höhen zu erreichen. Die Einflüsse der geistigen Welt sind vielfältig und nicht immer kann ein Sucher durchschauen, wie eine Verbindung beschaffen ist, der er blind vertraut. *Blindes Vertrauen ist aber einer der Stolpersteine, der zum Verhängnis werden kann, besonders dann, wenn phantastische Vorstellungen damit verbunden sind.*

Eine zügellose Phantasie, gepaart mit Naivität, hat schon manchen in die Falle gelockt... Geisthelfer sind in solchen Fällen immer bestrebt, nützlich Hinweis zu geben, die aber allzu oft nicht beachtet werden.

Bei C. Castaneda werden Träumer und Pirscher erwähnt.

Träumer und Pirscher unterscheiden sich grundsätzlich in der Art und Weise, wie sie sich mit der Realität auseinandersetzen. Während die *Pirscher* tatkräftig in der Wirklichkeit leben, wobei ihr Verhalten von Zielstrebigkeit und Entschlossenheit gekennzeichnet ist, neigen *Träumer* dazu, die weiten Gefilde des Innenlebens zu erkunden. Diese beiden unterschiedlichen, nach außen und nach innen gerichteten, Aktivitäten bilden erst gemeinsam eine Ganzheit. Das zielgerichtete Verhalten der *Pirscher* bewirkt eine Aktivierung von Energie und schafft die notwendigen Spannungszustände, wodurch die Energie einem bestimmten Zweck zugeführt werden kann.

Die *Träumer* hingegen sorgen für einen Ausgleich von Energie, eine Harmonisierung des Ganzen, wodurch die überschießenden Reaktionen des spannungsgeladenen Teils abgemildert werden. Die sexuelle Ausrichtung der *Pirscher* und *Träumer* entspricht ihrer jeweiligen Zielrichtung.

Pirscher aktivieren die Lebensenergie und bringen sie zum Einsatz, wobei sie zielgerichtet einem umfassenden Zweck zugeführt wird. Ihre Ziele sind so vielfältig wie ihre Aufgaben. Immer steht die gesamtmenschliche Entwicklung dabei im Vordergrund. Die Energie der *Träumer* dient der Transformation des Bewusstseins auf eine höhere Seinsebene, was den Fortbestand der Menschheit sichert. Die beiden Energien entsprechen einander; keine ist als höherwertig einzustufen.

Die Wege sind verschieden, ebenso wie die Menschen, die sie gehen. In dem Maße, wie ein natürlicher Entwicklungsverlauf stattfindet, verringern sich die Hindernisse auf dem Weg.

Der nach einer spirituellen Entfaltung strebende Mensch sollte sich darüber im Klaren sein, dass alle seine persönlichen Probleme während der Entwicklung eine Verstärkung erfahren.

In dem Maße, wie sich jemand seiner Schwächen bewusst ist, steigt für ihn auch die Möglichkeit, diese zu überwinden. Die Fähigkeit zur Kontemplation, zum Nachdenken über das Erlebte, ist eine wichtige Voraussetzung zu Bewältigung der auftretenden Schwierigkeiten. Manch einer, der sich mit Enthusiasmus auf den Weg begeben hat, ist schon gescheitert.

Die Besorgnisse in diesem Zusammenhang haben in problematischen Fällen durchaus ihre Berechtigung. Doch andererseits ist die Gefahr, gänzlich zu unterliegen, gering, da die geistigen Lehrer bestrebt sind, rechtzeitig genügend Hinweise zu geben, um die Gefahren abzuschwächen. Ernsthafte Hindernisse sind keine Seltenheit. Ein jeder entwickelt andere Strategien, um damit fertig zu werden.

So wie eine Blume sich dem Sonnenlicht öffnet, entfaltet sich die Persönlichkeit. Das höhere Gewahrsein entwickelt sich schubweise; einem Abschnitt der Stagnation folgt eine Erneuerung, die neue Horizonte eröffnet. Um einen komplizierten Entwicklungsgang nachvollziehen zu können, ist ein Beispiel dienlich: Ein Bauer, der auf seinem Feld Hafer anstatt Weizen säht, darf sich nicht wundern über die aufgehende Saat. Sind die Triebe noch frisch und grün, bemerkt er keinen Unterschied, erst mit zunehmendem Wachstum offenbart sich ihm das Missverhältnis zwischen der erwarteten Frucht und dem tatsächlichen Ergebnis.

Die Gedächtnisfunktionen werden nicht mehr in gleicher Weise benötigt wie zuvor. Sie wären vielmehr ein großes Hindernis, wenn die Erinnerung an jede Einzelheit, wie unwichtig auch immer, das geistige Bewusstseinsfeld überschwemmte. Das Bewusstseinsfeld hat unvorstellbar Ausmaße und könnte nicht bestehen, wollte es jede Kleinigkeit speichern. Einem kohärenten Bewusstseinsfeld stehen weit mehr Möglichkeiten zur Verfügung als einem in seine Einzelteile zerfallenden Bewusstsein.

Normalerweise setzt ein Mensch alles daran, die lichten Höhen zu erreichen und dort zu verweilen. Jemand, der die geistige Ebene erreicht hat und die lichtdurchflutete Welt kennen lernt, tut in der Regel alles, um dort bleiben zu können. Doch einigen geht es darum, ihr Selbst um jeden Preis zu bewahren und sich vorsichtig den geistigen Bereichen anzunähern. Ist eine Vereinigung mit der Lichtwelt nicht erwünscht, dann sollte sich der Meditierende vorwiegend auf erdnahe Bereiche konzentrieren, damit sozusagen eine ‚Erdung' stattfindet.

Sobald ein Übenden danach strebt, sein Bewusstsein anzuheben und sich tagsüber mental vorwiegend in den lichten Höhen aufzuhalten, entsteht ein Sog, der immer stärker wird, je länger das Bewusstsein eine Verbindung herstellt. Dieser Sog ist in der Regel sehr erwünscht und hebt das individuelle Bewusstsein auf die rein geistige Ebene, wo letztlich eine Vereinigung stattfindet.

Überwindung von Freude und Leid

Der erste Lernschritt in der geistigen Entwicklung besteht darin, Freude und Leid zu überwinden, den schmerzhaften Erfahrungen keine große Bedeutung mehr beizumessen. Ein Mensch, der in leidvollen Erlebnissen gefangen ist und sich mit ihnen identifiziert, kann nicht frei über seine Zukunft entscheiden.

Die Erfahrungen auf der Erde haben nur das eine Ziel: das geistige Wesen im Menschen zu entwickeln und zu vervollkommnen. Hierzu gehört die Leid-Überwindung. Das geistige Wesen kennt weder Schmerzen noch Leid. Sich distanzieren können von leidvollen Erfahrungen bedeutet, dem geistigen Wesen näher zukommen, um letztendlich eins mit ihm zu werden.

Wird nicht im Zulassen intensiver Gefühle wie Liebe, Freude oder Hass. erst eine intensive Erfahrung möglich?

Man stelle sich im Geiste eine Pyramide vor und am Fuße der Pyramide die beiden extremen Gegensätze Liebe und Hass. Bei der Höherentwicklung nähern sich die beiden Gegensätze immer mehr an, bis sie sich im höchsten Punkt vereinigen. Dann sind alle Polaritäten aufgehoben; die vollkommene Einheit ist erreicht. Auf dem Gipfelpunkt herrscht absolute Harmonie und Klarheit, das reine Sein.

Die nächste Entwicklungsstufe setzt den Ausgleich der Stimmungsschwankungen voraus. Nur ein Mensch mit ausgeglichener Gemütsverfassung ist geeignet und in der Lage, starke Energieströme zu beherrschen, was als Voraussetzung für jede geistige Weiterentwicklung angesehen werden kann.
  Die Energiezentren (Chakren) öffnen sich während der spirituellen Entwicklung schrittweise, was einen vermehrten Energiefluss zur Folge hat. Wird das freie Fließen der Energie behindert, führt dies zu Stauungen mit krankmachender Wirkung. Es ist so ähnlich, als wenn eine Schleuse sich nicht öffnet und der Durchfluss daher unmöglich wird.
  Ein in der spirituellen Entwicklung befindlicher Mensch muss lernen, seine geistigen Energien unter absoluter Kontrolle zu halten. Gelingt ihm dies nur mangelhaft oder überhaupt nicht, so ist er später vielfältigen störenden Einflüssen seitens der eigenen geistigen Erzeugnisse ausgesetzt, die ihn hinunterziehen und sogar seinen Sturz verursachen können; einen Rückfall in grobstoffliche

Strukturen ohne nennenswerte geistige Bewegungsfreiheit. Die Wogen der gemüthaften Erregungen müssen geglättet werden, bevor der spirituelle Aufstieg beginnen kann.

Je weniger Kontrolle ein Mensch über seine Gemütsbewegungen hat, desto weniger Fortschritte werden ihm auf geistigem Gebiet gelingen. Die Entwicklung ist von der Meisterung seines Selbst abhängig. Ein Geistesschüler wird sich vermehrt Situationen ausgesetzt sehen, die seine Geistesgegenwart erfordern oder seinen Widerstand reizen. Diese ‚Eignungstests' werden seinen weiteren Weg bestimmen.

Hat ein Kandidat gelernt, mit seinen Regungen umzugehen, ist er Einflüssen dieser Art nicht mehr ausgesetzt. Sobald sich seine Energien harmonisiert haben, ist er bereit für den nächsten Entwicklungsschritt. Harmonisierte Energien verhelfen ihm zu Einsichtsfähigkeit, Nachsicht, Einfühlungsvermögen und einer verbesserten Konzentrationsfähigkeit, die unabdingbare Voraussetzungen sind für jeden geistigen Fortschritt. Er ist frei, seinen zukünftigen Weg selbst zu bestimmen. Auch die Geistführer ziehen sich zurück und können sich anderen Aufgaben zuwenden. Falls der Geistesschüler die Harmonisierung seiner Energien nicht erreicht, bleibt ihm der weiterführende Zugang versperrt.

Die Stufen des geistigen Weges haben keine feste Abfolge. Die innere Distanz zum gefühlsmäßigen Erleben kann als erste Stufe auf diesem Weg angesehen werden. Manche Menschen werden Erfahrungen ausgesetzt, die andere bereits in sich überwunden haben. Die Lernschritte sind so unterschiedlich wie die individuellen Merkmale der Persönlichkeit.

Erst dann, wenn ein Mensch die von ihm erwarteten Entwicklungsschritte gemeistert hat, kann er zur nächsten Stufe fortschreiten. Je mehr Widerstand ein Mensch den Entwicklungsschritten entgegensetzt, desto unangenehmer werden die Erfahrungen sein, denen er ausgesetzt wird. Nur auf diese Weise kann er Einsicht in seine Verhaltensweisen erlangen. Mit ihren Reaktionen entscheiden die

Menschen selbst, welche Entwicklung sie nehmen und welche Erfahrungen erforderlich sind.

Ein Mensch, dem der Entwicklungssprung zu seinem geistigen Wesen nicht gelingt, ist gezwungen, die ihn beschränkenden Erfahrungen wieder und wieder zu durchleben, bis er sie gemeistert hat, d.h. sie ihn nicht mehr bedrängen. Lust und Schmerz, Freude und Leid, Liebe und Hass sind die Komponenten, welche Erfahrungen ermöglichen und letztlich zur Höherentwicklung führen, zur Rückkehr in den rein geistigen Zustand.

Sollten die Gefühls-Bindungen an materielle Belange oder an andere Menschen sehr stark sein, wird diese Verankerung letztlich zu einem Hindernis in der spirituellen Entwicklung. Eine Person, die in fest gefügten Strukturen lebt, wird sich nur ungern daraus lösen.

Gelingt es einem Probanden, sich von allen inneren Bindungen freizumachen, bedeutet dies für ihn nicht, auf sämtliche Annehmlichkeiten des Lebens in der Materie verzichten zu müssen. Er wird frei sein wie der Wind und kann kommen und gehen, wie es ihm beliebt. Bindungslosigkeit bedeutet nicht, frei zu sein von allem, sondern schließt auch Verantwortung mit ein.

Ein Mensch, der gelernt hat, seine innere Freiheit zu bewahren, verwickelt sich nicht in unzählige überflüssige Aktivitäten. Er trifft eine sorgfaltige Auswahl seiner Kontaktpersonen und lässt sich nicht in die Aktivitäten und Pläne anderer verwickeln, sondern wahrt Distanz zu der ihn umgebenden Realität. Auf diese Weise gelingt es ihm, seine innere Freiheit zu bewahren, sich aus der Trivialität des Alltags loszulösen, um sein Streben auf eine höhere Entwicklungsstufe hin auszurichten. Gelingt dem spirituellen Menschen diese Ausrichtung, dann wird er frei für andere Aktivitäten, die weitaus lohnender sind als die ermüdende Alltagsroutine.

Eine nach spiritueller Bewusstheit strebende Person benötigt eine ruhige, heitere Ausgeglichenheit, sonst ist der dauerhafte Kontakt zu den höheren Geistebenen nicht möglich. Eine **Übung** kann dabei hilfreich sein:

☼ *Stell' dir vor, du befindest dich in luftiger Höhe in der Spitze eines Baumwipfels und schaust von hoch oben auf die Erde hinab. Ein leichter Wind bewegt sanft die Zweige. Du bewegst dich im Rhythmus des Windes: hin und her, hin und her. Du wirst eins mit diesem Rhythmus.*
☼ *Du bist in ruhiger und heiterer Stimmung. Die Kümmernisse der Welt hast du weit hinter dir gelassen. Die sanfte Brise schaukelt dich und du fühlst dich frei wie der Wind.*
☼ *Wie ein Vogel schwingst du dich hoch hinauf und ziehst deine Kreise. Du lauschst den Stimmen im Wind, die zu dir herüberwehen. Auf eine Weise fühlst du dich eins mit ihnen und doch getrennt.*
☼ *Freude und Leid existieren nicht mehr für dich. Du bist frei, zu tun, was dir beliebt. Die Morgensonne sendet ihre Strahlen und du verschmilzt mit den Strahlen der Sonne.*
☼ *Du spürst, du bist angekommen. Du fühlst dich zuhause.*

Die Energien werden zunehmend harmonisiert und können ungehindert fließen. Eine geistige Verbindung zu den höheren Ebenen bedeutet eine Zunahme der Energie des betreffenden Menschen auf allen Ebenen, was ihm die Kraft verleiht, seinen Aufgaben mit größerer Effizienz nachzugehen. Eine Umwandlung findet statt, sobald es jemandem gelungen ist, sich bis zu einer gewissen geistigen Stufe zu entwickeln.

Um einen Energieaustausch zu ermöglichen, wird die Öffnung der Chakren, der feinstofflichen Zentren, notwendig. Die geistige Schulung bereitet den Probanden auf die vermehrte Energieaufnahme vor, bis eine Öffnung der Kanäle in seinem Innern erfolgt. Die Öffnung der Zentren geschieht auf rein geistigem Wege und bewirkt eine Veränderung der Feinstruktur des menschlichen Körpers.

Die Umwandlung der Energien, die tief greifende Änderungen im feinstofflichen Bereich zur Folge hat, wandelt auch das Bewusstsein des betreffenden Menschen. Diese Wandlung geschieht in kaum wahrnehmbaren Nuancen; erst in ihrer Gesamtheit wird die Veränderung erkennbar. Ist der feinstoffliche Körper eines Menschen vollkommen zur Ausprägung gelangt, dann wird es ihm möglich, in die geistige Welt zu reisen.

Die erhöhte Energieaufnahme ist allerdings mit Gefahren verbunden, welche die vorangegangene Entwicklung zunichte machen können. Werden die Energien nicht in feste Bahnen gelenkt, dann entgleiten sie der Kontrolle des Geistesschülers. Er wird dann zum Spielball der in ihm waltenden Mächte, die ihn unbeherrscht, jeder Laune ausgeliefert, reagieren lassen. Daher ist die Lenkung der Energien oberstes Ziel, das allen anderen vorangeht. Diesem Zweck dient die umfassende Kontrolle der Gedanken und Gefühle.

Wenn der Energiefluss zunimmt, dann ist dies mit einer Abnahme der Seelenkräfte verbunden, denn das geistige Prinzip tritt in den Vordergrund. Die Seelenkräfte (Emotionen) verfeinern sich, was ihre Wirksamkeit immer mehr in den Hintergrund treten lässt. Die ursprüngliche Natur des Menschen ist geistiger Art. Ziel des Adepten ist es, sich dieser Natur immer weiter anzunähern und letztendlich mit ihr zu verschmelzen.

Auf den höheren geistigen Ebenen verlieren Gefühle zunehmend an Bedeutung und Inhalt. Die Kommunikation wird bestimmt von verfeinerten Regungen, die für ein normales Bewusstsein kaum zu erfassen sind. Jede Heftigkeit, jedes Nachgeben gegenüber impulsgesteuerten Antrieben ist verschwunden, das geistige Prinzip wird dominant.

Die geistige Seinsweise existiert in vielerlei Abstufungen, bedingt durch die unterschiedliche Schwingungshöhe der Individuen. Hat ein Mensch die Geistebenen erreicht, dann gelangt er auf das ihm entsprechende Niveau; ein Abweichen ist nicht möglich.

Der Aufbau des Bewusstseins kommt der Form einer Pyramide am nächsten. Die Schwingungen verfeinern sich zunehmend. Am höchsten Punkt des Bewusstseins ist ein vollkommen harmonischer Ausgleich der Schwingungen erreicht; das Sein hat zu seinem Ursprung zurückgefunden.

Spirituelle Geistesschulung

Lernerfahrungen in der Inkarnation

Hat sich ein Geist zur Inkarnation entschieden, weiß er von vornherein, was auf ihn zukommt. Er akzeptiert die Lernerfahrungen, die ihn letztlich auf die geistige Ebene zurückführen und weitere Inkarnationen überflüssig machen sollen. Erst dann wird er völlig frei, über seine zukünftigen Entwicklungsschritte selbst zu entscheiden.

Das geistige Wesen eines Menschen steht über den irdischen Erfahrungen, daher hat es keine Probleme mit der Akzeptanz einer wie immer gearteten Inkarnation. Seine ihn zur Inkarnation zwingenden Wesensteile sind es, die aus den Erfahrungen freier und unabhängiger hervorgehen sollen. Nicht immer gelingt dies, und manche Wesensteile verstricken sich immer tiefer in die Materie.

In einem solchen Fall sieht sich der Geist gezwungen, gewisse Gegenmaßnahmen zu ergreifen, um ein weiteres Absinken zu verhindern. Die Erfahrungen können dann sehr schmerzvoll werden, bis ein Wesensteil wachgerüttelt wird und letztendlich seinen Irrtum erkennen kann. Weigert sich ein Wesensteil dennoch kategorisch, zur Einsicht zu kommen, droht ihm die Auslöschung, die völlige Vernichtung.

Der zeitweilig angewandte Zwang bedeutet jedoch nicht, dass jegliches Abweichen vom Wege gleichermaßen bestraft wird. Ein Wesensteil muss schon ein hohes Maß an Uneinsichtigkeit aufweisen, bis zu rigorosen Maßnahmen gegriffen wird. Die

Entwicklungsschritte folgen keinem festen Schema, daher sind Abweichungen und auch Entgegenkommen in jedem Fall zugelassen. Nur bei gänzlich uneinsichtigen Wesensteilen, denen jeglicher Lernschritt zuwider ist, wird zu Zwangsmaßnahmen gegriffen. Sie kommen nicht sehr häufig zur Ausführung.

Die unterschiedlichen Lernmöglichkeiten sind von unabsehbarer Vielfalt und fein auf das jeweilige Individuum abgestimmt. Ein Individuum entscheidet weitgehend selbst, welche Maßnahmen ergriffen werden. Immer sind genügend Hinweise vorhanden, die eine Umkehr ermöglichen. Im Einzelfall sind keine harten Eingriffe entscheidend, die zur Weiterentwicklung führen. Ab einer bestimmten Entwicklungsstufe sind sie gänzlich unnötig.

Lenkung der Gedankenkräfte

Die spirituelle Aufwärtsentwicklung beinhaltet zu einem beträchtlichen Teil Kontrollfunktionen, die aber von den Übenden selbst erbracht werden müssen. Die Ausrichtung der mentalen Aufmerksamkeit wird notwendig und bringt zudem viele Vorteile mit sich. Sobald der Proband gelernt hat, seinen Bewusstseinsfokus eine ganze zeitlang aufrechtzuerhalten, ist hiermit eine Steigerung der Schwingungsfrequenz verbunden.

Das Bewusstseinsfeld verengt sich von einer diffusen Masse zu einem schmalen Strahl, der weit weniger instabil und angreifbar ist als dies vorher der Fall war. Die Ausrichtung des Bewusstseins hat also in erster Linie Schutzfunktion. Der Geistesschüler lernt, schneller und angemessener zu reagieren und seine Energien vorteilhafter einzusetzen. Sein Bewusstseinsfeld gewinnt an Festigkeit.

Ein Teil der spirituellen Schulung besteht darin, ein Kontinuum an Aufmerksamkeit aufrechtzuerhalten, um einen Brennpunkt der Gedankenkräfte zu erzeugen. Ist jemand nicht in der Lage, seine psychischen Kräfte genügend zu fokussieren und seine Energien konsequent in eine Richtung zu lenken, droht ihm die Gefahr der Zerstreuung mit nachteiligen Auswirkungen auf die geistige Kapazität. Ziel der spirituellen Schulung ist es daher, die Konzentrationsfähigkeit des Übenden zu stärken, um ihn in dieser Hinsicht autark werden zu lassen.

Um die Gedanken zielgerichtet bündeln zu können, ist innere Ausgeglichenheit und eine gefühlsmäßigen Distanz zu den von der Umgebung ausgehenden – teils massiven - Einflüssen notwendig. Vor allem innere Ruhe schafft die Voraussetzungen für den spirituellen Fortschritt. Solange ein Meditierender von innerer Unrast umgetrieben wird, verhindern die hierdurch erzeugten Spannungen eine kontinuierliche Ausrichtung der Gedanken.

Voraussetzung jeglicher Konzentration ist daher innere Gelassenheit, ja Gleichgültigkeit. Nur unter diesen Voraussetzungen ist ein Übender in der Lage, auch größere Energiemengen zu bewältigen. Das notwendige Maß an innerer Ausgeglichenheit führt zu einer stetigen Weiterentwicklung. Auch die Kommunikation mit geistigen Mächten verbessert sich. Eine Entzerrung tritt ein; Botschaften gelangen unverstellt an den Empfänger. Nur bei innerer Ruhe ist ‚channeln' im eigentlichen Sinn möglich.

Die Lenkung der Gedankenkräfte ist nicht von einem Tag zum anderen möglich, sondern bedarf intensiver Übung. Zu Anfang genügt es, mehrmals am Tag zu bestimmten, festgesetzten Zeiten zu üben (bspw. 5 Min. pro Stunde). Ganz allmählich werden die Übungen dann ausgeweitet, bis die Konzentration zur Gewohnheit geworden ist. Ein Übender ist angehalten, denn Kontakt zum höheren Selbst häufig aufzunehmen, um das Band zu klären und zu festigen.

Ein Mensch, dem es gelingt, seine Energien auszurichten, kann seine Mitwelt in Erstaunen versetzen, denn unglaubliche Kräfte stehen ihm zur Verfügung. Zielgerichtetheit der Gedanken hat die Erreichbarkeit jeglichen Ziels zur Folge. Die Schwierigkeit besteht darin, die Konzentration über einen längeren Zeitraum aufrechtzuerhalten. Hierbei sind Hilfsmittel von großer Bedeutung:

Ein Beispiel dafür ist die Arbeit mit anfänglich sehr einfachen Symbolen, wie bspw. die Abbildung eines Vierecks oder Kreises. Die Symbolik wird nach und nach vielfältiger, so können z.B. nach einiger Zeit Farbschattierungen hinzugenommen werden. Allmählich wird der Schwierigkeitsgrad immer höher, wodurch die Geisteskräfte enorm geschult werden. Stetige Übung ist ausschlaggebend für den Erfolg.

Die konstante Ausrichtung der Bewusstseinsenergien vermindert auch den Einfluss von Störenergien und beseitigt sie letztendlich. Massive Störungen sind ein Abwehrverhalten von Fremdenergien, die um ihre Existenz fürchten. Sobald es jemandem gelingt, einen Bewusstseinsfokus konsequent beizubehalten, kann er sich von den unangenehmen Störenfrieden befreien. Dies wird ihn in die Lage versetzen, das Niveau seines Bewusstseins anzuheben.

Die absolute Fremdkontrolle über einen geistigen Organismus wäre nur mit dessen Einverständnis möglich, niemals jedoch gegen den Willen einer Person. Kontrolle über Körper und Geist eines Individuums ist nur in bestimmten Fällen wünschenswert, wobei die Entscheidung hierüber von den höheren Geistmächten getroffen wird.

Gelingt es einem Probanden nicht, seine Gedankenkräfte zielgerichtet auf einen Punkt, einen Gegenstand, die Umgebung oder eine Situation zu konzentrieren, wird die Kontinuität seines physischen Seins von anderen Mächten gewahrt. Das innere Selbst ist dann gezwungen, die Bürde des Seins allein zu tragen. Erst dann, wenn ein Übender dauerhaft ein Kontinuum in der Ausrichtung seiner Gedankenkräfte erzielen kann, ist seiner Existenz Dauer beschieden.

Falls die Bündelung der Gedankenenergien nicht gelingt, da das psychische Ordnungsgefüge zu wünschen übrig lässt, kann eine Konzentrationsaufgabe Abhilfe schaffen, die der Betreffende - so oft ihm dies möglich ist - üben sollte.

Konzentrations-Übung:

◉ Sammele Energie zu dem Zweck, sie in eine Richtung zu lenken.
◉ Die Energie wie einen Strahl bündeln, der vom ‚Dritten Auge' ausgeht.
◉ Sende diesen Strahl zu einem imaginären Ziel, das jeder selbst bestimmt.
◉ Die Übung möglichst häufig ausführen.

Eine weitere Möglichkeit, einen stabilen Fokus zu erzeugen, ist das Fixieren der Gedankenkräfte auf einen mit Kraft geladenen Gegenstand, z.B. auf ein Symbol, während die Gedanken weitgehend ausgeschaltet sind. Das Symbol wird durch oftmalige Konzentration mit Kraft aufgeladen, wodurch mit der Zeit eine Neuausrichtung der Energie erreicht wird. Die Ausrichtung der Gedankenenergien in eine Richtung bzw. auf einen Gegenstand ist nicht festgelegt und kann je nach Belieben sehr unterschiedlich ausfallen.

Hat ein Übender ein gewisses Niveau erreicht, ändert sich der Lernprozess grundsätzlich. Freisein von Gedankenenergien ist eine Stufe in diesem Lernprozesses. Doch solange dieses Stadium nicht erreicht ist, sollten die Übungen konsequent fortgesetzt werden. Die Konzentration der Gedankenkräfte erfordert viel Disziplin, hat aber auch weitreichende Folgen.

Ein Mensch, dem die Kontrolle seiner Gedankenenergien gelungen ist, hat sich hiermit ein Instrument erarbeitet, das ihn in die Unabhängigkeit führen kann, ja die Voraussetzung hierfür darstellt. Auch gestellte Lebensaufgaben werden adäquater bewältigt, sobald eine Zerstreuung der Energien in verschiedene Richtungen verhindert wird.

Gedächtnistraining

Die Gedächtnisleistung schwindet, sobald der Geistesschüler einen gewissen Stand der Entwicklung erreicht hat. Es ist ähnlich wie bei einem Sieb, dessen Maschen weiter geworden sind. Die Durchlässigkeit wird erhöht und nur umfangreiche, ‚bedeutsame' Brocken bleiben erhalten. Meist sind die Konzentrationskräfte einer Person nicht ausgeprägt genug, um auch die unbedeutenden Erlebnisse uneingeschränkt zu registrieren.

Eine vorübergehende Minderung der Gedächtnisleistung ist notwendig, um den Schüler auf die Erfordernisse einer geistigen Disziplin aufmerksam zu machen. Der Zustand ist demnach nicht allzu besorgniserregend, da er ja letztendlich überwunden werden soll. Hat der Proband ausreichende Erfahrungen mit dem Geistestraining, kann er entsprechende Gegenmaßnahmen treffen. Auf lange Sicht gesehen kann die Merkfähigkeit sogar erhöht werden.

Eine Gedächtnisleistung auf hohem Niveau wird durch ausdauerndes geistiges Training erzeugt. Das Training besteht aus einer Vielzahl von Übungen, welche die unterschiedlichen Aspekte des Gedächtnisses betreffen. Eine gute Methode ist das Merken von Zahlenreihen oder das Einprägen der Reihenfolge beliebiger anderer Inhalte (bspw. von Abbildungen). Mit der Zeit wird es immer leichter, auch mit komplizierten Inhalten umzugehen, was die Anschaulichkeit erhöht und zu befriedigenden Ergebnissen führt.

Für den Anfang genügen kleine Übungen, deren Schweregrad mit der Zeit gesteigert wird. Ziel des Trainings ist es, die Gedächtnisleistung dergestalt zu erhöhen, dass auch komplizierte Inhalte detailgetreu wiedergeben werden können.

In den unterschiedlichen Kulturen werden unzählige Symbole zu meditativen Übungen benutzt. Im Abendland wird vielfach eine *knospende Rose*, die sich nach und nach entfaltet, zum Vorbild der Meditation gewählt. Die Blätter kommen einzeln zum Vorschein; die voll erblühte Rose beginnt, einen Duft zu verströmen, sich im Winde zu wiegen, etc. Als krönender Abschluss identifiziert sich der Übende mit der Rose. Dieses schrittweise Vorgehen ermöglicht eine Detailgenauigkeit, die sich dem Unterbewusstsein des Übenden einprägt. Ist dieser Vorgang einmal gelernt, kann er auch auf andere Objekte übertragen werden.

Die Rose gilt seit jeher im Abendland als höchstentwickelte Pflanze, sie ist die Königin der Blumen, die Überbringerin von Glück und Segen. Daher erfreut sie sich im Garten besonderer Beliebtheit und darauf beruht auch ihre enorme Anziehungskraft bei den Sehern.

Die Rose ist von einem tiefen Symbolgehalt erfüllt und aus diesem Grund besonders geeignet für geistige Übungen. Die *weiße Rose* gilt als Symbol der Reinheit, des Strebens nach spiritueller Vervollkommnung. Die Entfaltung der Blütenblätter steht für die stufenweise Annäherung an das höchste Ziel. Die *rote Rose* steht für Opferbereitschaft, Mut und Entschlossenheit, das gewählte Ziel zu erreichen. Hat sich ein Mensch dem ersehnten Ziel angenähert, erscheint er einem anderen Seher als die vollkommene Form einer Rose mit weiß-roten Blütenblättern.

Das Erreichen der höheren geistigen Welten setzt ein hohes Maß an Integrität, an Selbstbeherrschung voraus. Jede physische Bewegung gibt den Energien die Möglichkeit, sich daran anzuhängen. Bewegungslosigkeit ist daher oberstes Gebot in der Meditation.

Steuerung der Handlungsabläufe.

Das Bewusstseinsfeld weitet sich aufgrund meditativer Übungen - anfangs unbemerkt - immer mehr aus. Diese Ausweitungstendenzen werden durch ein gesteigertes Interesse an geistigen Themen hervorgerufen, was dem Übenden nicht immer klar ist. Der unbewusste Prozess zeitigt aber Folgen, die mit der Zeit immer deutlicher in Erscheinung treten. Ein sich weitendes

Bewusstseinsfeld benötigt mehr Halt als ein eingeschränktes, da Energien von Natur aus die Neigung haben, sich zu zerstreuen.

Sind die psychischen Energien nicht im Gleichgewicht, führt das zu hastigen, unkoordinierten Bewegungsabläufen, die nicht der bewussten Kontrolle unterstellt sind. Um einen harmonischen Gleichklang zu gewährleisten, ist die Steuerung der unbewussten Bewegungsmuster von großem Wert. Voraussetzung für die Harmonisierung der Bewegungsabläufe ist die Lenkung der Impulse und Gedanken.

Werden unterbewusste Strebungen dem Wachbewusstsein unterstellt, treten sie nicht mehr in unkontrollierter, chaotischer Form in Erscheinung. Die Spontaneität geht hierbei keineswegs verloren, vielmehr werden sprunghafte, destruktive Handlungen vermieden.

Eine gewisse Beherrschung der unterbewussten Regungen ist bei den meisten Menschen in unterschiedlicher Ausprägung bereits zu finden. Bei sehr geringem Ausprägungsgrad dieser vorbewussten Kontrolle wird jemand gemeinhin als ‚unbeherrscht' angesehen.

Unkonzentriertheit, verbunden mit übergroßer Impulsivität, bewirkt eine Destabilisierung der Psyche mit degenerativen Erscheinungen. Negative Elemente der Psyche können so verstärkt in den Vordergrund drängen und den konstruktiven, vernunftgemäßen Elementen zu wenig Raum lassen. Gewinnen die degenerativen Elemente zunehmend die Oberhand, dann kommt es zu einem bedrohlichen Ausmaß der Destabilisierung, das sich deutlich bemerkbar macht.

Entwickelt ein Mensch sein spirituelles Bewusstsein, dann ist Selbstbeherrschung oberstes Ziel. Fehlende innere Steuerungsmechanismen führen einen desolaten Zustand herbei. Eine mangelnde Kontrolle lässt zu, dass die Psyche sich wie ein führerloses Schiff mal in die eine, mal in die andere Richtung bewegt. Ohne eine konsequente Lenkung der aus dem Unterbewusstsein aufsteigenden Impulse besteht die Gefahr einer

Überflutung des Wachbewusstseins mit destruktiven Inhalten, welche die Betroffenen in den Abgrund stürzen können.

Gelingt einem Menschen die Kontrolle nicht, wird er zum Spielball destruktiver Mächte. Jedem Angriff, jeglicher Verlockung ausgeliefert, ist er nicht mehr in der Lage, steuernd einzugreifen. Die ihn bedrängenden Mächte gewinnen die Oberhand, da er ist ihnen hilflos gegenübersteht.

Das Bewusstsein lässt sich, ähnlich dem Wasser, in die eine oder andere Richtung dirigieren. Haltlosigkeit wird erzeugt, wenn den spontanen Einfällen und Phantasien zuviel Spielraum eingeräumt wird, in verschiedene Richtungen abzuschweifen. Die Bewusstseinsinhalte vermischen sich unkoordiniert mit den Elementen der Umgebung, die einen Sog ausüben, der nicht günstig ist. Ganz im Gegenteil hat diese Vermischung eine zerrüttende Wirkung, wenn der Sog aus der Umgebung zu stark wird. Das freie Spiel der Psyche, ihre Fähigkeit zu vernünftigen Entscheidungen und Handlungen, erleidet eine Einbuße, mit den bekannten Folgeerscheinungen.

Sofern keinerlei Anstrengungen zur Gegensteuerung unternommen werden, kommen immer mehr grobe Energien ins Spiel, die eine weitgehende Verdüsterung des Bewusstseinsfeldes nach sich ziehen. Diese groben Energien haben die Tendenz, sich in heftiger, besitzergreifender Weise anzuheften und sind, wenn sie sich einmal festgesetzt haben, nur sehr schwer wieder zu entfernen. Einer solchen Erfahrung sind etliche spirituelle Sucher ausgesetzt, wobei es vielen gelingt, diesen Prozess zu durchschauen und ihn in geordnete Bahnen zu lenken.

Die niedrig schwingenden Energien sind nicht ungefährlich, denn sie können ein Bewusstsein soweit hinabziehen, dass es nicht mehr lebensfähig ist. Niedrige Elemente sind wie ein schmutziger Strom, der unaufhörlich das Bewusstsein infiltriert und Stress und Angstgefühle erzeugt. Daraus resultieren zunehmend destruktive Gedanken, die sich auftürmen und andere, positivere Inhalte überdecken, was zu Verzweiflungstaten bis hin zum Selbstmord führt. Kann diesem Prozess nicht Einhalt geboten werden, dann ist dieser Mensch nicht mehr lebensfähig.

Den Halt einer ins Ungleichgewicht geratenen Psyche wiederherzustellen, ist keine leichte Aufgabe. Um die Steuerung wieder in den Griff zu bekommen, müsste der Betreffende bereit sein, seine Lebensgewohnheiten von Grund auf zu ändern. Ohne diese grundsätzliche Bereitschaft kann er eine Verbesserung seiner Bewusstseinslage kaum erreichen.

Die fatale Entwicklung kann nur aufgehalten werden, wenn es dem Betroffenen gelingt, einen stabilen Fokus des Bewusstseins wiederherzustellen. Eine *Übung*, die einen günstigen Einfluss auf die Steuerung der Psyche hat, ist folgende:

- Sitze aufrecht mit geschlossenen Augen und lege den Kopf zurück. Die Körperhaltung ist
  bequem, so dass jede Anspannung vermieden wird.
- Stell' dir einen Kreis vor in einem Abstand von ca. 2m, in dessen Mitte sich ein roter
  Punkt befindet. Dieser Punkt übt eine Anziehungskraft auf dein Stirnzentrum (Drittes
  Auge) aus.
- Eine Stabilisierung der Psyche wird erreicht, wenn die Konzentration eine zeitlang
  aufrechterhalten wird.
- Ist es dir gelungen, dich auf den Punkt zu konzentrieren, dann visualisiere anschließend
  einen Strahl, der von diesem Punkt aus direkt dein Stirnzentrum trifft. Eine Verbindung
  stellt sich her, die das Bewusstsein in eine Richtung dirigiert.

Ein wirksames Mittel der Bewusstseinskontrolle sind zudem Bewegungsübungen nach vorher festgelegtem Schema. Langsame

Bewegungen steigern die Konzentrationsfähigkeit enorm. Die energetische Schwingungsfrequenz wird verlangsamt, mit einem heilsamen Effekt auf den gesamten Organismus. Um in Kontakt mit der Übernatur treten zu können, ist die Harmonisierung der körpereignen Schwingungsfrequenz notwendig. Nur in einem solchen Fall kann das höhere Bewusstsein seine Tätigkeit aufnehmen.

Eine Kontrolle der Handlungsabläufe kann als Voraussetzung jeder geistigen Entwicklung angesehen werden. Die entsprechenden Übungen haben den Zweck, die Unabhängigkeit des Schülers zu fördern. Er erlernt die autonome Steuerung seines Organismus, ohne die kein Fortschritt möglich wäre. Sobald der Adept seine Handlungsabläufe beherrscht, wird er in der Lage sein, die Vorteile zu sehen.

Die Steuerung eines Organismus erfordert viel Übung und Geduld; die Bereitschaft hierfür ist die Voraussetzung für den Erfolg. Ein Mensch, der zur Steuerung fähig ist, kann die Aufgaben, die er sich stellt, weit effektiver ausführen, denn sein Durchhaltevermögen, seine Effizienz werden gestärkt. Er wird insgesamt ruhiger, was die Zerstreuung seiner Energien weitgehend verhindert.

Auch zielgerichtete Arbeitsvorgänge bringen ein Bewusstsein dazu, sich regelmäßig und längerfristig auf ein bestimmtes Thema auszurichten. Dass Bewusstsein gewöhnt sich mit der Zeit an diese Ausrichtung und wird in die Lage versetzt, sich immer besser auf ein bestimmtes Thema zu konzentrieren und seinen Fokus aufrechtzuerhalten, was die Voraussetzung für jegliche Weiterentwicklung ist. Eine kontinuierlich ausgeführte Tätigkeit ermöglicht es, eine größere Klarheit der Gedanken zu erreichen.

Sind die mentalen Energien aufgrund von Beschäftigungen, die einen festen Rahmen erfordern, genügend ausgerichtet, gelingt die Fokussierung mit der Zeit immer besser. Spezialisierung erfordert eine Anpassung an einen vorgegebenen Bereich, was der Ausrichtung der mentalen Energien zugute kommt. Je spezialisierter der Bereich, auf den sich ein Mensch konzentriert, desto mehr Spielraum hat er späterhin, um weitreichendere Pläne zu verwirklichen. Immer höherwertigere, interessantere Aufgabengebiete können mit der Zeit bewältigt werden. Hierbei ist allerdings die Qualität der gewählten Tätigkeit von Belang.

Bei Menschen, die keine spirituellen Ambitionen haben, kann eine übertriebene Steuerung der Handlungen leicht zu zwanghaftem Verhalten führen und mehr schaden als nutzen. Zwanghaftes Verhalten ist die Folge von Fixierungen aufgrund zu starker Einengung des Bewusstseins. Die Kontrollfunktionen sind in übertriebener Weise ausgebildet, der Fluss der Energie wird unflexibel. Die Handlungen werden mit peinlichster Sorgfalt ausgeführt und häufig wiederholt, Wasch- und Putzzwänge sind ein anschauliches Beispiel für eine übertriebene Einengung des Bewusstseinsspielraums.

Adepten hingegen verspüren ist eine Zunahme an innerer und äußerer Freiheit als Folge von Konzentrationsfähigkeit und der bewussten Steuerung der Gedanken. Individuen sind unfrei, solange sie keinerlei Steuerungsfunktionen übernehmen und ihr Verhalten nicht genügend planen oder solange sie in zwanghaften Verhaltensmustern verharren. Ist ein Geistesschüler soweit entwickelt, dass er seine Energien problemlos fokussieren kann, stehen ihm weitergehende Möglichkeiten offen, die es ihm ermöglichen, das Selbst zu transzendieren, ein höheres Sein zu erfahren und seinem Ursprung näher zu kommen.

Transformation der Energieströme

Die körpereigene Energie eines Adepten erfährt im Laufe des Prozesses eine Umwandlung in lichtvolle Ströme und dient dem Aufbau seines feinstofflichen Körpers. Die geistige Welt hilft dabei, die Energien zu transformieren. Ein hohes Maß an Geduld und zielgerichtetem Denken sind notwendig, um die Energieströme zu fokussieren und in eine Richtung zu lenken. Die Umwandlung von Energien erfordert ein hohes Maß an Konzentration, die der Proband aufbringen soll; doch nicht jeder ist gewillt, diesen Aufwand zu leisten.

Um eine Transformation zu ermöglichen, wird in vielen Fällen eine Art ‚Schleuse' errichtet. Die Energie passiert die Schleuse und wird transformiert auf eine höhere geistige Ebene. Die aufbereitete Energie wird anschließend in den Organismus zurückbefördert. Jeder Adept ist aufgefordert, diese Energien zu nutzen, um seine Feinstofflichkeit zu entwickeln.

Sobald die Gedanken unkontrolliert in verschiedene Richtungen abschweifen, wird der Energiefluss unterbrochen und Desorientierung ist die Folge. Die Gedanken sollten zielgerichtet sein; jedes Abschweifen verhindert die Kontinuität des Gedankenflusses. Das Bestreben geht dahin, die Gedankenkräfte solange wie möglich auf einen Gegenstand auszurichten, wobei auch eine abstrakte Vorstellung geeignet ist. Stimmungsschwankungen sind weitgehend zu vermeiden.

Die Ausrichtung der Gedankenenergien hat eine gleichmäßige Gemütslage zur Folge. Um das innere Gleichgewicht herzustellen und aufrechtzuerhalten, ist stetige Übung notwendig. Die Kontinuität aufrechtzuerhalten bedeutet, so etwas wie einem roten Faden zu folgen und aufeinander aufbauende oder sich ergänzende Gedankenketten zu erzeugen, was einer grundlegend stabilisierenden Wirkung gleichkommt. Träumerische, gedankenleere Zustände sollten unterdessen vermieden werden.

Problematisch wird es, wenn jemand nicht in der Lage ist, sein Bewusstsein ausreichend zu fokussieren und einen Brennpunkt der Aufmerksamkeit aufrechtzuerhalten, der seine psychischen Energien konsequent in eine Richtung lenkt. In diesem Fall droht die Gefahr der Zerstreuung mit nachteiligen Auswirkungen auf die geistige Kapazität.

Während der Konzentrationsübungen ist es unabdingbar, immer wieder Licht herbeizuziehen, denn wer negative Energien zusammenballt, kann sich nur schwer wieder davon lösen, während lichte Energien leichter und flexibler und in der Form wandelbarer sind. Die lichten Energien allein sind allerdings zu flüchtig, um eine feste, dauerhafte Form zu schaffen. Sie benötigen dunkle Energien zur Balance, zum Erhalt ihrer Form. Sind die Energien hingegen zu fest, dann verlieren sie an Elastizität und versteinern. Hier gilt das Gesetz des Ausgleichs.

Von großem Nutzen zur Harmonisierung der körpereigenen Energien ist fleischlose Kost. Pflanzenkost gefährdet das Gleichgewicht in weit geringerem Maße als tierisches Eiweiß. Menschen, die zu Gefühlsüberschwang oder sogar zu eruptiven Ausbrüchen neigen, sollten ganz auf tierisches Eiweiß verzichten. Pflanzen enthalten einen hohen Anteil an Lichtenergie und bieten somit die ideale Grundlage für eine ausgewogene Ernährung, die den Harmonisierungsprozess unterstützt. Auch der weitgehende Verzicht auf Genussmittel wie Alkohol, Zigaretten oder Zucker ist anzuraten. Hat ein Mensch seine Energien ausreichend harmonisiert, kann er sich wieder größere Freiheiten in jeglicher Hinsicht erlauben.

Die Vorbedingung einer Existenz auf der geistigen Ebene ist die Zurückweisung fremder Energieströme, die den Organismus zu überfluten drohen. Der spirituelle Jünger muss in der Lage sein, sich klar von ihnen abzugrenzen, da er ansonsten nicht als eigenständiges Selbst dort existieren kann. Die Probleme, die ihn auf der Geistebene erwarten, haben ihre Entsprechung in seinen gegenwärtigen Schwierigkeiten.

Grundsätzlich existieren unterschiedliche Entwicklungsrichtungen, so wie es auf den Daseinsebenen verschiedene Existenzmöglichkeiten gibt. Das, was gemeinhin als ‚geistige Disziplin' angesehen wird, ist nicht unbedingt erforderlich, wenn ein Mensch den reinen Geist empfängt. Eine geistige Disziplin ist dann von Nutzen, wenn jemand weiterhin auf der irdischen Ebene wirksam sein will. Ein Jünger, der die geistige Disziplin erlernen möchte, ist dazu aufgerufen, die dazu erforderlichen Schritte selbst zu unternehmen. Die geistigen Helfer leisten dann die notwendige Unterstützung. Jeder kann frei entscheiden, welchen Weg er beschreiten möchte.

Ein reiner Geist bedarf keiner Disziplin, denn auf der Ebene des Lichts existiert ausschließlich das reine Sein. Von dieser Daseinsebene kann nur ein Abglanz beschrieben werden, denn sie befindet sich jenseits allen bisher Gekannten. Die Existenz im Licht ist eine Daseinsebene der höchsten Güte. Was viele noch nicht begriffen haben: Das reine Sein ist ihre Heimat.

Innere und äußere Reinigung

Die Umgebung, in der sich Menschen tagtäglich aufhalten, hat Auswirkungen auf ihre psychische Befindlichkeit. Die regelmäßig notwendig werdende Reinigung von Fußböden, Wänden, Fenstern, Möbeln usw. befreit diese von Ablagerungen, die sich dort im Laufe der Zeit immer wieder ansammeln. Diese Ablagerungen sind anfänglich psychischer Natur. Eine ungesäuberte Umgebung enthält eine Ansammlung niedrig schwingender Gedanken-Energien, was durch die Tendenz dieser Energien, sich niederzuschlagen, bedingt ist. Es sind grobe Gedankenschwingungen, die von überallher eindringen und einen Raum verschmutzen. Daher ist die Notwendigkeit aufwendiger und mühevoller Reinigungsarbeiten gegeben.

Eine schmutzige, chaotische Umgebung beeinflusst mediale Menschen in ungünstiger Weise. Je sensitiver das Bewusstsein wird, desto mehr wird ihm eine harmonische, geordnete Umgebung zum Bedürfnis und auch die Schönheit der Proportionen gewinnt an Bedeutung. Die Reinigung der Wohnung von Anhaftungen befreit auch die Bewohner von negativen Schwingungen, deren Schwere ihren Niederschlag bewirkt hatte. In einer aufgeräumten, gereinigten

Wohnung mit wohltuender Atmosphäre wird das Schwingungsniveau höher, was sich auf die Psyche der dort wohnenden Menschen entsprechend auswirkt.

Die feineren Schwingungen haben ätherischen Charakter. Sie existieren in Form von Ideen, die auch ihren konstruktiven Ausdruck in der Materie finden, sofern die Ideen umgesetzt werden. Gröbere Schwingungen kommen zwar auch materiell zur Auswirkung, doch sieht das Resultat dann dementsprechend aus. Der Sinn für kreative Formgestaltung ist noch nicht voll entwickelt und reines Nützlichkeitsdenken steht im Vordergrund.

Die Umgebung des Menschen ist ein Spiegelbild seiner Seele. Das Niveau eines Menschen hängt davon ab, auf welcher Schwingungsebene er sich die meiste Zeit des Tages über aufhält. Das menschliche Innenleben ähnelt einer Membran, welche die täglichen Eindrücke filtert. Ist eine Person hochgestimmt, dann dringen die niedrig schwingenden Einflüsse nicht bis in seine Seele, denn sie rufen keinen Widerhall in ihm hervor. Bei niedriger Schwingungsfrequenz - was einer entsprechenden Gemütslage entspricht -, geht die Feinheit der Membran verloren. Damit wird auch die Abwehr gegen niedrig schwingende Gedankenenergien durchlässig, welche die subtilen Schwingungen überlagern und somit zur Auswirkung kommen können. Die gröberen Energien weisen eine stärkere gefühlshafte Expressivität auf und überdecken alle feineren Regungen.

Ein medialer Mensch kann fremde Fluide entfernen, indem er einen Abzug schafft, der die Energieströme nach oben in lichtere Sphären abfließen lässt. Voraussetzung dafür ist eine bewusste Konzentration auf geistige Gefilde, wobei die vormals schwere rauchartige Energie eine Umwandlung erfährt und der Rauch an Dichte verliert. Im Kontakt mit geistigen Helfern wird der ‚Abzug' automatisch geschaffen, damit der mediale Mensch nicht permanent von fremden Energieströmen belastet wird.

Allerdings hat die Entfernung fremder Energie ihre Grenzen, sobald sie besonders schwer und grob, d.h. destruktiv ist. Bildlich gesehen ist in so einem Fall die Öffnung nach oben zu klein; das ‚Sieb' ist nicht durchlässig genug, um dichte, schwere Energie - Zusammenballungen hindurch zu lassen. Die groben Energien setzen sich am Boden des Raumes ab und verschmutzen ihn. Intensive und aufwendige Reinigungsarbeiten sind erforderlich, um die dunklen Ablagerungen zu beseitigen.

Zu diesem Zweck sind spezielle Übungen erforderlich, welche die Verschmutzungen nach und nach auflösen. Die mentale Konzentration wird intensiviert und auf eben diese Ablagerungen gerichtet. Sie werden solange mit Licht durchflutet, bis sie mit der Zeit immer durchlässiger werden, sich auflösen und in Lichtpartikel verwandeln. Hierzu bedarf es der beharrlichen Ausrichtung der Aufmerksamkeit auf das Licht, denn dunkle, verschmutzte Energien erweisen sich als sehr zäh und klebrig. Sie haften hartnäckig an Böden und Gegenständen.

Die mentale Reinigungsarbeit entspricht der Reinigung von Räumen in der physischen Welt, nur dass statt Putztüchern der Geist die Reinigungsarbeit vornimmt.

Das Vorhandensein dunkler mentaler Energien lässt auf eine unentwickelte Psyche schließen. Der Anteil dieser Energien entspricht dem jeweiligen Reifegrad. Beim Vorwärtsschreiten auf dem spirituellen Pfad ist es notwendig, Teile dieser Energieschwingungen nach und nach zu absorbieren bzw. umzuwandeln. Dies geschieht je nach Entwicklungsstand in einem kürzeren oder längeren Zeitraum. Die negativen Energien hat der Proband aufgrund eigener Schwingungsmuster angezogen.

Wenn er zukünftigen destruktiven Erfahrungen und Energieverbindungen ausweichen will, kann er das auf eine einfache Weise tun. Bei der Reinigung des Organismus sind Kräfte am Werk, die sich jenseits der menschlichen Kontrolle befinden. Der nach spiritueller Entwicklung strebende Mensch sollte diese Kräfte, so gut er kann, unterstützen durch aufbauende Gedanken und Gefühle. Jede negative Schwingung behindert die Reinigungsarbeit. Die aufbauenden Kräfte stehen ohne jeden Zweifel mit der höchsten Kraftquelle in Verbindung. Wenn der Adept die geistigen Gesetze beachtet, unterstützt er damit den Prozess der Reinigung.

Die Erhöhung des eigenen Schwingungsgrades erlaubt es dunklen Energien nicht auf Dauer, sich im menschlichen Organismus zu verankern. Das Individuum ist in der Lage, Distanz zu ihnen herzustellen und sich ihrem Einfluss zu entziehen. Von ausschlaggebender Bedeutung ist dabei die Kontrolle der eigenen Gemütsbewegungen und Denkinhalte.

Die geistige Welt unterstützt jede nach geistigen Zielen strebende Person bei der Reinigungsarbeit.

Materielles Wunschdenken

Ein Mensch, der sich ernsthaft auf den spirituellen Pfad begibt, setzt andere Prioritäten und entwickelt abweichende Interessen vom normalen Pfad des Lebens. Ihm geht es nicht mehr darum, Reichtümer anzuhäufen oder Erfolg in der Gesellschaft zu erringen, sondern die Ziele werden anders gesetzt. Wie eine Blume, die unaufhaltsam zum Sonnenlicht drängt, strebt er nach höheren Weihen.

Finanzielle Belange verlieren dabei an Stellenwert; sie spielen nicht mehr die gleiche Rolle wie zuvor. Daher sind Bestrebungen, bei denen es vor allem darum geht, Reichtümer aufzuhäufen, hinderlich auf dem Pfad. Zwar ist Wohlstand durchaus kein Hindernis, doch nützt er wenig, wenn er zum vorrangigen Ziel wird. Besondere Umstände sind dafür ausschlaggebend, wenn die finanzielle Situation bedenklich wird. Das Los der Armut trifft durchaus nicht jeden, der sich ein geistiges Ziel setzt.

Ein spiritueller Sucher, der einen gewissen Reifegrad erreicht hat, kommt mit sich ins Reine und überlegt, wie er sein zukünftiges

Dasein gestaltet. Hierbei stehen ihm die geistigen Mächte ratgebend zur Seite. Seine Möglichkeiten sind nun weit weniger beschränkt, weshalb die Wahl nicht immer leicht fällt. Die Hilfsangebote sind gleichfalls sehr vielfältig; ein weites Spektrum tut sich vor ihm auf.

In ihrer Entwicklung gelangen spirituelle Wanderer an einen Punkt, wo sie sich entscheiden müssen zwischen Zurückbleiben und Vorwärtsschreiten auf dem Pfad der Achtsamkeit. Diese Stufe ist wichtig, denn sie bestimmt, ob sie nach vorn gehen oder zurückbleiben.

Falls sie sich entscheiden, weiter auf dem Pfad zu wandern, ist die Sorge für einen anderen Menschen oder Tier ein ernst zu nehmendes Hindernis. Die Pflege eines Haustieres erfordert viel Zuwendung und Aufmerksamkeit, Kraft und Hingabe, die besser für andere Ziele verwendet werden sollten. Um auf dem geistigen Pfad bestehen zu können, benötigt der Adept alle seine Kräfte und die volle Aufmerksamkeit. Seine Energien werden aufgeteilt, wenn er sich intensiv einem anderen Wesen widmet.

Sobald jemand mit einem Haustier (oder einem nahestehenden Menschen) eng verbunden ist, erhalten diese einen Teil der Energien, die nun für andere Zwecke nicht mehr zur Verfügung steht. Eine ungeteilte Energie ist jedoch notwendig, wenn jemand den spirituellen Pfad beschreitet. Nur wenn die Energie zielgerichtet und ungeteilt ist, kann er jemals hoffen, ein spirituelles Ziel und damit Vollkommenheit zu erreichen.

Eine Energie, die sich verzweigt, gleicht einem Wasserstrahl, der viele Pflanzen benetzt, doch letztendlich keine einzige zum Blühen bringt. Der Geistesschüler kommt nicht ans Ziel, weil er seine Samen zerstreut. Dort, wo ein großer Baum hatte sprießen sollen, bleibt nur eine leere Ackerfurche.

Sofern er zu keinerlei Verzicht bereit ist, wird es für ihn sehr schwierig, den Pfad weiter zu beschreiten. Diese Notwendigkeit muss leider immer wieder betont werden, denn die Kenntnis des

Weges verpflichtet die Geisthelfer dazu. Eine starre Haltung in dieser Hinsicht kann das Fortschreiten empfindlich stören.

Diese Forderung klingt hart, doch sie rückt in ein anderes Licht, wenn man bedenkt, was auf dem Spiel steht. Die Verwandlung des gesamten Seins fordert grundlegende Verzichtsleistungen. Nach geistigen Zielen strebende Menschen müssen die Bereitschaft zeigen, diese zu erbringen, denn irdische Gebundenheit kann neben einem Leben im Licht nicht bestehen. Wenn der Proband seine Anspruchshaltung dem Leben gegenüber nicht einer Revision unterzieht, einer gründlichen Prüfung, dann wird das, was ihm so begehrenswert erscheint, ihn an einem weiteren Fortschreiten hindern.

Vielen, die sich auf die Suche begeben, ist noch nicht klar was es heißt, den Weg mit ganzer Seele zu beschreiten. Die Ansprüche sind auf ein Minimum reduziert, denn das Energieniveau sinkt, je mehr davon verschwendet wird. Was das bedeutet, ist den meisten nicht bekannt. Wird die Energie eines Menschen, der den spirituellen Weg geht, aufgeteilt, dann fließt sie ab in fremde Kanäle. Das Energieniveau bleibt nicht konstant, doch dies wäre eine wichtige Voraussetzung für die Weiterentwicklung. Das Energieniveau kann nur bei konsequenter Ausrichtung auf spirituelle Ziele auf gleichem Niveau gehalten werden.

Ein Wanderer, dessen Wunschbaum bis zum Himmel reicht, kann die an ihn gestellten Anforderungen nicht erfüllen. Seine auf materielle Ziele gerichteten Wünsche hindern ihn daran, Chancen zu sehen und zu ergreifen, die den Wegrand säumen und die alles andere als nichtig sind.

Die Materie ist ein vorübergehender Seinszustand, dem bei der Höherentwicklung keine große Bedeutung mehr zukommt. Am Beginn der Menschheitsentwicklung ist Materie notwendig, weil sie sichtbare Zeichen setzt, deren Bedeutungen entschlüsselt werden können. Bei der Höherentwicklung nimmt der Stellenwert der

Materie immer mehr ab, da auf den höheren Ebenen Wunsch und Vorstellung maßgebend sind.

Wenn jemand dauerhaft auf der Geistebene existieren will, darf er am Menschsein und den irdischen Bedürfnissen nicht mehr allzu fest verhaftet sein. Ein Geist erreicht dann Vollkommenheit und Dauer, wenn seine Wünsche, die materielle Ebene betreffend, erloschen sind. Andernfalls ziehen sie ihn immer erneut hinab in weitere Inkarnationen.

Der Sinn der unzähligen Wiederverkörperungen besteht darin, die Anziehungskraft an das materielle Dasein hinter sich zu lassen und auf die rein geistige Ebene, die allein Dauer und Unsterblichkeit verspricht, zurückzukehren. Nur die Überwindung irdischer Bedürfnisse kann zu dem ersehnten Ziel führen.

Die Möglichkeit der freien Wahl ist auf jeder Stufe der Entwicklung vorhanden. Der Geistesschüler entscheidet selbst, in welche Richtung er sich wendet. Hat er einen fortgeschrittenen Zustand der Verwirklichung erreicht, dann erlischt die Sehnsucht nach dem einengenden Erdendasein. Er hat seinen natürlichen Seinszustand wiedererlangt und erkennt sich in diesem wieder. Ein neuer Morgen erfüllt das Sein.

Der Kundalini-Prozess

Wenn Kundalini aufsteigt, verbindet sich der Geist des Menschen mit höherem Wissen und höherer Kraft. Die geistigen Kapazitäten des aufsteigenden Menschen erweitern sich.

Etliche Probanden fühlen sich während des Kundalini-Aufstiegs einem fremden Willen unterworfen.

Die Einflussnahme aus der geistigen Welt zielt auf eine Stärkung des menschlichen Willens ab, nicht auf eine Schwächung. Die Erweckung der Kundalini bedeutet die Aufgabe des freien Willens nur unter der Prämisse, dass Jemand bereit ist, diesen Weg zu gehen. Es bedeutet aber die Stärkung des eigenen Willens, wenn ein Mensch diesen Weg wählt.

Die geistigen Mächte haben kein Interesse daran, einem Menschen seinen freien Willen zu rauben. Das Ziel ist die Stärkung seiner geistigen Kapazitäten, damit er besser vorbereitet ist, den auf ihn zukommenden hohen Anforderungen zu entsprechen. Der Körper wird auf das Einfließen und die Bewältigung einer höheren Energie eingestimmt.

Beim Kundalini-Prozess werden die Nervenbahnen gereinigt, um für die Aufnahme einer universellen Energie gerüstet zu sein. Die Energie ist an sich mental und zielt darauf ab, die geistige Kapazität des Betreffenden - ohne Einfluss eines fremden Willens - zu erhöhen. Die Stabilisierung ist sehr notwendig, um die Aufnahme stärkerer Energien zu ermöglichen und für den Kandidaten erträglich zu machen. Die Kundalini-Kraft ist von mitreißender Gewalt, die den Unvorbereiteten unter sich begräbt.

Der Adept wird eingestimmt auf den Kontakt mit geistig höher entwickelten Wesen. Ein Austausch kann stattfinden, der vorher nicht möglich war. Das Ziel ist die Verfeinerung und Erhöhung der menschlichen Energie. *Kundalini ist die Kraft, welche die Menschen am Leben erhält.* Ihr Aufsteigen bedeutet eine Potenzierung dieser Kraft ohne Einschränkung des freien Willens.

Die Geisthelfer ziehen sich zurück, sobald der Proband gelernt hat, zu vertrauen. Sie können sich materialisieren und dematerialisieren, wann immer sie dies wollen. Die menschliche Energie wird zum Aufbau des Geistkörpers und zur inneren Stabilisierung verwendet. Die Geisthelfer *sind* Energie und daher keineswegs auf den Menschen angewiesen.

Welcher Unterschied besteht zwischen Kundalini, der Schlangenkraft, und den dunklen Energie-Wesen, die es auf die Energie von Menschen abgesehen haben?

Die Energie ist zwar die gleiche, sie unterscheidet sich allerdings ganz beträchtlich in der Schwingungshöhe und der feinstofflichen Ausprägung. Kundalini leitet Menschen auf den spirituellen Pfad. Es ist eine göttliche Kraft, die ihnen die Rückkehr zum Ursprung erleichtert. Die dunkle Energie hingegen beabsichtigt das Gegenteil. Sie erschwert den Weg und manche Reise wird durch sie zum Alptraum. Man erkennt die Energie an einem untrüglichen Zeichen: Sie setzt sich mit Leuten in Verbindung, wenn diese missgestimmt sind. Nur dann hat sie nämlich die Möglichkeit, mit ihnen zu verschmelzen.

Ist ein Individuum dagegen hochgestimmt, gesellen sich ihm feinere Energien zu, die nicht daran interessiert sind, seinen Organismus für eigene Zwecke zu benutzen. Es ist die Bestimmung des Menschen, sein Energieniveau zu heben, um die geistige Energie aufnehmen zu können. Eine Vervielfachung der Möglichkeiten ist damit verbunden. Die Kapazitäten werden nicht geschmälert, sondern das Gegenteil wird eintreten. So wie die Sonne im Frühjahr den Boden erwärmt und zum Wachstum anregt, so werden die Strahlen des Lichts das Potential des Menschen zum Blühen bringen. Der Proband wird keinen Mangel mehr spüren, in jedweder Hinsicht.

DIE KUNDALINI-KRAFT IST DIE URSPRÜNGLICHE ENERGIE.

Der Geist steigt herab zu den Menschen, um ihnen die Heimkehr zu ermöglichen.

Was geschieht, wenn die Kundalini-Energie aufgestiegen ist? Kann der Adept dann niemals mehr reinkarnieren oder sich fortpflanzen?

Der Kandidat hat die Möglichkeit einer erneuten Reinkarnation, sofern er dies wünschen sollte, was aber nicht wahrscheinlich ist. Die Beschränkungen seines menschlichen Daseins sind im geistigen Sein aufgehoben; er wird ungebunden und seine Möglichkeiten vervielfältigen sich. Mit jedem Seinszustand kann er verschmelzen.

Das menschliche Dasein ist lediglich eine Durchgangsstation zu höherem Sein; als solche war es ursprünglich gedacht. Ein Mensch, bei dem die Kundalini aktiv geworden ist, wünscht keine Reinkarnation mehr. Er begreift das irdische Dasein als das, was es ist: eine Einschränkung seines wahren Seins.

Aufnahme in die geistige Gemeinschaft

Bevor ein Kandidat in eine geistige Gemeinschaft aufgenommen wird gilt es, eine Reihe von Hindernissen zu überwinden, die ihn in seinem täglichen Leben bedrängen. Ein spirituell sich entwickelnder Mensch sollte vor allem in seinen Ansichten und in seiner Ausrichtung gefestigt sein, damit er nicht wie ein Blatt im Wind von äußeren Einflüssen herumgewirbelt wird.

Der innere Kreis einer geistigen Gruppe tritt zusammen und bestimmt, wann der Zeitpunkt für einen ‚Ruf' gekommen ist. Dieser entspricht einem alten königlichen Spiel, bei dem der Nachfolger bereits kurz vor der Heirat bestimmt wird. Die Rangfolge soll hierdurch gewährleistet und evtl. Unstimmigkeiten vorgebeugt werden. Der so Angesprochene behält die freie Wahl der Entscheidung. Für den Absender kann es kein Zurück mehr geben, denn er ist Teil einer Kette geworden, die sich fortsetzt von einer Generation zur nächsten.

Der ‚Ruf' erfolgt nur einmal im Leben. Er beinhaltet eine besondere Gelegenheit, die Geschichte seines Lebens zu verändern und neu zu schreiben. Jeder Mensch ist grundsätzlich befähigt, ihm zu folgen. Ein Kandidat, an den der ‚Ruf' erfolgt ist, wird zuvörderst einer Eignungsprüfung unterzogen. Hierbei wird seine Bereitschaft erkundet, sich ohne Vorbehalte dem geistigen Ziel zu widmen. Die Erkundung geschieht vor allem über das Unterbewusstsein und in Träumen.

Doch Wissbegier allein genügt nicht. Der innere Drang muss so mächtig sein, dass alles andere dahinter verblasst. Ist das innere Streben nicht stark genug, wird der Kandidat das Ziel nicht erreichen. Sehnsucht ist ein starkes Agens, das vieles in Bewegung setzt. Als Gleichnis gilt das Öl in der Lampe der Jungfrauen. Der Kandidat hat letztendlich die Wahl zwischen Wiederkehr und der Unendlichkeit.

Viele Menschen befinden sich an einem Kreuzweg, an dem ihre Energie darauf wartet, eine Richtungszuweisung zu erfahren. Es gibt verschiedene Möglichkeiten, denen sie sich zuwenden können. Eine auftretende Unschlüssigkeit basiert z. T. auf einem vorbewussten Erkennen dieser Möglichkeiten. Wenn sie Vertrauen in die geistige Führung haben, wird sie ihnen den Weg weisen, der eine Erweiterung ihres Bewusstseins zum Inhalt hat.

Sie können sich für den einen oder anderen Weg entscheiden, das liegt ganz bei ihnen. Die Entscheidungen sollten in aller Ruhe und mit entschiedener Konsequenz getroffen werden. Sie sollten sich bewusst in eine Richtung orientieren, um eine Verzettelung ihrer Energien zu vermeiden. Sofern sie eine Bewusstseinserweiterung anstreben, wird ihnen ein besonderer Schutz zuteil und sie werden Lernerfahrungen von großer Tragweite machen.

Falls sich ein Geistesschüler für den spirituellen Weg entscheidet, beschreitet er damit den Weg, der für ihn vorbestimmt war. Es werden ihm bedeutende Offenbarungen durch die höheren Mächte zuteil werden. Er wird bald erkennen, wie wichtig der persönliche Kontakt zu den geistigen Mächten ist, da jeder Einzelne die Wahrheit für sich erfahren muss. Die Offenbarungen anderer spirituell interessierter Menschen spiegeln meist nicht die ganze Wahrheit wider. Daher sollte der Proband regelmäßig bewusste Verbindung zu den höheren Welten herstellen, weil nur auf diese Weise der Kontakt vertieft werden kann.

Gibt der Proband seine Einwilligung, dann wird ihm erstes Wissen hinsichtlich Ziel und Zweck des Weges zuteil. Hierbei ist völlige

Entscheidungsfreiheit gewährleistet. Der Weg ist nicht von vornherein in allen Einzelheiten festgelegt, doch gibt es Etappenziele, die sich in ähnlicher Weise auch bei anderen finden.

Da der Pfad keine feste Struktur aufweist, ist auch eine Umkehr an diesem Punkt ohne weiteres denkbar. Ein Weitergehen würde dem Probanden Einblicke in tiefere Zusammenhänge der Natur und des Lebens gewähren; er würde schrittweise die unbekannten Realitäten kennen lernen und erforschen. Viele Wege werden ihm offen stehen, von denen er vordem nicht einmal etwas ahnte.

Der nächste Schritt besteht in der Durchdringung der Aura mit positiven Emotionen, welche die Dunkelheit und Schwere verdrängen. Die geistige Welt leistet hierbei Hilfestellung, doch ist sie auf die Mithilfe des Probanden angewiesen. Bei allen seinen Bestrebungen sind geistige Helfer an seiner Seite, die ihn unterstützen. Eine detaillierte Beschreibung würde an dieser Stelle zu weit führen.

Der Proband ist aufgefordert, dem Weg trotz auftauchender Hindernisse weiter zu folgen und nicht zurückzuschrecken. Er darf sich nicht über Gebühr einschüchtern oder in Angst versetzen lassen. Ein klarer Verstand wird mit vielen Situationen fertig, die andere zum Straucheln bringen. So gelingt es dem unerschrockenen Wanderer, einen beträchtlichen Teil des Weges hinter sich zu lassen und die ‚Pforte' zu erreichen.

Sobald die Aufnahme in die Gemeinschaft stattfindet, geht die Lehrzeit ihrem Ende zu. Der Kandidat hat einen Teil des Weges zurückgelegt. Ein neuer Abschnitt beginnt und eine Neuorientierung findet statt. Die Gefühlswelt ist nun ausgeglichen, sie wird nicht mehr zum Hindernis in der Entwicklung. Falls der Lernende sein Einverständnis gibt, beginnt eine Phase der Vervollkommnung des Geistkörpers. Um diese Phase einzuleiten, ist der Adept gehalten, sich so oft wie möglich den höheren Geistebenen zuzuwenden.

Entschließt sich ein Adept nicht gleich zur Rückkehr auf die geistigen Ebenen, dann werden ihm Aufgaben auf einer der

Unterebenen zugeteilt, die seinen Interessengebieten und Fähigkeiten entsprechen. Die Vielfalt der Aufgaben entspricht den mannigfaltigen Interessen der Individuen und variiert mit dem Grad der spirituellen Empfänglichkeit.

Ein Beispiel ist der Empfang medialer Botschaften, die der Menschheit auf ihrem Entwicklungsweg eine unschätzbare Hilfe sind. Eine andere Möglichkeit wäre es, seine bisherigen Interessen weiter zu verfolgen und darin erfolgreich zu sein. Ein weiterer Zweig wäre die Aufnahme einer Schulungstätigkeit, um anderen Menschen den Weg zu weisen, den man selbst gegangen ist, um sie durch die gemachten Erfahrungen zu bereichern. Es gibt somit zahlreiche Möglichkeiten der sinnvollen Betätigung.

Die Verbindung zu den rein geistigen Ebenen ist geprägt von Einfühlsamkeit und tätiger Nächstenliebe. Ein Großteil der Lernenden entscheidet sich für einen vorläufigen Verbleib in irdischen Gefilden, um ihren Mitmenschen bei deren Weiterentwicklung behilflich zu sein. Wird die Entwicklung nicht fortgeführt, findet ein Rückfall statt auf ein alltägliches Niveau. Der Betreffende wird dann erst in seiner nächsten Inkarnation die geistige Entwicklung weiterführen können.

Gelingt es dagegen dem Probanden, den Kontakt zu den höheren Geistebenen in nahezu stetiger Folge aufrechtzuerhalten, dann geschieht in seinem Innern eine Verwandlung des Emotionalkörpers. Dies hat eine umfassende Wandlung des gesamten Gemütslebens zur Folge, das sich stufenweise den rein geistigen Ebenen annähert. Ist die Entwicklung abgeschlossen, kehrt der Mensch in seine Heimat, die rein geistigen Ebenen, zurück.

Der Tod als Übergang in andere Sphären

Übergang und Auflösung

Der Tod ist eine Art Übergang von einer Existenzebene zur nächsten. Die materielle Ebene ist nur ein Zwischenstadium, das allerdings vielfältige Erfahrungen ermöglicht. Das Ein- und Ausschalten des Bewusstseins ist ein Mittel, um neue Erfahrungen und neues Wissen zu erlangen. Aus diesem Grund wird der Mensch mit einem begrenzten Erinnerungsvermögen geboren.

Im Seelenbewusstsein sind die Erinnerungen an alle früheren Existenzen gespeichert und können zu gegebener Zeit hervorgeholt werden. Die Informationen stehen jederzeit zur Verfügung. In der menschlichen Seele ist das Gesamtbewusstsein enthalten, das aus seinen Erinnerungen die jeweils benötigten Informationen abrufen kann. Der Zugang zu diesem Wissen ist möglich, sofern bestimmte Voraussetzungen erfüllt sind. Eine offene und flexible Haltung gehört grundsätzlich dazu. Das vermehrte Wissen ist eine Bereicherung für das Individuum. Werden die vorhandenen Informationen integriert, können sich die vielseitigen Anlagen der Persönlichkeit entfalten.

Das ‚Brückengeheimnis' betrifft den Übergang in die nächste Welt. Die meisten Menschen haben sehr unterschiedliche Vorstellungen, was diesen Übergang anbetrifft, doch die Wahrheit ist recht einfach: Eine Brücke dient lediglich als Sinnbild, denn der eigentliche Vorgang findet im Geiste statt. Beim Übergang in die andere Welt lösen sich die verschiedenen Körper voneinander; sie kehren zurück in dasjenige Energiefeld, aus dem sie ursprünglich entnommen wurden.

Die geistige Welt ist in Schichten aufgebaut, wobei jede Schicht eine unterschiedliche Energie enthält. Die Energien des menschlichen Organismus zerstreuen sich nach dem Ableben; sie zerfallen in verschieden große Einzelteile. Dieser Vorgang beginnt nicht lange nach dem Tod des physischen Körpers und setzt sich in unterschiedlich langen Intervallen fort. Eine Energie, die zerfällt, ist nur noch eingeschränkt handlungsfähig, denn der Zerfallsprozess schränkt die Fähigkeit zu Denk- und Handlungsvorgängen zunehmend ein.

Ein ähnlicher Zerfallsprozess kann bereits im physischen Leben eintreten, wenn geistige Strukturen brüchig geworden sind. Hierfür kommen mehrere Ursachen in Betracht: ein Unfall oder Sturz, ein schwerer Schock, jede Art von traumatischer Erfahrung. Auch während eines initiatorischen Erlebnisses werden die Strukturen im menschlichen Organismus gelockert. Dies dient dem Zweck, einen spirituellen Fortschritt zu ermöglichen.

An der Schwelle des Todes erlebt das menschliche Bewusstsein eine zeitweilige Auslöschung. Der Übergang geschieht auf verschiedene Weisen, die vom Bewusstseinsstand des Sterbenden abhängig sind. Befindet sich eine Seele noch am Anfang ihrer Entwicklung, ist der Übergang oft mit großen Ängsten und Schmerzen verbunden, da es ihr an Erfahrungen mit der neuen Seinsweise mangelt. Die junge Seele benötigt Hilfe und Schutz, um sich zurechtzufinden.

Die Auflösung von Energien findet regelmäßig - spätestens beim Übergang, der als Tod bezeichnet wird -, statt. Dieser Übergang kennzeichnet den Abschluss einer mehr oder weniger ausgiebigen

Entwicklungsphase. *Lösen bedeutet Erneuerung.* Diese Erneuerung geschieht auch unbemerkt in gewissen Zeitabständen. Das Mittel hierzu sind Reinigungsphasen, die in einigen Fällen als Krankheit in Erscheinung treten können.

Der Tod ist nicht das Ende einer Bewusstseinseinheit, sondern ein neuer Anfang. Wenn jemand stirbt, hat er in der Regel mit seinem vergangenen Leben abgeschlossen und ist bereit, neue Seinsebenen zu erkunden. Ein zu starres Festhalten an alten Strukturen kann zu einem Hindernis bei der Erkundung neuer Welten werden. Die Lockerung des Bewusstseins - Gefüges hilft dabei, alle Anhaftungen zu lösen und für neue Erfahrungen bereit zu sein.

Alte Erinnerungen fallen stückweise ab. Das wahre Ich fühlt sich von einer Last befreit. Falls die Erinnerungen an Vergangenes zu sehr in den Vordergrund rücken, werden sie zu einem Störfaktor für die vom geistigen Bewusstsein angestrebte neue Entwicklung. Bei starken, erdverbundenen Persönlichkeiten ist die Struktur enorm gefestigt. Die Lockerung und Lösung in Einzelteile geht nicht so einfach vonstatten, wie zuvor beschrieben.

Die Persönlichkeit hält mit aller Kraft an ihren Erinnerungen fest und verhindert so die Auflösung und damit eine weiterführende Entwicklung. Stattdessen hält sie sich im erdnahen Bereich auf, wo sie versucht, in Kontakt mit Lebenden zu kommen. Spukerscheinungen und okkulte Belastungen aller Art geben beredtes Zeugnis davon. Die Gestorbenen nehmen an den irdischen Erlebnissen der Menschen teil und profitieren davon, da diese ihnen auf andere Weise nicht mehr zugänglich sind. Vorzugsweise nähern sie sich willensschwachen Naturen, die ihnen wenig Widerstand entgegensetzen.

Ist es nicht verständlich, dass einige Seelenbewusstsein ihre Auflösung verweigern?

Die Seelenbewusstsein kommen aus dem Licht und dahin kehren sie alle - früher oder später - zurück, denn es ist ihre Heimat. Die Aufgabe des Menschen im Prozess der Evolution ist die geistige Höherentwicklung. Wenn ein Mensch stirbt, löst sich sein Bewusstsein aus dem Zellverband. Es ist das innere, geistige Selbst, das zum Heimathafen zurückkehrt, während sich die menschliche Ego-Persönlichkeit auflöst.

Das Bewusstsein ist mit dem Geist identisch, dem das Gesamtwissen sämtlicher Existenzen zur Verfügung steht. Beim Übergang erkennt das Bewusstsein seine Zugehörigkeit zu einer höheren Daseinsebene, wodurch ein Überblick über die Gesamtheit vergangener Erfahrungen möglich wird. Aufgrund der Reinkarnationserinnerungen entscheidet das Bewusstsein über zukünftige Existenzen.

Körperzellen und Seelenbewusstsein sind identisch, daher nehmen Seele und Körper eine parallele Entwicklung. Nach vollendetem Übergang findet eine Zweiteilung der Seele statt. Ein Teil des Seelenbewusstseins geht analog zu den Körperzellen neue Verbindungen ein, wobei gleichartige Bewusstseinsstränge sich miteinander verbinden. Der zweite Teil des Seelenbewusstseins entspricht dem Knochengerüst. Aufgrund früherer Erfahrungen weiß die Seele um ihren Werdegang und inkarniert entsprechend des hinzugewonnenen Wissens neu.

Im Laufe der Zeit wird dem Seelenbewusstsein ein immenser Zuwachs an Erfahrungen zuteil, auf deren höchstem Entwicklungsstand weitere Inkarnationen überflüssig werden. Kann die Seele auf der irdischen Ebene nichts mehr dazulernen, strebt sie nach weiterer Vervollkommnung in anderen Daseinsbereichen.

Erdbestattung und Feuerbestattung

Zwischen Feuerbestattung und Erdbestattung besteht nur ein gradueller Unterschied. Im Feuer wird zwar der Leib verbrannt, doch die unsterbliche Seele wird frei, um sich in andere Räume aufzumachen. Auch bei der Erdbestattung wird die Seele frei, sobald der Tod eingetreten ist, doch dem Körper wird Zeit gegeben, langsam zu zerfallen. In beiden Fällen kann der unsterbliche Teil des Selbst sich frei und ungebunden, unabhängig von der sterblichen Hülle, bewegen.

Der Unterschied liegt in der Anhänglichkeit der Seele an den Körper: Nicht jedem fällt die Trennung von seinem irdischen Gefährt leicht. Der Körper bleibt noch eine zeitlang das ‚Zuhause' der freigewordenen Seele. Die psychischen Befindlichkeiten machen also den Unterschied.

Der physische Körper ist eine Art Heimat, die der Seele Halt und eine gewisse Geborgenheit vermittelt. Ist die Seele des Umherirrens müde, kehrt sie in den Körper zurück, der einst ihr Zuhause war. (*...ins dunkle Grab?*) Die Betrachtungsweise der Seele ist in vielerlei Hinsicht losgelöst von weltlichen Anschauungen. Sie lernt eine neue Art des Sehens kennen, die sich grundlegend von der irdischen Sichtweise unterscheidet. Dunkelheit und Licht sind nicht mehr voneinander getrennt, sondern verschmolzen zu einer Einheit, die nicht leicht zu beschreiben ist.

Alte Kulturen wie die der Ägypter waren bestrebt, ihren Körper möglichst lange zu konservieren. Welchen Grund hatte das?

Ägypten war ein Land der Gegensätze: Starke spirituelle Kräfte lagen im Streit mit gegensätzlichen, an die Erde gebundenen Energien. Die erdgebundenen Kräfte waren darauf aus, ihr Dasein über das naturgegebene Maß hinaus zu verlängern, um sich so dem Sog in ferne, lichte Gefilde entgegenzustemmen. Der hinaus- und aufwärts führende Sog würde sie ihrer früheren Heimstatt entziehen, die sie aber noch lange nicht aufzugeben bereit waren. Das Verharren in der alten Umgebung bedeutet aber Stagnation auf allen Ebenen, denn die Seele befreit sich weder von alten Mustern und Gebräuchen, noch zerfällt der Körper und verbindet sich zu neuen Gebilden.

Auch einige Körper von christlichen Heiligen hat man fast unversehrt gefunden.

Eine hoch entwickelte Bewusstseinsenergie hat die Macht, ihren Aufenthalt und die Dauer selbst zu bestimmen. Der unverwesliche Körper ist ein Zeichen dieser Macht. Hochentwickelte Individuen können aufbauend in die Geschicke anderer eingreifen. Auch nach dem Tod haben sie diese Funktion nicht abgelegt. Aus diesem Grund ist ihnen ein längeres Dasein beschieden, in dem sie ihre segensreiche Tätigkeit fortsetzen können.

Jenseitige Welten

Diesseitige und jenseitige Welten sind getrennt, und das hat einen triftigen Grund. Einflüsse aus der Erdenwelt wirken oftmals störend auf die Dahingeschiedenen. Sie befinden sich in einer für sie neuartigen Umgebung, in der sie sich erst zurechtfinden müssen. Vielfältige Einflüsse dringen auf sie ein und nicht immer ist klar zu unterscheiden, welcher Art die Beeinflussung ist.

So können gut gemeinte Interventionen seitens der Verwandten in ihr Gegenteil umschlagen, weil sie von den jüngst Verstorbenen nicht angemessenen interpretiert werden. Ein Verstorbener sehnt sich anfangs nach Ruhe und Frieden, um eine hinreichende Anpassung an jenseitige Welten zu erreichen. Dies dauert je nach seelischer Verfassung ein bis mehrere Tage. Erst dann, wenn die Seele sich akklimatisiert und von Schlacken befreit hat, ist sie bereit, weitere Schritte zu unternehmen.

Schwierigen, sprunghaften Charakteren fällt es nicht leicht, sich in den Jenseitswelten zurechtzufinden. Hilfe von außen wird ihnen kaum zuteil, da ihre Abwehrbereitschaft sehr ausgeprägt ist. Die

Sinneseindrücke sind zu stark und chaotisch, als dass sie adäquat damit umgehen könnten. Erst mit der Zeit lernen sie, gewisse Eindrücke auszublenden und mehr Stabilität zu erlangen.

Da dies zu Anfang noch nicht möglich ist, wirkt jede Einflussnahme von außen wie ein Angriff auf ihre überbeanspruchte Psyche. Aus diesem Grund sind die Welten - zum Schutz aller Beteiligten - voneinander getrennt. Auch die meisten Hinterbliebenen sind leider nicht ausgeglichen genug, um wirklichen Beistand leisten zu können. Nur engelhafte Naturen sind manchmal in der Lage, eine gewisse Beruhigung herbeizuführen, doch in vielen Fällen versagt auch diese Hilfe.

Existiert eine angemessene Hilfe in der jenseitigen Welt, mit der Neuankömmlingen begegnet wird?

Hilfe ist immer vorhanden für denjenigen, der sie erkennt und bereit ist, diese auch anzunehmen. Das ist weitaus schwieriger, als man denkt, denn geistige Helfer drängen sich niemals auf, da sie die Integrität der Person achten. Daher brauchen einige Neuankömmlinge lange, um die für sie notwendige Hilfe zu erkennen und sich von Geistführern leiten zu lassen. *D i e   H i l f e   i s t   i m m e r   d o r t ,   w o   s i e   b e n ö t i g t   w i r d .*

Es ist für Hinterbliebene nicht ratsam, zu lange bei Gestorbenen zu verweilen, sonst können diese sich sie hängen. Wenn ein Trauernder sehr ausdauernd und intensiv an eine gerade gestorbene Person denkt, hat diese die Möglichkeit, sich mit seinem feinstofflichen Organismus zu verbinden. Die Gedankenkraft schafft ein festes Band. Dies gilt für Lebende und erst recht für Verstorbene, die extrem sensibel auf die Gedanken der Menschen reagieren.

Wünscht man die Verbindung nicht, dann ist es ratsam, in der ersten Zeit kurz nach dem Tod nicht allzu oft an den Toten zu denken. Wenn man dem Verstorbenen helfen will, ist es angebracht, ihn mit lichtvollen Gedanken ein Stück weit zu begleiten, ihm eine gute Reise für seine weitere Entwicklung zu wünschen und ihn innerlich loszulassen.

Alles braucht seine Zeit, und wenn die Angehörigen genügend Geduld aufbringen, können sie ihre Lieben in strahlendem Licht sehen, denn ein jeder gelangt früher oder später in die Welt des Lichts.

Leben nach dem Tod

Das nach-todliche Leben ähnelt einer Berg- und Talfahrt. Auf Phasen höchsten Glücks folgen Zeiten tiefer Verzweiflung, denn die Unausgeglichenheit des inneren Wesens ruft die unterschiedlichsten Erlebnisse hervor, die in ihrer ganzen Tiefe und Dramatik ausgekostet werden. Erst nach Verlauf einiger Wochen beruhigt sich das stürmische Auf und Ab, und Gelassenheit und heitere Ruhe stellen sich ein. Dann segeln die Verstorbenen in ruhigeren Gefilden und sind bereit, sich neuen Ufern zuzuwenden.

Die Gebete und Anrufungen der Hinterbliebenen werden zwar vernommen, doch sind sie kaum in der Lage, das nachtodliche Geschehen grundlegend zu beeinflussen. Der Verstorbene ist ganz auf sich gestellt, auf sein inneres Erleben und die daraus entstehenden Gefühlsaufwallungen.

(Was geschieht, wenn innere Gelassenheit und Harmonie nicht erreicht werden?)

Der Verstorbene wird hin- und her geworfen, als sei er ungebändigten Elementen ausgeliefert. Er gleicht einem steuerlosen Boot auf wildem Wellengang. Geht das eine zeitlang so, verfinstert sich der Geist des Umhergetriebenen; ein klägliches Dasein erwartet ihn als geistiges und seelisches Wrack. Die Himmelstür bleibt ihm verschlossen und damit auch die Aussicht auf eine geistige

Wiedergeburt. Letztendlich zerfällt die Seele und bildet die Grundlage für andere Lebensformen.

Können auch dämonische Mächte den Verstorbenen gefährlich werden?

Um zu Verstorbenen vordringen zu können, müssen dämonische Mächte mehrere Hindernisse überwinden. Unsichtbare Barrieren schützen die Verstorbenen vor Angriffen aus der Unterwelt schützen. Nur mithilfe raffinierter Täuschungsmanöver wäre es möglich, die Barrieren zu durchdringen. Auch im Jenseits existieren Gesetze, die meist strenger sind als diejenigen, die im irdischen Bereich gelten. Die Hinwendung zum Licht und den göttlichen Mächten ist immer der beste Schutz gegen derartige Anfeindungen.

Was geschieht, wenn der Körper durch unglückselige Umstände - wie z.B. durch einen Unfall - frühzeitig zerstört wird?

Die Seele ist nicht unbedingt auf den Körper angewiesen, um nach-todliche Prozesse zu bestehen. Allerdings erleichtert ein intakter Körper die Auseinandersetzung mit dem Innenleben. Unfallopfer sind geschwächt und in ihrem Erleben mehr oder weniger eingeschränkt, daher ist ihr nach-todlicher Prozess ungleich schwieriger zu bewältigen. Wo der feste Halt fehlt, greifen Kräfte an, die ansonsten nicht in Erscheinung treten könnten.

Befindet sich in einem toten Körper noch irgendeine Art von Leben?

Solange der Körper noch nicht von Fäulnis zersetzt ist, beherbergt er noch mannigfaltige Lebensformen. Die Körperzellen bilden ein kompliziertes, lebendiges Gebilde, das miteinander verbunden ist. Erst nach und nach zerfällt diese lebendige Einheit in unterschiedliche Teilstücke, die ausschwärmen, jeweils wieder neue

Verbindungen eingehen und sich zu neuen Haufen zusammenschließen.

Die Seele löst sich nach und nach von ihrem physischen Gefährt. Sie benötigt in der Regel ca. 5 Tage, um ihre Behausung zu verlassen. Innerhalb dieser Zeit finden die bereits erwähnten Prozesse statt, die unterbrochen sind von Phasen der Ruhe. Der Verstorbene hat sich völlig in das Innere zurückgezogen; seine Aufmerksamkeit ist von dem Geschehen völlig in Anspruch genommen. Dennoch ist er imstande, die an ihn gerichteten Emotionen und Gebete der Hinterbliebenen in gewisser Weise noch wahrzunehmen.

Nach Ablauf der 5 Tage ist das Seelenbewusstsein frei und ungebunden. Es benutzt den Körper nur noch zu gelegentlichen Besuchen. Konnte der nachtodliche Prozess ohne nachteilige Folgen für die Seele abgeschlossen werden, erwartet sie ein Leben in weit größerer Freiheit, als ihr dies jemals auf Erden möglich war.

Der Prozess nach dem Tode ist mit nichts zu vergleichen, was auf der Erde geschieht und kann mit irdischen Maßstäben nicht gemessen werde. Das Bewusstsein wird transformiert in unvorstellbare Dimensionen, von denen die meisten nur einen schwachen Abglanz kennen.

Das Feld der Matrix

Die Matrix ist ein Feld - zusammensetzt aus lebendigem Bewusstsein - das aus vielen Einzelbewusstsein besteht. Die Matrix als Bewusstseinsfeld hat eine ungeheure Speicherkapazität, die mit nichts zu vergleichen ist. Sie ist sozusagen unendlich. Das Feld der Matrix ist durchdrungen von Affinitäten, von Zu- und Abneigungen, Sympathien u»d Antipathien; ein Feld pulsierender Vitalität. Es vibriert und leuchtet in allen möglichen Nuancen und Schattierungen.

Jedes individuelle menschliche Bewusstsein ist ein Punkt in dieser Matrix. Das jeweilige Schicksal ist dort eingewoben in Tausenden von Fäden, die sich in verschiedene Richtungen verzweigen. Die

Knotenpunkte dieser Fäden bilden Interessenschwerpunkte, welche sich mit gleichgesinnten Energien verknüpfen. Die vielen Verbindungen sind zum Teil festgefügt, teilweise sind sie instabil. Stabilität wird erreicht durch Beibehaltung bestimmter Interessenschwerpunkte.

So bildet die Matrix das eigentliche Lebensfeld, die ‚Materia prima' sozusagen, aus dem alles andere abgeleitet werden kann. Sie ist die Grundlage allen Lebens, der Schlüssel zum Sein und Nichtsein, die Tür, die in das Leben hinein- und hinausführt. *Hat man die Matrix einmal begriffen, begreift man das Rätsel von Leben und Tod.*

Mit der Auflösung des Körpers geht auch eine Auflösung des individuellen Bewusstseins, das innerhalb Grenzen des Irdischen verharrt, einher und der lebendige Fluss kommt ins Stocken. Eine Ablösung von allem, was auf die Materie bezogen ist, findet statt. Auch die Matrix verliert nun ihre Funktion. Immer dann, wenn ein Prozess des Vergessens einsetzt, wird die Matrix bedeutungslos. *Lediglich Erinnerungen halten das Feld der Matrix und des Bewusstseins zusammen.*

Der Übergang und die Ablösung vom Irdischen kann auch auf eine andere Weise vor sich gehen. Dies geschieht öfter, als man denkt, nur ist darüber wenig bekannt. Ein spiritueller Fortschritt ermöglicht einem Adepten eine spezielle Art von Jenseitserfahrung. Dies kann als ein Entgegenkommen der geistigen Welt aufgefasst werden, das den Wechsel in andere Daseinssphären erleichtert. Auch das Ziel ist ein anderes: Der spirituelle Mensch vereinigt sich mit dem All-Einen; er geht ein in das kosmische Energiefeld und erlebt die Verbundenheit mit dem gesamten Sein.

Ein geistig entwickeltes Bewusstsein vereinigt seine unterschiedlichen Energien zu einem kohärenten Bewusstseinsfeld, das beim Übergang weder auseinander driftet, noch haltlos wird und sich nicht auflöst. Einem stabilen Bewusstseinsfeld stehen weit mehr

Möglichkeiten zur Verfügung als einer in ihre Einzelteile zerfallenden Psyche.

Was ist mit dem Gedächtnisschwund, der normalerweise mit dem Übergang einhergeht?

Die Gedächtnisfunktionen werden nicht mehr in gleicher Weise benötigt wie zuvor. Sie wären vielmehr ein großes Hindernis, wenn die Erinnerung an jede Einzelheit - wie unwichtig auch immer -, das geistige Bewusstseinsfeld überschwemmte. Das geistige Feld hat unvorstellbar große Ausmaße und könnte nicht bestehen, wollte es jede Kleinigkeit speichern. Vertrauen und Zuversicht sind probate Helfer auf dem Weg.

Die Art des Übergangs hängt mit dem Stand des geistigen Fortschritts zusammen. Die Wege sind - bedingt durch die unterschiedlichen Stufen des individuellen Bewusstseins - vielfältiger, als bisher dargelegt wurde. Das letztendliche Ziel ist bei allem Bewusstsein das Gleiche: Die Verbindung mit der All-Einheit.

Reinkarnations-Prozesse

Die Vorstellungen, die im Allgemeinen über Reinkarnations-Prozesse kursieren, entsprechen nur in geringem Maße dem tatsächlichen Verlauf. Einem Menschen, der seine körperliche Hülle verlässt, ist in der Regel wenig daran gelegen, in eine neue Inkarnation einzugehen. Zu frisch sind die Erinnerungen an das vergangene Leben und Erleben. Daher ziehen es Verstorbene in den meisten Fällen vor, das frühere Dasein von allen Seiten zu betrachten und die Erlebnisse noch einmal vor dem geistigen Auge entstehen zu lassen.

Ist dieser Prozess abgeschlossen, hat der Verstorbene eine ganze Anzahl an Wahlmöglichkeiten, die seinen weiteren Weg bestimmen. Nicht immer ist eine erneute Inkarnation die beste Möglichkeit der

Fortentwicklung. Manche Seelen entscheiden sich für einen Aufenthalt in anderen, ihnen bisher unbekannten Sphären; sie dürsten nach dem Neuen, Unbekannten. Andere wünschen keine drastischen Veränderungen. Sie würden am liebsten ihr altes Leben in ähnlicher Weise fortführen. Die herausragenden Vorlieben und Neigungen der Seele werden bei der Wahl des weiteren Werdegangs berücksichtigt.

Falls eine Rückkehr in die materielle Welt bevorzugt wird, kann die Seele frei wählen, in welche Art von Verhältnissen sie hineingeboren werden möchte. Nicht immer sind die neuen Lebensumstände komfortabel, denn sie entsprechen den Lernaufgaben der Seele. Ein Leben in Wohlstand und Überfluss ist nicht in jedem Fall die beste Wahl, wenn Bescheidenheit und Mitgefühl die vorrangigen Lernziele sind. Andererseits kann ein Leben in materiellem Wohlstand durchaus bei der Weiterentwicklung der Seele einen positiven Beitrag leisten.

Ist Wohlstand das Ergebnis von Wohlverhalten in der Vergangenheit?

Nicht immer sind gute Taten für gegenwärtigen Wohlstand ausschlaggebend. Die Seele soll möglicherweise materielle Güter schätzen lernen und mit ihnen in verantwortlicher Weise umgehen. Weder Verschwendung noch übertriebener Geiz sind wünschenswerte Eigenschaften des Seelenlebens. Auch die Empfindung, bitterer Armut entronnen zu sein, kann einen enormen Fortschritt im Seelenleben bewirken.

Gibt es Seelen, die sich an frühere Inkarnationen erinnern?

Nur sehr wenigen Seelen ist es vergönnt, Rückschau auf vergangene Erlebnisse zu halten. Die Vergangenheit darf nicht zum Störfaktor werden und neue Erfahrungen über Gebühr beeinflussen. Ist ein gewisser Reifegrad erreicht, kann die entwickelte Seele in vergangene Ereignisse, die eine Inkarnation entscheidend geprägt haben, Einblick nehmen.

Manchmal werden ‚die Karten neu gemischt' und eine Seele zerfällt in verschiedene Teile. Woran liegt das?

Das Dasein in der geistigen Welt entzieht sich weitgehend der menschlichen Vorstellungskraft, daher ist es schwierig, es zu erklären. Bei einer unreifen Seele, die zu sehr heftigen Reaktionen neigt, geht der Zusammenhalt früher oder später verloren. Die Kontinuität des Bewusstseins kann nicht aufrechterhalten werden. In diesem Fall bilden sich Teilpersönlichkeiten, die bestimmte Anteile der früheren Ganzheit repräsentieren.

Zudem wirkt der persönliche Vorrat an Erinnerungsbruchstücken, die in der vergangenen Inkarnation angesammelt wurde, wie ein Magnet, der unentwegt Teile des Bewusstseins an sich zieht. Das Bewusstsein verliert auf Dauer seine Kontinuität, da es dem Sog nicht zu widerstehen vermag. Die Bewusstseinteile driften in verschiedene Richtungen auseinander und gehen neue Verbindungen ein.

Das kann zu einem Verlust der persönlichen Identität führen. Die Persönlichkeit nimmt sich nicht mehr als unteilbares Ganzes wahr. Die einzelnen Bewusstseinteile trennen sich und verbinden sich neu mit anderen, fremden Anteilen, die mit der jeweiligen Schwingung konform gehen. Es kommen verschiedenartige Bildungen zustande, die wiederum das Bestreben haben, im materiellen Bereich nach neuen Erfahrungen zu streben.

Dies geschieht zu Lasten des Ursprungsbewusstseins, dass immer uneinheitlicher und damit instabiler wird. Die Stabilität ist aber eine unbedingte Voraussetzung für eine Existenz auf der rein geistigen Ebene. Zerfällt das Bewusstsein in seine Teile, dann ist es – ganz ähnlich wie auf der materiellen Ebene – nicht überlebensfähig. Das

Fehlen der Gedächtnisfunktion ist somit ein Schutz, der die Stabilität gewährleistet.

Ist die Auflösung der Einzelpersönlichkeit nach dem Tod nicht eher die Regel?

Dieser Zustand betrifft vor allem Seelen, die noch nicht einen gewissen Reifegrad erreicht haben und bei denen Prozesse ablaufen, die in ihrer Heftigkeit ihresgleichen suchen. Der Zusammenhalt der Persönlichkeit setzt eine ausgeglichene Psyche voraus, die es gelernt hat, mit heftigen Emotionen umzugehen. Noch viel wichtiger wird diese Selbstbeherrschung im nach-todlichen Zustand, wo der Einfluss der Materie fehlt, um explosive Gefühle wie Zorn, Hass, Begierden, Neid etc. zu steuern und in ruhigere Bahnen zu lenken.

Die Steuerung der Emotionen ist oberstes Gebot im nach-todlichen Dasein. Hier zeigt sich, wer die nötige Reife besitzt, um in einem kontinuierlichen Bewusstseinsprozess zu weiteren Zielen fortzuschreiten. Dies betrifft mehr Seelen, als es den Anschein hat. Seelen, die häufig wenig Aufhebens von sich machen, können zu bedeutenden Erfahrungen fortschreiten, die anderen verschlossen sind.

Man kann die verschiedenen Leben mit einem Rad vergleichen, bei dem die Speichen die einzelnen Leben darstellen. In der Mitte des Rades befindet sich das geistige Zentrum, von dem alle Aktivität ausgeht. Dieses Zentrum pulsiert mit großer Regelmäßigkeit. Die Strahlen, die es aussendet, repräsentieren die verschiedenen Leben. Bei der Höherentwicklung des Menschen gewinnen diese Strahlen an Leuchtkraft und Stärke. Am Ende eines Entwicklungszyklus vereinigen sich die Strahlen wieder mit dem Zentrum, aus dem sie hervorgegangen sind.

Ist nach einem spirituellen Aufstieg die Wiedergeburt in ein materielles Dasein möglich?

Eine Wiedergeburt empfiehlt sich bei Adepten, die noch Lernprozesse zu bewältigen haben. Die Erde kann als Schulungszentrum aufgefasst werden, das Fähigkeiten und Kenntnisse vermittelt, die unabdingbar für einen geistigen Aufstieg sind. Defizite in dieser Hinsicht führen zu einer erneuten Inkarnation, die allerdings nicht in jedem Fall ein ganzes Leben umfassen muss. Manchmal genügt es, für einen kurzen Zeitraum zurückzukehren, um nicht bewältigte Erfahrungen mit der Gesamtpersönlichkeit in Einklang zu bringen.

Es kommen unterschiedliche Methoden zum Einsatz, um einem Menschen die geistige Ebene, seine Heimat, wieder näher zu bringen. Dies ist abhängig von seinem Bewusstseinsstand.

Individuen befinden sich zwar auf unterschiedlichen Niveaus, was aber einer Heimkehr in die geistige Welt nicht grundsätzlich im Wege steht. Ein Bewusstseinsfeld enthält viele Facetten. Manchmal behindern gewisse Anteile der Psyche eine Annäherung an den rein geistigen Zustand. Es gilt, diese Anteile zu erkennen, um eine vollständige Ablösung von materiellen Belangen zu ermöglichen. Doch niemand kann auf Dauer und gegen seinen Willen gezwungen werden, im geistigen Bewusstseinsfeld zu verweilen.

Die materielle Welt war ursprünglich lediglich als eine Ebene des Übergangs gedacht, als vorübergehende Stufe zur Vorbereitung für die Rückkehr in die geistige Heimat. Doch der ursprüngliche Plan ist gründlich misslungen.

Die geistige Heimat ist ein überaus lebendiges Schwingungsfeld mit vielen Facetten, das für jedes Bewusstsein genügend Überraschungen bereithält. Ganz obenan steht das Wohlbefinden. Diejenigen, die dauerhaft auf der Geistebene existieren wollen, dürfen am Menschsein und den materiellen Bedürfnissen nicht mehr allzu stark hängen. Ein Geist erreicht dann Vollkommenheit und Dauer, wenn seine Wünsche, die irdische Ebene anbetreffend, erloschen sind. Andernfalls ziehen diese ihn immer erneut hinab in weitere Inkarnationen. Lediglich die Überwindung irdischer Bedürfnisse führt an das ersehnte Ziel.

Transformation und Verjüngung

Der Vorgang der Verjüngung ist eine äußerst komplizierte Angelegenheit, der in Kürze nicht umfassend erklärt werden kann. Nur soviel: Wer auf die Verjüngung seines vergänglichen Körpers aus ist, hat nicht begriffen, welches seelische Leid auf ihn zukommt.

Das Missempfinden, das eine verjüngte Person verspürt, besteht in der absoluten Einsamkeit, der sie nach dem Prozess der Verjüngung ausgesetzt sind. Alle verwandtschaftlichen und freundschaftlichen Bande sind notwendigerweise zerrissen und die innere Leere, die an diese Stelle tritt, ist nur schwer zu ertragen. Es geschieht nicht selten, dass jemand nach dem Verjüngungsvorgang freiwillig aus dem Leben scheidet.

Es ist nicht einfach, das innere Manko auszugleichen. Ein solcher Ausgleich gestaltet sich äußerst schwierig, wenn die inneren Bande, die mehr Bedeutung haben als allgemein angenommen, nicht mehr existieren. Selbst nach dem Ableben herrscht keine solche Leere vor.

Wer darf sich transformieren?

Die innere Stabilität einer Person ist ein wichtiger Faktor bei dieser Entscheidung. Auch die Herzqualität spielt eine wichtige Rolle, denn eine ganze Anzahl der Transformierten leidet unter Herzschwäche oder erleidet einen Infarkt.

Die geistigen Helfer stehen diesem Vorgang skeptisch gegenüber, da er kein adäquater Weg ist, um persönliche Probleme zu lösen und die seelische Qualität eines Menschen zu verbessern. Doch es gibt immer wieder Ausnahmen von der Regel. Sind die seelischen Voraussetzungen gegeben, entschließt sich die geistige Führung hin und wieder, dem Drängen eines Menschen nachzugeben. Seine hartnäckigen Wünsche können nicht einfach übergangen werden.

Die Person legt einen weiten Weg zurück, den sie sich selbst zuzuschreiben hat. Sie bekommt das Rüstzeug mit auf den Weg, das sie befähigt, den Prozess heil zu überstehen. Alles Weitere liegt in ihrer eigenen Verantwortung. Das bedeutet, sie ist fortan für ihr Schicksal selbst verantwortlich und trägt die Konsequenzen ihrer Entscheidung. Die geistige Führung zieht sich zurück und überlässt ihr den Fortgang ihres Weges.

Wenn der Vorgang der Verjüngung abgeschlossen ist, besteht die Notwendigkeit einer Neuorientierung. Das setzt ein gewisses Maß an Anpassungsfähigkeit voraus. Das vergangene Leben zählt nicht mehr; liebgewonnene Gewohnheiten lässt der Betreffende hinter sich. Die Bande an die Vergangenheit zerreißen vollständig, wie bereits mitgeteilt wurde. Der Prozess ist nicht reversibel. Der Mensch befindet sich in einem völligen Vakuum von Raum und Zeit.

Wie sieht das neue Leben aus? Bleiben die Erinnerungen erhalten?

Die Erinnerungen bleiben in dem Maße konstant, inwieweit es jemandem gelingt, sie festzuhalten. Man darf sich das nicht so einfach vorstellen, denn der Verjüngungsprozess ist ein tiefer Einschnitt in die gesamte Entwicklungslinie. Zumindest Bruchstücke des vergangenen Lebens tauchen immer wieder an die Opferfläche des Bewusstseins empor.

An welchem Ort lebt der Verjüngte nach der Transformation?

Diese Frage ist der schwierigste Punkt in der ganzen Angelegenheit. Das Diesseits ist in verschiedenen ‚Schichten' aufgebaut. Man kann es sich wie ein Gebäude mit verschiedenen Stockwerken vorstellen. Jedes Stockwerk enthält eine gewisse Zeitspanne, die allerdings nicht genau festgelegt ist. Die Zeitabschnitte sind nicht kontinuierlich nacheinander geordnet, sondern ist ‚entsprechen' einander. Die ‚Zeitqualität' ist für die Zuordnung entscheidend.

Zeitqualität bedeutet, dass gewisse Überzeugungen und Ideen vorherrschend sind, die eine Zeitepoche ausmachen. Daher können sich auf einer Ebene verschiedene Zeitepochen durchdringen, die in Wirklichkeit weit auseinander liegen. Griechische Antike und Renaissance könnte so ein Beispiel sein, doch die Unterschiede beider Epochen sind zu groß, um sie auf einer Ebene anzusiedeln.

Die verjüngte Person sucht sich intuitiv die für sie passende Zeitepoche aus. Die geistige Welt hat darauf keinen Einfluss. Es kann geschehen, dass jemand in einer Zeit ankommt, mit der er nicht gerechnet hat. Dies kann zusätzlich großes Leid verursachen.

Gibt es eine Möglichkeit, vorher einen Eindruck von der Zeitepoche zu gewinnen, von der man angezogen wird?

Dies ist mitunter möglich, wenn auch nur mit viel Aufwand. Voraussagen sind mitunter recht schwierig. Doch kurz vor der Transformation erhält der Proband einen Eindruck von seinem Zielort und kann seine Entscheidung davon abhängig machen.

Wie geht die Ankunft vonstatten? Taucht der Neuankömmling plötzlich am Zielort auf?

Er ist nicht plötzlich an einem anderen Ort, sondern seine Bewusstseinsenergie fließt in eine bestimmte Richtung. Das alte Leben endet nach und nach, während das neue Dasein immer festere Formen annimmt. Der Übergang erfolgt schrittweise und kontinuierlich. Während das alte Leben erlischt, baut sich das neue auf. *(...auch in einem Neugeborenen?)* Die Art des Vorgangs ist von der Entscheidung des Probanden abhängig.

Wenn ihn die Entwicklung als neugeborenes Baby abschreckt, hat er die Möglichkeit, seinen Körper zu verjüngen. Dies setzt eine

Teleportation in eine andere Zeitebene voraus, die durchaus möglich ist. Der Mensch verschwindet in seinem alten Leben – was eine gewisse Organisation voraussetzt, damit die Umwelt nicht aufmerksam wird – und taucht an anderer Stelle wieder auf.

Dabei sind Helfer vonnöten, die sich zu gegebener Zeit mit dem Kandidaten in Verbindung setzen. Die Helfer sind über den gesamten Planeten verstreut und erhalten Mitteilung, wenn ein Proband kurz vor dem ‚Absprung' steht und ihre Unterstützung braucht. Dann findet eine diskrete Kontaktaufnahme statt und die weiteren Schritte werden geklärt.

Voraussetzung hierfür ist der feste Wunsch zu dieser Art von Transformation und die Zustimmung zur Eigenverantwortlichkeit. Zaudert der Kandidat im letzten Moment, wird die Transformation nicht durchgeführt. In diesem Fall geht die Entwicklung einen anderen Gang.

Zurückversetzung in der Zeit

Es existieren noch weitere Möglichkeiten, um das Leben zu verlängern. Zu ihnen gehört, eine bestimmte Person in der Zeit (z.B. 20 Jahre) zurückzuversetzen. Allerdings werden in diesem Fall die Zeitströme zu einem erheblichen Problem. Der Organismus leidet unter Anpassungsschwierigkeiten, da er mit den fremden Bedingungen nicht vertraut ist.

Man kann sich die Zeit wie einen energetischen Strom vorstellen: Eine Person, die in einem ihr fremden und daher nicht gemäßen Zeitstrom eintaucht, begibt sich in die Gefahr, am Zielort von den heftigen Strömungen mitgerissen und sogar aufgerieben zu werden.

Währt der Aufenthalt nur kurz, stellt dies noch kein unüberwindbares Hindernis dar. Doch will jemand über einen längeren Zeitraum verweilen oder sogar völlig in der neuen Zeitenergie heimisch werden, dann benötigt er sogenannte ‚Stabilisatoren', die für die Festigkeit des Organismus sorgen.

Als Stabilisator kommt alles in Frage, was einen Widerstand bietet; alles, was die Festigkeit des physischen Organismus erhöht, ist geeignet. Dazu gehören gewisse Sportarten (wie z.B. Laufen und Fitnesstraining), bei denen die Muskulatur beansprucht und das Zusammenwirken der Muskeln gefördert wird. Auch schmerzhafte Prozeduren wirken zusammenziehend, werden aber naturgemäß nicht allzu oft angewandt.

Bestimmte Nahrungsquellen sind ebenfalls geeignet, um in einer bestimmten Zeitströmung Stabilität zu erlangen, da sie mit dieser Zeit verwachsen sind. Fleischhaltige Kost ist besonders empfehlenswert, denn die Verankerung der Tiere mit dem ihnen entsprechenden Zeitstrom ist besondert stark. Sogar Alkohol kommt als stabilisierender Faktor in Frage, da er alte Verknüpfungen auflöst, die mit der vormaligen Zeitströmung - dem Ursprung des Zeitreisenden - zusammenhängen.

Wie geschieht die ‚Rückführung' einer Person in einen früheren Zeitabschnitt?

Die Rückführung erfolgt in der Regel während des Schlafs, wenn die Rezeptoren des Organismus, die einen Menschen mit der Materie verbinden, gelockert sind. Die Verbindungen können, wenn sie nicht allzu stark verfestigt sind, vollends gelöst und in der neuen Zeitebene verankert werden - mit den bereits erwähnten Folgeerscheinungen.

Der Übergang kann durch starke Schlafmittel oder sonstige Psychopharmaka, welche die Verankerung in einer bestimmten Realität beeinträchtigen, erleichtert werden. Das geschieht tatsächlich von Zeit zu Zeit.

Die neue Umgebung stellt dann kein besonderes Hindernis dar, wenn die Betreffenden den Wechsel nicht bemerken. Teil eines bestimmten Zeitstroms zu sein bedeutet, als Mitglied anerkannt zu werden, auch wenn besagtes Mitglied vorher in dieser Form nicht existierte. Der Zeitstrom integriert die neue Form und lässt sie als natürlich und zugehörig erscheinen. Er ‚verschluckt' sozusagen die Gegensätzlichkeiten, die sich aus dem Zeitsprung ergeben.

Wenn jemand in eine frühere Existenzphase zurückspringt, existiert sein Ich dann nicht doppelt in dem betreffenden Zeitabschnitt?

Eine Verdoppelung findet nicht statt, da eine Verschmelzung mit dem früheren Ich erfolgt. Das frühere Ich erfährt einen Zustrom an Wissen und Erfahrung, ohne die Zusammenhänge zu kennen. Das neu hinzugekommene Ich kann sogar unbemerkt die Führung übernehmen, ohne dass es zu Komplikationen kommt *(...doch aus dem alten Zeitstrom ist das Ich verschwunden...)*

Dort ist tatsächlich eine Lücke entstanden, die sich aber nach kurzer Zeit wieder schließt. Die Umstände werden so eingerichtet, dass eine Abwesenheit nur Wenigen auffällt. Es kommt nicht gerade selten vor, dass Leute untertauchen oder von der Bildfläche verschwinden. Meist sorgen die betreffenden Kandidaten selbst dafür, kein allzu großes Aufsehen zu erregen. Sie ‚verreisen' auf unbestimmte Zeit oder ‚wandern aus' und kehren nicht zurück.

Kommt es manchmal zu einem unbeabsichtigten Hin- und Herwechseln zwischen verschiedenen Zeitebenen?

Ein unbeabsichtigter Wechsel ist äußerst selten. Nur in Fällen, in denen eine Psyche sehr instabil ist und kaum eine Haftung an eine bestimmte Zeitströmung zustande bringt, kann ein unbeabsichtigter Wechsel geschehen. Die betreffende Psyche ist desolat und weist zuwenig feste Komponenten auf, um sich in der jeweiligen Zeitströmung fest verankern zu können. Sie befindet sich plötzlich, ohne eigene Absicht, an einem anderen Ort, in einer anderen Zeit. Falls in der neuen Situation ebenfalls keine Anhaftung stattfindet, kann es sein, dass die umherirrende Psyche wieder an ihren Ursprungsort zurückkehrt.

Vor allem eine starke gefühlshafte Verbindung zu Mitmenschen schafft eine stabile Verankerung, die Halt und Dauer verleiht.

Magische Praktiken

Existieren auch weiß- bzw. schwarzmagische Praktiken, die eine Auflösung des physischen Körpers verhindern?

Praktizierende Magier geraten immer wieder in Versuchung, ihr Leben über die ihnen normalerweise zugestandene Dauer zu verlängern. Die meisten haben damit wenig Erfolg, doch einigen gelingt es, Mittel und Wege zu finden, die ihre Lebensspanne im irdischen Dasein ausdehnen. Diese Mittel sind geheim, doch einige Andeutungen seien erlaubt:
- Eine der Möglichkeiten ist der Entzug von Sonnenlicht, denn Licht beschleunigt den Alterungsprozess und hat auflösende, destabilisierende Wirkung. Doch ein Dasein in der Dunkelheit allein reicht nicht aus für einen nachhaltigen Erfolg.
- Andere bevorzugen daher das Mittel der Blutübertragung, wobei das Blut junger, kräftiger Spender bevorzugt wird. Eine Blutwäsche kann das Leben immerhin um ca. 3 Monate verlängern, doch die Prozedur ist recht aufwendig.
- Daher greifen einige Magier zu noch drastischeren Mitteln, die ihre Lebensspanne über Jahre hinaus verlängern können. Sie verbünden sich mit unsichtbaren Mächten, denen sie zum Ausgleich ihre Dienste anbieten. Diese Mächte sind ihrerseits daran interessiert, einen Zugang zu irdischer Lebenskraft, der ihnen normalerweise verschlossen ist, zu erhalten. *Lebenskraft hat einen großen Wert, vor allem für Wesen, die keinerlei Zugang dazu haben.*
Die Wesen verwenden einen Teil der ihnen zugeführten Lebenskraft dazu, das Leben der mit ihnen verbündeten Menschen auf unabsehbare Zeit zu verlängern. Die Dauer ist dabei abhängig von der Menge der ihnen zur Verfügung gestellten Energie.

Wie kommen die Magier ihrerseits an die wertvolle Kraft?

Sie haben hierzu mehrere Möglichkeiten:
- ◉ Sie erzeugen und speichern in sich selbst Lebenskraft, z.B. durch vermehrte Bewegung und sexuelle Enthaltsamkeit. Überschreitet der Energiepegel ein bestimmtes Maß, kann Energie von den unsichtbaren Mächten absorbiert werden. Dass es auch zu Missbrauch seitens der Geisterwelt kommen kann, liegt auf der Hand.
- ◉ Magisch arbeitende Menschen kennen noch andere Mittel, um an Energie zu gelangen. Etliche benutzen die Energie-Ausstrahlungen anderer Menschen. Sobald sie sich in eine Menschenmenge begeben, finden sie Mittel und Wege, sich die Energien der Umgebung durch magische Prozeduren, die ein spezielles Wissen erfordern, anzueignen.

Eine begeisterte Menschenmenge sondert ein hohes Maß an Energie ab, daher sind Sport- und Musikveranstaltungen eine willkommene Gelegenheit, um große Mengen an Energie zu absorbieren. Sogenannte ‚Energie-Vampire' halten sich dort - unbemerkt von den Anwesenden - in großer Zahl auf.
- ◉ Eine weitere Möglichkeit, um an fremde Energie zu kommen, steht schwarzmagisch arbeitenden Leuten zur Verfügung. Dabei handelt es sich um Blutopfer, über die bereits viel geschrieben wurde. Ein Opfer, das getötet wird, setzt im Augenblick seines Todes ein Höchstmaß an Energie frei, die von anwesenden Astralvampiren verschlungen wird. Diese Art der Energie-Absorption ist zwar ungesetzlich, dennoch findet sie gar nicht so selten statt.

Diejenigen, die derartige Opfer darbringen, versuchen ihrer Strafe zu entgehen, indem sie ihre Lebensspanne so weit wie nur irgend möglich ausdehnen. Sie scheuen den Tod und versuchen, ihn mit allen Mitteln zu verhindern, um einer Vergeltung für ihre Untaten zu entgehen.

Blutopfer sind das stärkste, aber auch gefährlichste Mittel, dem eigenen Tod zu entgehen. Sie rufen Mächte auf den Plan, die ihnen feindlich gesinnt sind und die alles daran setzen, um ihnen das blutige Handwerk zu legen. Diese Mächte werden die *Weiße Garde* genannt, die ihresgleichen beschützt und nicht zulässt, dass die Untaten von Schwarzmagiern über ein gewisses Maß hinausgehen.

In einem solchen Fall schreiten sie ein und bringen den Schwarzmagier zu Fall. Ihnen stehen dabei Mittel zur Verfügung, die normalen Erdenbürgern nicht bekannt sind.

Betreiben weißmagische Orden nicht ebenfalls Lebensverlängerung?

Die Mitglieder weißmagischer Orden agieren von einer anderen Seinsebene aus, die ihnen mehr Möglichkeiten einräumt, als den Bewohnern der materiellen Welt zur Verfügung stehen. Es fällt ihnen nicht schwer, Materie in Bewegung zu setzen und Aktionen auszuführen, die über das Menschenmögliche hinausgehen. Da sie die irdische Daseinssphäre bereits transzendiert haben, sind sie auf Maßnahmen zur Lebensverlängerung nicht angewiesen. Nur gelegentlich, um ein bestimmtes Ziel zu erreichen, kehren sie dorthin zurück.

Der Sinn der Existenz besteht im Grunde darin, die Anziehungskraft an das materielle Dasein hinter sich zu lassen und in die rein geistigen Ebenen, die allein Dauer und Unsterblichkeit versprechen, zurückzukehren.

Die Entwicklung des Lichtkörpers

Traum und Wirklichkeit

*Das Land der Träume ist die Landschaft des Geistes.
Es ist der Ort, von dem wir kommen.*

Oft vermischen sich im Leben Traum und Wirklichkeit, denn ein jeder trägt Erinnerungen mit sich herum, die in dramatischen Situationen - sei es im Traum oder im realen Alltag - wieder in den Vordergrund gelangen. Hierdurch kommen die Verzerrungen zustande, die eine eindeutige Beurteilung von Situationen so häufig erschweren. Wird eine stark angstbesetzte Erinnerung aktiviert, verschwimmen die Konturen der handelnden Personen. Gegenwart und Vergangenheit gehen eine Verbindung ein; die trennenden Grenzen scheinen aufgehoben. Dies geschieht regelmäßig im Traum und auch in der physischen Realität, wenngleich oft gefiltert durch die trennenden Schranken des Wachbewusstseins.

Manche Träumer vermischen Realität und Traumebene auf eine übertriebene Weise. Diese Vermischung der Ebenen führt zu Verzerrungen, die weder ihnen noch anderen gerecht werden. Aufgrund ihrer überzogenen Reaktionen werden sie dem Geschehen nicht gerecht; es wird unverhältnismäßig aufgebauscht. Eine heftige und destruktive Art, mit Konflikten umzugehen, fördert

Ressentiments, womit der Betreffende sich und anderen schadet. Hätte er mehr Abstand, könnte er die wahre Bedeutung des Geschehens besser einschätzen.

In manchen Traumsequenzen ist eine Situation gegeben, in der ein Träumender selbst die Hauptakteure bestimmt. Nur er selbst entscheidet, wer in der Handlung zugegen sein darf und wer nicht. Doch nicht in jedem Fall ist es möglich, die Reaktionen dieser Akteure vorauszusehen. Manchmal entgleitet die Traumhandlung der Kontrolle und führt zu unbeabsichtigten Ergebnissen. Wenn der Träumer selbst einen Teil der Traumhandlung mitbestimmt, fällt die Wahl von Zeit zu Zeit nicht zu eigenem Gunsten aus, was dann nicht selten in ein alptraumhaftes Geschehen gipfelt. Oft wäre auch ein anderer Ausgang möglich gewesen. Um von außen in den Ablauf eines Traumes eingreifen zu können, muss die Bereitschaft des Träumenden vorhanden sein, dies zuzulassen.

Ein Träumender sollte darauf achten, seine Energien nicht auf eine grundfalsche Weise einzusetzen. Hiermit fügt er sich selbst erheblichen Schaden zu, denn Wesenheiten, die dem Licht entgegengesetzt sind, nähern sich ihm. Letztendlich ist der Träumende der Verlierer, selbst wenn gewisse Absichten von Erfolg gekrönt werden. Er fügt seiner Entwicklung einen Schaden zu, der nur schwer, mit großer Mühe, wieder aufgearbeitet werden kann.

Grundsätzlich sind Situationen, in denen sich negative Wesen im Traum annähern, nicht vorhersehbar. Achtsamkeit ist der beste Schutz gegen unerwünschte Übergriffe. Solange der Träumende niederen Naturen eine Angriffsfläche bietet, wird die Gefahr bestehen, mit ihnen konfrontiert zu werden. Solche Wesen halten Ausschau nach einem passenden Köder, den sie dem Opfer unverhofft darbieten. Es liegt an ihm, die Situation bereits im Vorfeld zu erkennen und ihr auszuweichen. Ein feines Gespür für Gefahrenmomente könnte dem Träumer einige Unannehmlichkeiten ersparen. Blindes Vertrauen ist in keiner Weise angebracht. Auch sollte er es vermeiden, sich in die Opferrolle zu begeben.

Alpträume der unangenehmen Art wiederholen sich von Zeit zu Zeit, um den Träumenden auf Defizite in seiner Psyche hinzuweisen. Sie können ihm im Grunde nichts anhaben, daher sollte er sich von ihnen nicht allzu stark beeindrucken lassen. Ein Traumabschnitt, der aus dem Zusammenhang erinnert wird, kann zudem recht irreführend sein.

Das Traumleben wählt manchmal ungewöhnliche Mittel, um auf ein innerseelisches Problem hinzudeuten. Die Trauminhalte sind als Hilfe gedacht, sie sollen Licht auf ein seelisches Geschehen werfen und keineswegs die Probleme noch vergrößern. Der Träumende wird in Träumen oft mit einer Handlung konfrontiert, die durchaus auch im realen Leben denkbar wäre. In der Wirklichkeit hätte er aber nicht die Möglichkeit, wieder aufzuwachen und sich sicher und unversehrt vorzufinden. Im Traum wird er auf Gefahrenmomente hingewiesen, die es zu vermeiden gilt. Sofern er die Lage falsch einschätzt, liefert er sich durch Unachtsamkeit gefährlichen Situationen aus, anstatt sie zu vermeiden und der Gefahr aus dem Wege zu gehen.

Ein Beispiel:

Der Träumer ist in einer gottverlassenen Gegend unterwegs, als er einen einsam gelegenen Bauernhof sieht. Anstatt seinen Weg unbeirrt fortzusetzen, geht er völlig arglos hinein. Eine vorbeifahrende Kutsche mit Reisenden, die ihn auf sein Wagnis aufmerksam machen, lässt er vorüber fahren und missachtet ihre Warnungen. So setzt er sich unnötigen Gefahren aus, was er später bitter bereuen sollte, denn er trifft in der Folge auf Leute, die ihn attackieren und nicht ungeschoren davon kommen lassen.

(In der spirituellen Entwicklung werden die Grenzen zwischen Diesseits und Jenseits, zwischen realem Dasein und Traum-Erleben, immer durchlässiger. Die Vorstellung, nächtliche Traumabenteuer ernst zu nehmen, findet sich besonders bei tibetischen Buddhisten.

Sie befassen sich ausgiebig mit ihren Träumen und räumen ihnen eine dem realen Leben nahezu gleichwertige Bedeutung ein.)

Die Missetaten, die jemand im Traumzustand begeht, werden weit weniger hart geahndet, als würde dieselbe Tat im Wachzustand verübt, da im Traum die inneren Kontrollinstanzen weitgehend ausgeschaltet sind. Daher ist die Hemmschwelle entsprechend geringer, eine ruchlose Tat zu begehen.

Ereignisse auf der Traumebene können sehr realitätsnah erscheinen, dennoch sollte man ihre Bedeutung nicht übertrieben hoch einschätzen. Die Traumwelt ist eine dramatisierte Form des irdischen Erlebens, doch sie entspricht nicht der Wirklichkeit. Ähnlich wie ein Theaterstück, das den Zuschauer in seinen Bann zieht und ihn für Augenblicke die wahre Realität vergessen lässt, so werden auch im Traum Dramen aufgeführt. Deren Bedeutung soll keineswegs geschmälert werden.

Der Unterschied zur realen Welt ist subtil, aber dennoch zweifelsohne vorhanden. Man könnte das Traumerleben mit dem Lesen eines Buches vergleichen, an dessen Handlung der Leser lebhaft Anteil nimmt. Doch immer ist er sich der Unterschiede bewusst.

Solange der Mensch einen festen Körper hat, liegt der Hauptakzent seines Daseins auf dem physischen Erleben. Das Traumgeschehen - vor allem, wenn es deutlich erinnert wird - spielt zwar mit hinein, doch in deutlich verminderter Form. Diese Unterschiede sollten dem Träumer immer bewusst sein.

Die Lichtebene

Das Licht macht aus uns Menschen.

In der geistigen Welt existieren, ähnlich wie in der materiellen Welt, verschiedene ‚Departments' (Abteilungen). Die jeweilige

Interessenlage derjenigen Person, die mit geistigen Ebenen in Kontakt ist, entscheidet darüber, welche Sektion mit ihr und ihren individuellen Belangen in Beziehung tritt. Sind die Interessen eines Menschen mehr allgemeiner Natur, kommen andere Kräfte zum Einsatz als bei tiefsinnigen philosophischen Betrachtungen. Die geistige Sphäre unterscheidet sich in dieser Hinsicht nicht grundsätzlich von der irdischen Welt.

Dennoch existiert ein gravierender Unterschied. Die Schwingungshöhe der Person, die eine Mitteilung aus geistigen Sphären erwartet, zieht entsprechende Wesenheiten in ihren persönlichen Wirkungsbereich. Dies kann ihr zum Vorteil gereichen oder im Gegenteil Nachteile mit sich bringen, die umso größer sind, je niederer die Stufe, auf der sie sich zum betreffenden Zeitpunkt befindet.

Der menschliche Geist ist noch wenig geschult. Er kann daher die geistigen Dimensionen in ihrer Komplexität nicht erfassen, weshalb eine Erklärung diesbezüglich nicht einfach ist. Ein Beispiel soll dies veranschaulichen:

Ein Vogel fliegt in fremde, unbekannte Welten, die sich völlig von der bisher gekannten Realität unterscheiden. Bei seiner Rückkehr soll der Vogel den Daheimgebliebenen von seinen Erfahrungen berichten. Doch die Fremdartigkeit erschreckt sie; sie hatten keine Vorstellung von der Existenz fremder Welten. Die Erfahrungen sind bizarr und vielfältig, jenseits des bisher Bekannten. Es existiert kein Bezugsrahmen, in den das Erlebte eingeordnet werden könnte. Die Erkundung der fremden Realitäten gerät daher zu einem höchst persönlichen Abenteuer jenseits des direkt Mitteilbaren.

Die geistige Seinsweise existiert in vielerlei Abstufungen, bedingt durch die unterschiedliche Schwingungshöhe der Individuen. Hat ein Mensch die geistige Ebene erreicht, dann gelangt er auf das ihm entsprechende Niveau; ein Abweichen ist nicht mehr möglich.

Der Aufbau des Bewusstseins kommt der Form einer Pyramide am nächsten; die Schwingungen verfeinern sich zunehmend. Am höchsten Punkt des Bewusstseins ist ein vollkommen harmonischer Ausgleich der Schwingungen erreicht, das Sein hat zu seinem Ursprung zurückgefunden.

Menschen, denen es gelingt, ihre Schwingungen auf ein hohes Niveau zu bringen und dort konstant zu halten, ähneln einem Tänzer, der einen harmonischen Bewegungsrhythmus beibehält. Psychisches Wohlbefinden und Heiterkeit des Gemüts kann als direkte Folge eines hohen Schwingungsniveaus angesehen werden. Die vermehrte Einstrahlung hoher Schwingungsenergien hat einen Zuwachs an Erkenntnis zur Folge.

Ein hohes Schwingungsniveau ermöglicht den Kontakt zu feinstofflichen Wesen, die sich auf einer ähnlichen oder der gleichen Schwingungsebene befinden. Ein lohnender, angenehmer Austausch wird möglich. Den Lichtwesen geht es darum, spirituellen Menschen dabei zu helfen, auf eine höhere Stufe zu gelangen.

Die Aufgaben der Astralwelt unterscheiden sich grundsätzlich von denen, die in den höheren Sphären von Bedeutung sind. Das Wirken der astralen Ebenen verläuft in eigenständigen Bahnen, dennoch hat die Lichtwelt immer die Möglichkeit, astrale Einflüsse zurückzudrängen und unter Kontrolle zu bringen.

Wenn es um die Anliegen gewöhnlicher Menschen geht, leistet die Astralwelt nützliche Arbeit. Sie bildet zudem eine Brücke, die es bestimmten Individuen ermöglicht, eine höhere Stufe zu erreichen. Die Helfer aus der Astralwelt können daraus insofern einen Vorteil ziehen, als die höheren Schwingungen auch sie erreichen und auf eine höhere Daseinsstufe heben. Die Astralhelfer sind also am Fortschritt ‚ihres' Menschen interessiert und trachten keineswegs danach, ihm Schaden zuzufügen.

Astrale Mächte wissen allerdings ihren Vorteil daraus zu ziehen, falls ein Jünger zu gewissen Ausschweifungen (Alkohol, Sex, Süchte aller Art, Habgier etc.) neigt. Immer ist die geistige Welt bemüht, demjenigen, der auf Abwege geraten ist, die Zusammenhänge zu erklären und ihm zu ermöglichen, sich mit der Lichtwelt zu verbinden. Diese Verbindung ist ein Schutz, der astrale Wesenheiten fernhält.

Bei Konzentrationsübungen ist es unabdingbar, immer wieder Licht herbeizuziehen, denn wer negative Energien zusammenballt, kann sich nur schwer wieder davon lösen, während lichte Energien leichter und flexibler und in der Form wandelbar sind. Die lichten Energien sind allerdings zu flüchtig, um eine feste Form zu schaffen und benötigen daher dunkle Energien zur Balance, zum Erhalt ihrer Form. Sind die Energien dagegen zu massiv und fest, versteinern sie und verlieren ihre Formbarkeit. Hier gilt das Gesetz des Ausgleichs.

Ein Mensch, der die Stufenleiter nach oben erklimmt, tendiert mit der Zeit dazu, sich von irdischen Interessen und Wünschen abzuwenden und geistige Inhalte an deren Stelle zu setzen. Sobald die spirituellen Belange an erster Stelle stehen, steht dem Sprung in geistige Gefilde nichts mehr im Wege. Dort erwartet den Adepten aber nicht das Nichts, sondern neue Aufgaben und Entwicklungen warten auf ihn. Der geistige Pfad bietet einen bunten Strauß voller faszinierender Möglichkeiten.

Bei den Buddhisten liest sich das allerdings anders: Auf den Gläubigen wartet das Nirvana, die Leere, die für einen westlich geprägten Geist wenig Anziehungskraft besitzt.

Das Nirvana ist nicht so leer, wie manche glauben. Auch dort findet noch eine geistige Entwicklung statt, von der Erdenmenschen nicht zu träumen wagen. Mit irdischen Begriffen lässt sich ein solcher Zustand nur schwer beschreiben. Stell' dir ein großes Meer subtiler Möglichkeiten vor, angefüllt mit Licht- und Klangmustern, die gemeinsam eine berauschend Sinfonie ergeben.

Auch das ‚Klare Licht' der tibetischen Adepten entspricht den beschriebenen Zuständen. Es ist die Ebene, die eine Heimkehr ermöglicht. Sie zu durchqueren ist die Vorbedingung, um in die geistige Welt einzutreten. Zuvor müssen alle Misstöne in der Psyche überwunden werden, damit sie in höheren Sphären bestehen kann.

Wie unterscheiden sich Nirvana und christliche Lichtebene?

Der Unterschied ist nur graduell und schwer zu beschreiben. Stell' dir zwei Gefäße mit Flüssigkeit vor, in denen die Zusammensetzung und Färbung der wässrigen Substanz Unterschiede aufweist. Individuelle Schranken sind auf den hohen Geistebenen nicht mehr von Bedeutung. Ein erweitertes Bewusstsein erkennt sich in seiner Ganzheit jenseits individueller Grenzen.

In einem Text von Seth (Jane Roberts) wird die Auflösung in einem ‚Nirvana' strikt abgelehnt.

Das *Nirvana* ist nicht identisch mit der reinen Lichtebene; es ist vielmehr ein Konstrukt aus dem fernöstlichen Lehrgebäude, das über einen langen Zeitraum von den Gedankenkräften gläubiger Mönche geschaffen wurde, um ihren Anhängern eine geistige Heimat zur Verfügung zu stellen, in der sie sich zuhause fühlen. Das ‚klare Licht' der Tibeter entspricht ebenfalls nicht der westlichen Auffassung von lichten Ebenen, in die christliche Gläubige zurückkehren.

Auch auf den hohen Geistebenen existieren immer noch Unterschiede, die allerdings weitgehend unbekannt sind. Jede Glaubensrichtung bzw. Gemeinschaft hat ihren ‚eigenen Himmel'; so könnte man es ausdrücken. Auch die Erwartungen der Gläubigen sind ja grundverschieden und üben einen Einfluss aus auf die Lichtsphären.

Das irdische Dasein dient als Trittleiter in die geistige Sphäre, die mit der Zeit immer weniger gebraucht wird. Das Erdendasein wird abgelegt wie ein altes, zerschlissenes Gewand, das seine Schuldigkeit getan hat. Da in höheren Geisteszuständen die irdischen Belange ihre Bedeutung verlieren, sind auch die persönlichen Gedächtnisinhalte nicht mehr von Belang.

Individuelle Schranken sind auf den hohen Geistebenen nicht mehr von Bedeutung. Ein erweitertes Bewusstsein erkennt sich in seiner Ganzheit jenseits individueller Grenzen. Die Seelenbewusstsein kommen aus dem Licht und dahin kehren sie alle - früher oder später - zurück, denn es ist ihre Heimat.

Wesen, die mit dem Licht verbunden sind, erkennen sich untereinander. Ein natürliches Kennzeichen stellt eine Verbindung zwischen ihnen her. Dieses Zeichen ist sehr subtiler Natur und daher nicht leicht zu beschreiben. Es wird vermittelt bei dem ersten Eintritt in die Lichtsphäre. Hierbei geht ein Teil der körpereigenen Substanz verloren und etwas Neues wird eingefügt. Diese neue Substanz vermittelt den Eindruck der Leichtigkeit, des Schwebens. Hinzu kommt eine lichtvolle Ausstrahlung; ein Kennzeichen der Verbindung mit dem Licht.

Den Menschen erfasst ein großes Staunen, wenn er zum ersten Mal von seiner geistigen Höhe aus, die sein ursprünglicher Zustand ist, die Erde betrachtet. In der Regel wird ihm zuvor die Kenntnis über die Zusammenhänge vermittelt. Sein Geistkörper erlaubt ihm, die Erde weit umfassender zu erleben, als ihm dies früher möglich war. Seinen Erfahrungen sind nun keine Grenzen mehr gesetzt, weshalb ein Vergleich mit seiner früheren Existenzweise nicht gut möglich wäre. Zu gewaltig ist der Unterschied.

Der Energie- und Aufstiegskörper

Der Lichtkörper ist im Grunde das Einzige, was existiert.

Der Energie- bzw. Lichtkörper ist der feinstoffliche Doppelgänger des physischen Körpers und normalerweise fest in diesem verankert.

Der zweite Körper muss hart erworben werden. Im spirituellen Prozess lockert sich der Zusammenhalt zwischen Energiekörper und seinem grobstofflichen Gefährt. Die partielle Loslösung verschafft ihm mehr Bewegungsfreiheit, bewirkt aber auch eine teilweise Aufhebung des Schutzes. Davon ist das dritte Energie-Zentrum im Bereich des Solarplexus in besonderer Weise betroffen, denn es reguliert den Energieaustausch des feinstofflichen Körpers. Anders ausgedrückt: Der feinstoffliche Körper wird über das dritte Kraftzentrum mit Energie versorgt. Diese Energieversorgung hat somit lebenserhaltende Funktionen.

Unterbleibt die Energiezufuhr aus irgendeinem Grund, ist der feinstoffliche Körper nicht lebensfähig. Ein Schutzmechanismus bewirkt, dass die Funktion der Energetisierung autonom geschieht. Nur durch besondere Umstände kann es zu einer Unterversorgung der Energiezufuhr kommen. Hier ist in besonderem Maße das menschliche Unterscheidungsvermögen aufgerufen, um diesem Geschehen entgegenzuwirken.

Um den feinstofflichen Energiekörper zu schützen, ist eine Diät erforderlich:
- kein Fleisch, keine Eier,
- weitgehender Verzicht auf Kaffee und Alkohol,
- Fisch nur in geringen Mengen.

Alkohol wirkt destabilisierend auf die Psyche und fördert die Durchlässigkeit der Membran, die den Energieaustausch regelt. Diese Durchlässigkeit erlaubt einen vermehrten Energieabzug durch nicht-systemkonforme Energien. Die Infiltration negativer Energien geht auf diese Weise vonstatten. Dies bedeutet, dass ein Teil der Energien in fremde Kanäle abfließt. Eier und Fleisch führen zu einer vermehrten Produktion von Harnausscheidungsstoffen. Der Organismus wird von Schlacken überschwemmt, die mühsam wieder abgebaut und ausgeschieden werden müssen.

Neigt ein Proband zu ungesteuerten Gefühlsausbrüchen, wird sein Energiekörper in eine heftige, in ungleichmäßigem Rhythmus schwingende, pulsierende Bewegung versetzt. Der feinstoffliche Körper gerät außer Kontrolle, sobald die Steuerung versagt. Dadurch kommen Prozesse in Gang, die den Abläufen in einer Turbine ähnlich sind. Die starken Schwingungen erzeugen Vibrationen von großer Spannweite.

Ein schnell schwingender Energiekörper birgt ein großes Gefahrenpotential, das anfänglich kaum zu bemerken ist. Vor allem die Stressanfälligkeit erhöht sich, bei sinkendem Energiepegel. Wenn der Energiekörper sich zu stark bewegt, lässt die Kontrolle immer mehr nach. Er beginnt zu rotieren, sofern ihm keinerlei Widerstand entgegengesetzt wird. Als wären die Leinen los, dreht er sich im Kreise und bewegt sich dabei immer schneller um die eigene Achse.

Dieser Effekt, als ‚durchdrehen' bekannt, ist aber nicht das einzige Phänomen eines außer Kontrolle geratenen Energiekörpers, dessen Steuerung unterblieben ist. Der feinstoffliche Körper nimmt an Volumen zu; er ‚bläst sich auf'. Hierdurch kann es zu einer Überlagerung kommen, von der andere Teile des feinstofflichen Systems betroffen sind. Diese Überlagerung verhindert den feinstofflichen Austausch innerhalb des Gewebes; Ablagerungen und Schlacken können nicht mehr genügend beseitigt werden.

Dadurch entstehen ggf. bösartige tumorartige Geschwülste mit einem entsprechenden Gefahrenpotential. *Tumore bilden sich nicht aus heiterem Himmel, sondern sie sind die Folge eines stressgeplagten Lebenswandels, einer andauernden inneren Anspannung.* Ein angespannter Energiekörper verhindert auch eine effektive Nahrungsaufnahme, denn die schnellen Schwingungen lassen eine ausreichende Verwertung der Nahrung nicht zu.

Die Energie eines spirituellen Schülers wird einerseits zum Aufbau seines feinstofflichen Körpers, bzw. der Nervenbahnen verwendet. Andererseits wird ein kosmisches, feinstoffliches Bewusstseinsfeld erzeugt. Diesem Gesamtbewusstsein fließt ebenfalls Energie in transformierter Form zu. Ins Licht zu gelangen ist nicht einfach.

Auch im Kontakt mit einem geistigen Lehrer bzw. ‚Guru' fließt Energie in das Gesamtfeld des Bewusstseins ein. Im stetigen Kontakt mit dem Geistführer (der in einigen spirituellen Richtungen als ‚innerer Geliebter' bezeichnet wird), baut sich das Überselbst, das geistige Wesen des Jüngers, auf. Die Dualseele entwickelt sich als Folge dieses Kontaktes; ein Aufstiegskörper wird erzeugt. Um ein Lichtkleid zu erzeugen, braucht es mehr als Mut; es braucht die Hingabe des ganzen Seins.

Sobald es jemandem gelingt, sein Bewusstsein anzuheben und sich mental vorwiegend in lichten Höhen aufzuhalten, entsteht ein Sog, der immer stärker wird, je länger die Verbindung andauert. Dieser Sog ist in der Regel sehr erwünscht, denn er hebt das individuelle Bewusstsein auf die rein geistige Ebene, wo es sich letztlich mit dem Überselbst vereinigt. (Ist diese Vereinigung ausnahmsweise nicht erwünscht, sollte vorwiegend eine Konzentration auf erdnahe Bereiche bevorzugt werden, damit eine ‚Erdung' stattfinden kann.)

Wenn ein Schüler es über einen langen Zeitraum hinweg vermeidet, seine Energien hinreichend zu fokussieren, wird sein ‚Mantel', die Aura, durchlässig. Eine Absorption dunkler Energien fremden Charakters findet unvermeidlich statt. Diese Energien wirken sich äußerst negativ auf das Lichtkleid aus. Dieses ist aber gleichzeitig ein Schutzmantel, der nun seine Funktion verloren hat. Diesen Schutzschild hinreichend intakt zu halten, ist eine der Voraussetzungen für die Höherentwicklung. Ist er einmal schadhaft geworden, lässt er sich nur schwer wieder herstellen.

Lehnt jemand die Erzeugung seines geistigen Körpers ab, wird er spätestens nach dem Ableben große Probleme haben, seine Energien zu fokussieren. Er wird sich fühlen wie ein Blatt im Wind, das von tausendfältigen Energieströmen umher getrieben wird. Die Energien der geistigen Gefilde sind außerordentlich mächtig; so dass es dem Bewusstsein des Einzelnen schwer fällt, ihrer Sogwirkung zu widerstehen, es sei denn, er verfügt über eine dementsprechende Ausbildung.

Gelingt es einem Adepten, den Kontakt zu den Lichtkräften in nahezu stetiger Folge aufrechtzuerhalten, findet in ihm eine Verwandlung seines Energie- bzw. Emotionalkörpers statt. Diese hat eine umfassende Wandlung des gesamten Gefühlslebens zur Folge, das sich stufenweise den rein geistigen Ebenen annähert. Ist die Erzeugung des Aufstiegskörpers abgeschlossen, wird der Adept frei sein, beliebig zwischen den Ebenen zu wechseln. Zu diesem Zeitpunkt benötigt er keinen Geistführer mehr als Beschützer oder Lehrer.

Die Transformation der individuellen Energie in die geistigen Bereiche bedeutet, dass der Adept von seinem Lichtselbst aus seine irdischen Belange steuern kann. Wenn der feinstoffliche Körper eines Menschen vollkommen zur Ausprägung gelangt ist, wird es ihm möglich, in die geistige Welt zu reisen. Ist die Entwicklung abgeschlossen, kehrt er in seine Heimat, die rein geistige Ebene, zurück.

Die Aura: Der energetische Schutzmantel

Der Schutz ist nur so stark wie das Bewusstsein, das ihn wirkt.

Man kann sich die Aura als einen schützenden Mantel vorstellen, als Hülle, die den Körper von allen Seiten umgibt und in dem man sich sicher und geborgen fühlt. Eine unbeschädigte Aura schützt vor negativen Energien von außen, denen das Eindringen erschwert wird. Eine intakte Aura ist die Grundbedingung für jeden geistigen Fortschritt. Leider ist der Schutzmantel bei vielen Menschen durchlässig, bedingt durch ihren aufregenden Lebensstil, der heftige Emotionen fördert. Die Abnahme des Schutzfilters bewirkt eine Schwächung der persönlichen Energien.

Die menschliche Aura dient mehreren Zwecken. Sie hat eine doppelte Funktion, denn sie schützt den materiellen Körper sowie Energiekörper vor dem Angriff fremder Energieströme. Um diesen

Schutz zu gewährleisten, ist eine zweifache Ausrichtung notwendig: nach innen und nach außen. Die Ausrichtung ist somit zweigeteilt.

Die Aura hat ein physisches Äquivalent, denn sie korrespondiert mit der Haut, die den Körper umgibt. Sie ist ein hautähnliches Organ. Ähnlich einer Zwiebel ist sie aus verschiedenen Schichten aufgebaut.

Nicht nur die Erzeugung einer Aura ist von Bedeutung, sondern auch ihre Dichte und damit ihr Vermögen, Energien abzuwehren. Der Schutz der Aura ist dann gewährleistet, wenn sie eine gewisse Stärke aufweist. Sie ähnelt tatsächlich einem Schirm, der, wenn er einmal existiert, negative Einflüsse verlässlich fernhält.

Das Aurafeld eines Menschen ist in besonderer Weise geschützt. Gelingt es einer dunklen Energie dennoch, einzudringen, wird die körpereigene Abwehr aktiv. Diese Abwehr hat die Funktion eines Schildes. Wird dieser Schutz zeitweilig aufgehoben, kommt es zur Infiltration des Organismus mit fremden Energien.

Der Mensch ist auf seine Fähigkeit, eindringende Energien zu unterscheiden, angewiesen. Versagt die Instanz, welche die Entscheidung trifft, dann ist er den Fremdenergien ausgeliefert. Der menschliche Organismus allein ist nicht in der Lage, eine Unterscheidung zu treffen, da dies seine Kapazitäten überschreiten würde.

Sind die Fremdenergien erst einmal da, setzen sie alles daran, sich mit dem menschlichen Organismus zu verbinden. Ein wirksames Mittel der Gegenwehr ist in der Verbindung mit dem höheren Selbst gegeben, wobei das infiltrierte Bewusstseinsfeld nach und nach gereinigt wird. Um die Schutzfunktion der Aura aufzubauen, ist es auch hilfreich, dreimal täglich 1/2 L klares Wasser zu trinken.

Die Aura kann stabilisiert werden, indem man schwarze Farbe visualisiert, die sich in die Aura ergießt. Die Farbe schwarz hat eine hemmende, verlangsamende Wirkung. Der nächste Schritt besteht in der Durchdringung der Aura mit positiven Emotionen, die das Dunkle und Schwere verdrängen. Die geistigen Lehrer leisten dabei in der Regel wichtige Hilfestellung. Allerdings sind sie auf die

Mithilfe des Jüngers angewiesen. Bei allen Bestrebungen sind sie auf seiner Seite und freuen sich über einen positiven Verlauf.

Sobald eine Aura porös wird, kommt es zum Durchfluss unerwünschter Energien, die auf den Organismus eine zerrüttende Wirkung ausüben. Der destabilisierende Faktor ist die niedrige Schwingungsfrequenz dieser Energien, die sich in den menschlichen Organismus einschleusen. Sie trachten danach, sich festzusetzen, indem sie sich vorübergehend der Schwingung des Betreffenden anpassen. Der menschliche Organismus ist nicht ohne weiteres in der Lage, eine Unterscheidung zwischen den eindringenden Energien zu treffen. Die Folgen sind so vielgestaltig, wie es unterschiedliche Verbindungen gibt.

Wie sind die Öffnungen in der Aura entstanden?

Löcher in der Aura können in Momenten entstehen, die sehr emotionsgeladen sind. Heftige Wutausbrüche sowie Stresssituationen, die panikartige Ängste verursachen, sind Beispiele dafür. Bei derartigen Gelegenheiten verschaffen sich dunkle Energiewesen Zugang zum menschlichen Organismus, da sie ungehindert eindringen können. Beim erstmaligen Eindringen entsteht eine Öffnung, die eine Schwachstelle in der Aura hinterlässt. Für die Zukunft ist in emotional aufgeladenen Zuständen mit gesteigerter Intensität die Gefahr eines erneuten Eindringens gegeben.

Eine Aura kann auch gleichzeitig mehrere Schwachstellen aufweisen, wenn Fremdenergien zu unterschiedlichen Zeiten an verschiedenen Stellen eindringen. An einem Beispiel lässt sich dies anschaulich erläutern:

▶ *Nimm einen Regenschirm, der ein wenig durchlässig ist. Regentropfen treffen die unterschiedlichen Hautpartien.*
▶ *Nimm einen zweiten Schirm, der größere Löcher aufweist.*

▶ *Bei einem dritten besteht der Schirm nur noch aus Fetzen.*
In allen drei Fällen hat der Schirm die gleiche Aufgabe, die er aber nur im ersten Fall einigermaßen zufrieden stellend lösen kann.

Dies ist ein Beispiel für die Schutzmechanismen des Menschen. Ist der Schutzschirm nicht mehr intakt, dann wird Unterstützung von außen bzw. Hilfe aus der geistigen Welt benötigt. Die Maßnahmen, die zur Anwendung kommen, sind sehr zahlreich und auf den Einzelfall abgestimmt.

In einer haltlos gewordenen Energie wieder ein Ordnungsgefüge zu erzeugen, ist allerdings äußerst schwierig. Wenn die Energien über einen längeren Zeitraum hinweg nicht hinreichend fokussiert wurden, wird der ‚Mantel', die Aura, immer durchlässiger. Eine Absorption negativer Fremdenergien findet unvermeidlich statt. Diese Energien wirken sich äußerst negativ auf das Lichtkleid aus.

Ist die Aura einmal durchlässig geworden, sind psychische Erholungsphasen unerlässlich, denn innere Stabilität wird erreicht in entspannten seelischen Zuständen. Zur Stärkung der Aura trägt auch eine optimistische innere Haltung und die regelmäßige Kontaktaufnahme mit den geistigen Ebenen bei.

Ein sexueller Höhepunkt hinterlässt ebenfalls eine Lücke in der Aura, die bei einem psychisch gesunden Menschen keinerlei Gefahr mit sich bringt. In der nächsten Ruhephase schließt sich die Öffnung wieder. Unausgeglichenen Menschen hingegen gelingt es weniger gut, ihre Aura wieder zu stabilisieren. Eine kleine Öffnung bleibt, die sich bei starken emotionalen Schwankungen sogleich wieder vergrößert. .Die energetische Durchlässigkeit bewirkt wiederum verstärkte emotionale Reaktionen, was einen ‚*circulus vitiosus*' in Gang setzt.

Die Aura wird immer durchlässiger und die angegriffene Psyche immer haltloser. Nervenzusammenbrüche, Selbstmordneigung bis hin zu psychotischen Zusammenbrüchen können die Folge sein.

Soll die Durchlässigkeit der Aura reduziert werden, sind Visualisierungs-Übungen hilfreich. Die stete Konzentration auf das Licht füllt die Aura mit lichtvollen Energien an. Die Schwingungsfrequenz erhöht sich, wodurch das Eindringen negativer Energieströme beträchtliche erschwert wird. Lichtvolle Ströme verbinden sich mit dem Energiefeld und bilden einen Schutz vor den Heimsuchungen dunkler Energien. Infolgedessen nimmt die Bewegungsfreiheit zu.

Allerdings ist ein absoluter Schutz nicht möglich und auch nicht wünschenswert, denn eindringende Energien von außen stellen oft eine Bereicherung dar, sofern sie nicht destruktiver Natur sind. Bis zu einer bestimmten Grenze ist die Aura eines jeden Menschen porös. Bei den meisten Menschen weist sie eine mehr oder weniger große Durchlässigkeit auf.

Eines der Ziele der spirituellen Entwicklung besteht darin, die Durchlässigkeit der Aura noch weiter zu erhöhen und gleichzeitig dunkle Energien abzuwehren. Diesem Lernprozess sind viele geistige Schüler ausgesetzt. Haben sie die Hürde überwunden, dann liegt ein sehr wichtiger, wenn auch unangenehmer Abschnitt des Weges hinter ihnen. Die Überwindung kostet Zeit, Geduld und stetige Aufmerksamkeit.

Doch die meisten Jünger sind nicht gefährdet wegen ihrer Aura, sondern wegen der Akzeptanz desolater Energien. Wenn sie diese Stufe endlich hinter sich gelassen haben, können sie sich erheben in den weiten Raum des freien Geistes.

Die Energie-Zentren

Alles besteht aus Energie. Sie ist die
Grundsubstanz und verbindet alles miteinander.

Das Energiesystem

Zusammenhänge, die das Energiesystem des Menschen betreffen, sind nicht leicht zu erklären. Die Energieversorgung ähnelt einem Bewässerungssystem, bei dem die Energie über Kanäle weitergeleitet wird. Um an den Zielort zu gelangen, sind Zwischenstationen notwendig, die Energien auffangen und verteilen. Die Stationen ähneln Behältern bzw. Auffangbecken für die Energie, die sie entweder umgehend weiterleiten oder speichern.

Über diese Zwischenstationen findet die gesamte Energieversorgung statt. Ein Tarnsystem erlaubt nur gleich gearteten Energien, länger zu verweilen und sich zu verbinden. Andersgeartete Energien ziehen unbemerkt vorüber oder sind nur von kurzer Dauer, da die Verbindung sehr mangelhaft ist.

Die Energiebrücke, die bei einer Verbindung gebildet wird, ist nur dann stabil, wenn gleich geartete Energien aufeinander treffen. Energien, die sich nur in Teilbereichen ähneln, gehen lediglich eine lockere Verbindung ein, die schnell wieder gelöst werden kann. Eine Verknüpfung kann also grundsätzlich nur dann erfolgen, wenn gewisse Ähnlichkeiten der Frequenzen vorhanden sind. Entsprechen sich die Energien in keiner Weise, fließen sie in der Regel unbemerkt aneinander vorbei.

Manche Energiewesen trachten allerdings danach, sich festzusetzen, indem sie sich vorübergehend der individuellen Schwingung anpassen. Der menschliche Organismus ist dann nicht ohne weiteres in der Lage, eine Unterscheidung zwischen den eindringenden Energien zu treffen. Die Folgen sind so vielgestaltig, wie es unterschiedliche Verbindungen gibt.

Der Solarplexus

Der Solarplexus ist ein Transformator von Energien. Die Körpermitte des Menschen wirkt wie ein Generator, der Energien erzeugt und wieder abgibt. Daher gilt der Solarplexus als das Zentrum des Menschen, das auch die Verbindung zur Vergangenheit hält. Dort sammelt sich – ähnlich wie beim oberen Teil des Kopfes - die Energie der Außenwelt, allerdings in weit geringerem Maße. Auch die Verbindung zur Umgebung findet hier statt, mit allen angenehmen und weniger angenehmen Konsequenzen.

Über den Solarplexus erfolgt der erste Kontakt bei einer Begegnung. Dieses Zentrum ist in der Lage, feinste Nuancen der Ausstrahlungen anderer Menschen wahrzunehmen und ist bemüht, diese Informationen dem Bewusstsein zugänglich zu machen. Ob eine Aufnahme der Botschaften erfolgt, hängt von der Durchlässigkeit der Rezeptoren ab, welche die Psyche eines Individuums schützen. Die menschlichen Bewusstseinsfilter sind von unterschiedlicher Dichte, was veränderte Aufnahmekapazitäten zur Folge hat.

Das dritte Zentrum in der Körpermitte ist der Angelpunkt der spirituellen Entwicklung. Hier findet in der Tat ein Energieaustausch statt zwischen dem Jünger und der Umgebung, in der er sich gerade aufhält. Daher hat dieses Zentrum eine spezielle Bedeutung, die sich vor allem bei der teilweisen Öffnung der Kraftzentren bemerkbar macht.

Ein Vorteil dabei ist die Möglichkeit zu einem intensiveren Austausch mit den Mitmenschen, der in der Regel nicht auf dieser tiefen Ebene erfolgt. Doch liegen auch die Nachteile auf der Hand, wenn der mitmenschliche Kontakt für die Entwicklung nicht vorteilhaft ist. Jetzt braucht die Psyche länger als vorher, um sich von den angesammelten Schlacken zu reinigen. Das dritte Kraftzentrum zu schützen ist daher von außerordentlicher Wichtigkeit.

Der Schutz des Solarplexus-Zentrums als Sitz der Energie bedarf einer besonderen Beachtung, die lebenserhaltende Bedeutung hat. Viele spirituelle Wanderer sind nicht in der Lage, ihre Energien genügend von anderen abzugrenzen. Oft sind die zur Verfügung stehenden Schutzmaßnahmen nicht ausreichend, um eine adäquate Trennung zwischen sich und der Mitwelt herbeizuführen.

Eine **Visualisierungs-Übung** als Schutzmaßnahme:
☼ Visualisiere einen blauen Strahl, der vom Solarplexus-Zentrum in höhere Regionen reicht.

(Während der Konzentration sehe ich einen Mönch in seiner Zelle sitzen. Ein senkrechter Spalt gibt den Blick frei auf einen hellen Stern am dunklen Firmament. Fast scheint es mir, als sei ich selbst dort anwesend.)

Die besondere Bedeutung des Solarplexus beschränkt sich keineswegs auf den Austausch von Energien. Das dritte Zentrum ist ein Kraftspeicher, der seinesgleichen sucht. Bei der Öffnung wird der Austausch mit der Umgebung intensiviert, wobei die Umwelt entweder hinderlich oder förderlich auf die Entwicklung einwirkt.

Öffnung der Energiezentren

Ist es einem Menschen gelungen, sich bis zu einer gewissen geistigen Stufe zu entwickeln, dann werden seine Energien zunehmend harmonisiert und eine Umwandlung findet statt. Zu diesem Zweck ist die Öffnung seiner feinstofflichen Zentren notwendig, um einen Energieaustausch zu ermöglichen. Die Öffnung der Zentren geschieht auf rein geistigem Wege und bedeutet eine Veränderung der Feinstruktur des menschlichen Körpers.

Im Verlauf der spirituellen Entwicklung öffnen sich die Energie-Zentren (auch Chakren genannt) des feinstofflichen Körpers schrittweise, was einen vermehrten Energiefluss zur Folge hat. Wenn der Fluss der Energie zunimmt, ist dies mit einer Abnahme der Seelenkräfte verbunden; das geistige Prinzip tritt in den

Vordergrund. Die Seelenkräfte (Emotionen) verfeinern sich, was ihre Wirksamkeit in den Hintergrund treten lässt.

Falls die Energiezentren verstopft sind, wird der natürliche Fluss blockiert. Wird der Fluss der Energie behindert, führt dies zu Stauungen mit krankmachender Wirkung. Es ist, als wenn eine Schleuse sich nicht öffnet und der Durchfluss daher nicht möglich ist. Jeder Mensch hat eine bestimmte, festgesetzte Energiemenge zu seiner Verfügung, die er nach Belieben verwenden kann. Wenn ein Geistesschüler sich den höheren Energien nicht öffnet, sinkt der Energiefluss ab. Ein Defizit an Energie führt zu Apathie, zu Lustlosigkeit und kann auch den physischen Organismus in Mitleidenschaft ziehen.

Sind die Zentren des Jüngers teilweise geöffnet, zieht er Energien und Geistwesen an, die seiner Schwingung entsprechen. Sobald er übelgelaunt ist, wird er auf gleich geartete Reaktionen beim ‚Gegenüber' treffen, als ein Spiegelbild seiner eigenen Befindlichkeit.

Wenn sich die Chakren öffnen, besteht die Gefahr eines umgelenkten Energieflusses: Energie fließt aus in fremde Kanäle. Zur Vermeidung des Energieabflusses ist die innere Harmonisierung unumgänglich, denn Energien, die nicht im Gleichgewicht sind, weisen die Tendenz auf, sich zu vermindern. Der Vorgang ähnelt einem bis an den Rand gefüllten Glas, dessen Inhalt ausfließt, sobald das Glas gekippt wird. Um eine Verringerung der Energien zu verhindern, ist das psychische Gleichgewicht unerlässlich.

Eine ungestörte Verbindung zu geistigen Ebenen setzt eine Reinigung der Chakren voraus. Negative Energie wird auf diese Weise transformiert. Die Reinigung dient dem Zweck, die Chakren zu öffnen und den Vibrationsgrad zu erhöhen.

Eine **Übung** zur Reinigung der Energie-Zentren:

▶ Dreh dich zuerst langsam, dann immer schneller im Kreis, um deine Energien in Fluss zu bringen. *(Allerdings sollte die Übung nicht über einen längeren Zeitraum praktiziert werden, um nachteilige Effekte zu vermeiden.)*

Manchmal zerstreuen sich die Energien sehr stark. Es fällt dem Jünger schwer, die Energien zu fokussieren, sofern er es lange versäumt hat, die Konzentration seiner Gedanken zu üben.

Energie-Transformation

Die Aufgabe eines Adepten besteht darin, Energien aus höheren Welten aufzunehmen und zu transformieren. Mit der Zeit wird ihm die Bedeutung dieser Aufgabe bewusst. Er erkennt seine geistige Kraft und ist mühelos dazu in der Lage, eine Verbindung zu geistigen Sphären zu knüpfen. Viele Menschen haben es weitgehend verlernt, der Sprache ihrer Seele zu lauschen, denn die Kanäle sind verstopft.

Durch regelmäßige Meditation wird es dem Jünger möglich, den Kontakten mehr Tiefe zu verleihen. Je öfter eine bewusste Verbindung hergestellt wird, desto weniger wird sich der Verstand dagegen wehren. Es wird für ihn zu einem regelmäßigen Bedürfnis, sich seinem höheren Selbst zuzuwenden und für seine täglichen Lernaufgaben Unterstützung zu bekommen.

Die Energie ist ein kostbarstes Gut, daher sind auch andere Wesenheiten daran interessiert. Um seine Energien zu schützen, hilft es, sich permanent den höheren Geistebenen zuzuwenden. Dann wird die Energie in Lichtenergie umgewandelt und fließt nicht zweckentfremdet in materielle Kanäle.

Eine Umwandlung der Energie hat tief greifende Änderungen im feinstofflichen Bereich zur Folge, die auch das Bewusstsein des spirituellen Jüngers wandeln. Diese Wandlung geschieht in kaum wahrnehmbaren Abstufungen; erst in ihrer Gesamtheit wird die Veränderung sichtbar. Die Transformation der Energie bewirkt, dass der Adept von seinem Lichtselbst aus deine irdischen Belange steuern kann.

Das Band zur geistigen Welt

Der Mystiker vermählt das Untere mit dem Oberen.

Das Ziel der spirituellen Entwicklung ist die Höherentwicklung des gesamten menschlichen Organismus, von Körper und Geist. Dieses Ziel zu erreichen ist nicht immer leicht, da vielfältige Hindernisse den Weg blockieren.

Konzentrationsübungen bewirken in erster Linie eine Reinigung des Bewusstseinsfeldes, denn sie verhindern den ungehemmten Austausch mit den Energien der Umgebung. Der Bewusstseinsfokus durchlichtet die Psyche und hilfreiche Impulse können sie vermehrt erreichen. Nur wenn die Streubreite der Gedanken nicht allzu ausgeprägt ist, kann geistige Unterstützung gewährt werden.

Ein fokussiertes Bewusstsein ist in der Lage, Steuerungsmechanismen einzusetzen, die unerwünschte Einflüsse fernhalten. Desweiteren sind Lichtübungen, die das Bewusstseinsfeld aufhellen, von großem Nutzen. Die Konzentration auf das Licht hat regenerierende Wirkung. Wird ein Band zur geistigen Welt geknüpft, werden unbeabsichtigte anderweitige Bindungen beseitigt. Wenn die Verbindung einmal gefestigt ist, kann eine Beziehung zu Geistwesen aufgenommen werden.

Um ein Band zu erzeugen, werden die Energien des Übenden benutzt. Zu Anfang der Kontakte ist es wichtig, die Verbindung regelmäßig herzustellen, damit das Band gefestigt wird. Dies ist das berühmte ‚Bindeglied zur Absicht', welches mental erzeugt wird (vgl.: C. Castaneda). Eine Verbindung erfolgt allerdings auch ohne eine bewusste Absicht. Doch wenn ein Jünger die feste Absicht hegt, wird das Band weitaus schneller und fester geknüpft.

Alles, wofür ein Mensch Sympathie empfindet, wirkt anziehend auf seine geistigen Kräfte. Sympathie bewirkt ein unsichtbares geistiges Band, das immer stärker wird, je länger die Anziehung andauert und je intensiver sie ist.

Will ein Mensch also gewisse Dinge und Ereignisse in seinem Erfahrungsbereich vermeiden, dann sollte er ihnen keine besondere Aufmerksamkeit widmen, da sie sonst unweigerlich in seinen Erfahrungsbereich hineingezogen werden.

Sympathie ist wie ein Kitt, der die Dinge zusammenhält, aber auch eine Rückwirkung auf diejenigen entfaltet, welche die Sympathiegefühle aussenden. Diese Rückwirkung entspricht demjenigen Gegenstand oder Ereignis, das der Empfänger der sympathischen Ausstrahlung repräsentiert. Will er eine Wechselwirkung vermeiden, sollte er tunlichst seine sympathischen Gefühle kontrollieren. Eine völlige Parteilosigkeit ist zwar im Alltag kaum möglich und auch nicht wünschenswert, doch die Verschwendung der Aufmerksamkeit an Dinge, Personen und Ereignisse, die diese nicht verdienen, wirkt sich auf die Bewusstseinsentwicklung kaum förderlich aus.

Sympathie sollte jemand daher nur für solche Inhalte aufbringen, die er in seinen Erfahrungsbereich ziehen möchte. Die mentalen Energiefäden verknüpfen sich mit jedem Gegenstand, auf den die Aufmerksamkeit gerichtet wird. Je größer das Interesse, desto mehr Energie fließt in eine Richtung und desto fester wird ein Band zum Gegenstand der Aufmerksamkeit geknüpft. Bei Nicht-Erreichen des Ziels kann es zu einer Verwirrung der Energien kommen.

Die mentale Energie kann auf Dauer nur dann gelenkt werden, wenn sie sich mit der geistigen Welt verknüpft. Ohne diese Verbindung verhält sie sich wie ein Blatt im Wind, d.h. sie wird haltlos. Eine haltlose Energie ist jeder Bewegung des Geistes ausgeliefert; jede noch so kleine Regung übt eine Wirkung aus. Die Gedanken sind bald nicht mehr in der Lage, ihre Richtung selbst zu bestimmen, da jeder leise Hauch sie in Bewegung setzt.

Zwar ist bei jedem Individuum die Verbindung zum ‚inneren Selbst', d.h. zu geistigen Mächten gegeben, doch die Beziehung zu höheren Geistebenen ist bei einem Grossteil der Menschen unterbrochen. In der spirituellen Entwicklung geht es darum, dieses Band wieder neu zu beleben. Das Mittel dazu ist die Konzentration der Gedankenkräfte auf die höhere geistige Welt. Nur auf diese Weise ist letztendlich Befreiung möglich.

Die Beziehung zu erneuern und zu festigen ist allerdings nur dann möglich, wenn die Denkqualität angehoben wird. Die Inhalte des Unterbewusstseins müssen durchlichtet, d.h. von überflüssigen und negativen Inhalten befreit werden. Diesem Zweck dient das deutlichere Hervortreten der unterbewussten Inhalte während der spirituellen Schulung. Damit ist dem Übenden Gelegenheit gegeben, sich mit ihnen auseinanderzusetzen und ‚ins Reine' zu kommen.

Gelingt es ihm, den Kontakt zu höheren Geistebenen ständig aufrechtzuerhalten, wird auch der physische Organismus durchlichtet. Eine Transformation findet statt und er nähert sich dem geistigen Prinzip an. Diese Transformation geschieht allerdings nicht prinzipiell, sondern in Absprache mit dem betreffenden Individuum.

Sofern es dem Übenden gelingt, sein Bewusstsein anzuheben, entsteht ein Sog, der immer stärker wird, je länger sein Bewusstsein eine Verbindung zu den Geistebenen aufrechterhält. Wird hingegen das Bewusstsein auf niedrig schwingende Geistenergien ausgerichtet, entsteht die Gefahr der Abtrennung von der Gesamtheit des Seins. Das individuelle Bewusstsein wird von niedrig schwingenden Energiefeldern absorbiert und geht verloren.

Nur bei einer Ausrichtung der Gedankenkräfte auf hoch schwingende Energien bleibt das individuelle Sein erhalten, wenngleich in umgewandelter Form. Die Qualität der Gedankenschwingungen ist entscheidend für diesen Prozess der

Umwandlung. Lediglich hoch schwingenden Geistenergien wird der Durchlass zu den feinstofflichen Gefilden gestattet. Die Auslese erfolgt auf unfehlbare Weise aufgrund des jeweiligen Schwingungsniveaus.

Bei dunklen, negativen Energien geht das energetische Potential keineswegs verloren, sondern es wird in den natürlichen Kreislauf zurückgeführt. Menschen mit niedrig schwingenden Gedankenenergien erleben eine Zeit der Reinigung, in der ihnen die Bilder aus ihrem eigenen Unterbewusstsein vorgeführt werden. Ausschlaggebend für eine Speicherung im Unterbewusstsein ist die Intensität eines Erlebnisses, verbunden mit einer entsprechenden Gefühlsaufwallung.

Es ist daher von entscheidender Bedeutung, worauf ein Individuum seine Aufmerksamkeit richtet, denn die Entscheidung der Auswahl trifft jeder Mensch selbst. Bevorzugt jemand im Diesseits harmonische, niveauvolle Erlebnisse, schwingt sein Inneres in Harmonie mit dem Kosmos und es droht ihm keine Gefahr bei der Konfrontation mit den Tiefen seines Selbst. Der Mensch ‚erntet, was er gesät hat', das Angenehme ebenso wie Mühsal und Leid.

Eine allgemeingültige Aussage über die notwendige Dauer zur Festigung des Bandes, ist eher schwierig, da die Richtung der Aufmerksamkeit mehr oder weniger starken Schwankungen unterliegt. Gelingt es einem Übenden, seine Gedankenkräfte durchgehend zu fokussieren, ist ein Zeitraum von 2 - 3 Tagen ausreichend. Hierzu ist allerdings stete Übung die Voraussetzung. Nur so ist es möglich, die entsprechende Stabilität zu erreichen, die für den Anfang notwendig ist.

Dem Jünger wird dringend geraten, seine Fokussierung so lange wie möglich beizubehalten, um seine Energien auszurichten und zu regenerieren. Nur dann ist er in der Lage, die Gedankenkräfte adäquat zu steuern. Es ist sehr schwer, die Kontrolle wiederzuerlangen, wenn in der heiklen Phase die Fokussierung nicht beibehalten wird. Der Regeneration der Energien sollte oberste

Priorität eingeräumt werden, da sonst das physisches Überleben in Gefahr ist.

Nur in Verbindung mit der geistigen Welt ist eine Bewusstseinsenergie in der Lage, dauerhafte Stabilität zu erreichen, die es ihr erlaubt, zielorientiert zu bleiben. Die Verbindung zeigt sich dem geistigen Auge als ein langes, schmales Band, das von der Person aus weit nach oben reicht. Reißt die Verbindung immer wieder ab, werden die bereits geknüpften feinen Fäden rissig und drohen, zu zerreißen. Dies ist die Gefahr zu Beginn der Verbindung. Erst dann, wenn das Band schon etwas fest geknüpfter ist, besteht die Gefahr nicht mehr in gleichem Maße.

Kann jemand die Aufmerksamkeit nicht dauerhaft halten, lösen sich die bereits erzeugten Energie-Fäden immer wieder auf und die Bemühungen kehren zum Ausgangspunkt zurück. Ohne eine uneingeschränkte Konzentration ist keine gefestigte Verbindung möglich. Die stetige Aufmerksamkeit ist nur für einen relativ kurzen Zeitraum erforderlich, doch dieser ist eminent wichtig.

Die funktionsfähige Verbindung zu geistigen Mächten ist Voraussetzung für jede spirituelle Weiterentwicklung. Eine fest gefügte Verknüpfung mit lichtvollen Ebenen kann Missverständnissen weitgehend vorbeugen. Sie verhindert, dass Energien missbräuchlich abgezweigt werden und in dunkle Kanäle fließen. Ist die Beziehung einmal gefestigt, dann wird diesbezüglich kein Grund mehr zur Klage sein, denn sämtliche anderweitigen Verbindungen werden gelöst.

Die Entscheidung liegt natürlich bei jedem Einzelnen, doch sollte diese nicht allzu lange hinausgeschoben werden. Das Licht verbindet sich nur dann mit einem Übenden, wenn er sich darum bemüht. Allerdings dürfen seine Energien nicht allzu chaotisch sein, denn die Lichtwesen schätzen keine desolaten Energien. Falls jemand einer Verbindung nicht zustimmt, wird er es späterhin bereuen. Eine Flut von Informationen wird auf ihn einstürmen, die er nicht verarbeiten kann. Ist das geistige Band erst einmal gefestigt, ist diese Gefahr weitgehend gebannt.

Gelingt dem Jünger die Regeneration seiner Energien, hat er damit eine wichtige Hürde überwunden; ein bedeutendes Problem ist damit zum Abschluss gekommen. Sein Energie-System wird durch das mentale Band stabilisiert und sein Bewusstseinsfeld erweitert sich immer mehr.

Eine Transformation findet statt, welche Änderungen im feinstofflichen Bereich hervorruft, die auch das Bewusstsein wandeln. Ist der feinstoffliche Körper eines Adepten vollkommen zur Ausprägung gelangt, wird es ihm möglich, in die geistige Welt zu reisen.

Astrale Wanderungen

Das Wesen der Astralwelt liegt jenseits der Zeit.

Für astrale Wanderungen benötig der Reisende einen stabilen Bewusstseinsfokus, damit er sich nicht in Bereiche verirrt, die ihm vormals nicht zugänglich waren und deren Gesetze er nicht kennt. Zudem wird für Astralreisen sehr viel Energie benötigt, die ein gewisses Maß nicht überschreiten darf. Steht nicht genügend Energie zur Verfügung, dann gerät der Wanderer ins Taumeln und kann seine Zielgerichtetheit nicht aufrechterhalten.

Ohne ausreichende Vorkenntnisse werden astrale Wanderungen zu einem unwägbaren Abenteuer, dessen Ausgang ungewiss ist. Die entsprechenden Voraussetzungen müssen gegeben sein, sonst wird jede Erfahrung zu einem Spiel mit vielen Unbekannten. Unerfahrenheit hat schon vielen Abenteurern erheblichen Schaden zugefügt. Auf gefährliche Reisen dieser Art sollte sich kein vernünftig denkendes Wesen einlassen.

Astralwanderungen haben eine Lockerung der feinstofflichen Verbindungen zwischen materiellem Körper und Energiekörper zur

Folge. Die feinen Energielinien, die den Zusammenhalt bewirken, spalten sich auf. Bei häufigen Wanderungen werden die Verbindungsstränge immer lockerer, wodurch ein Ungleichgewicht entsteht.

Eine ungefestigte Persönlichkeit ist immer in Gefahr, die Kontrolle zu verlieren. Sobald sich die Fäden lockern und der Energiekörper seine Beweglichkeit erkennt, wird er vermehrt von der neuen Freiheit Gebrauch machen. Wenn eine Persönlichkeit sich nicht fest im Griff hat und Zeit und Ort der jeweiligen Ausflüge nicht genau vorherbestimmt, entwickelt der Energiekörper die Tendenz, unkontrollierte ‚Reisen' zu unternehmen.

In entspannten Zuständen, in denen der Betreffende seine Phantasie schweifen lässt, würde mit den Gedanken auch der gesamte feinstoffliche Astralkörper sich davonmachen. Dies mag eine zeitlang eine erregende neue Erfahrung sein, doch die Gefahren liegen auf der Hand: Die Verbindungsstränge, die den physischen und energetischen Körper zusammenkoppeln, werden immer elastischer. Der feinstoffliche Körper ist unentwegt zu Höhenflügen bereit und wird von dem bewussten Teil der Psyche des Menschen darin unterstützt. Doch eine ungeschulte Psyche verliert schnell die Kontrolle über den umherschweifenden Geist, ihren beweglich gewordenen Energiekörper.

Der Wanderer ist mit der Zeit immer weniger geerdet, je häufiger sich sein feinstofflicher Doppelgänger außerhalb der Körper-Geist-Verbindung aufhält. Mit der Lockerung auf der feinstofflichen Ebene korrespondieren Veränderungen in der Psyche, wie Zerstreutheit und Zerfahrenheit. Nimmt die Entwicklung ihren Fortgang, kann dies bis zum Zerfall der Persönlichkeit führen. Der Mensch beginnt, die Kontrolle über seinen eigenen Organismus zu verlieren. Dann besteht die Gefahr wahnhaften Erlebens, (z.B. Beeinflussungswahn, visuelle Halluzinationen, Stimmen etc.)

Die Lockerung der feinstofflichen Bande sollte daher mit einer Festigung der Gesamtpersönlichkeit einhergehen. Nur eine Person, die ihre Mitte gefunden hat, ist hierzu in der Lage. Konzentrationsfähigkeit ist eine der Voraussetzungen für die angestrebte geistige Freiheit.

Haben sich die Bande bereits gelockert, dann helfen gewisse Übungen, um die Erdung zu verstärken. Auch körperliche Beschäftigungen, die sich auf gegenwärtige Aufgaben konzentrieren, können den Zusammenhalt wieder stärken. Konzentration in jeder Form ist ebenfalls von großem Nutzen. Werden die Übungen über einen längeren Zeitraum konsequent durchgeführt, dann bilden sich neue Verbindungsfasern, die den Zusammenhalt verbessern.

Ausflüge in unbekannte Welten sind aus den genannten Gründen nicht ungefährlich. Ein ungeschulter Mensch sollte sich auf Abenteuer dieser Art nicht einlassen. Meist wäre er dazu auch gar nicht in der Lage, denn Exkursionen in fremde Welten setzen eine lang andauernde, gründliche Schulung voraus, wobei die Dauer natürlich von den Fortschritten des Schülers und von der Zeit, die er für die Übungen aufwendet, abhängt. Es erfordert Mut und Ausdauer, fremde Realitäten zu erkunden. Beides muss der Wanderer in ausreichendem Maße besitzen.

Sind die Voraussetzungen gegeben, ist der Weg sehr lohnend. Dem Reisenden werden Erfahrungen zugänglich, die an Ausmaß und Größe alles bisher Gekannte übertreffen. Er wird schrittweise mit den Erfordernissen des Weges vertraut gemacht. Anfänglich wird er lernen, seinen Körper zu beherrschen und ihn wie ein Gefährt zu benutzen, wozu ein hohes Maß an Disziplin ist erforderlich ist.

Zuvor muss ein entsprechendes Bewusstseinsfeld aufgebaut werden, das die Erkundungen erst ermöglicht. Hierzu ist der häufige Kontakt zu den geistigen Mächten erforderlich oder eine stetige Ausrichtung der Gedankenkräfte auf den Geistführer.

Ein Passagier kann auf viele verschiedene Arten reisen, doch ist Licht das schnellste Fortbewegungsmittel, denn es sendet Strahlen aus, welche die Reise ermöglichen. Als Reisetransportmittel ist Licht unübertroffen, da es den Reisenden sicher ans Ziel bringt.

☼ *Im Licht sind ungeheure Energien gespeichert, die ihre Segen bringende Wirkung entfalten können. Die Fähigkeit des Lichtes, als Fortbewegungsmittel zu dienen, kann sich der Reisende zunutze machen.*

Diese Eigenschaft des Lichtes kannten bereits die alten Völker, die Vorfahren der heutigen Menschheit, die damit weite Strecken zurücklegten.

Der Prozess des Werdens

In der Natur erhält sich alles durch Gleichgewicht und erneuert sich durch Bewegung.

Der feinstoffliche Organismus eines Menschen ist ein sehr empfindliches Gebilde. Er ist vielfältigen Einflüssen ausgesetzt, deren Tragweite manchmal beachtlich ist. Die komplizierten Wechselwirkungen zwischen feinstofflichem und physischem Körper sind nicht so einfach zu erfassen.

Ein Jünger verliert während der spirituellen Entwicklung zunehmend seine bisherige Struktur, was ihn anfälliger für alle möglichen Einflüsse werden lässt. Die Nervenbahnen verändern sich; sie werden elastischer und durchlässiger. Der zur Verfügung stehende Spielraum erweitert sich. Die Bedingungen werden gleichsam schwieriger, während die Möglichkeiten vielfältiger werden.

Nachdem der feinstoffliche Organismus ein gewisses Maß an Fortentwicklung und Verbundenheit zum grobstofflichen Körper erreicht hat, wird es notwendig, nun schrittweise an seiner Befreiung zu arbeiten. Die erreichte Verbundenheit soll sich mit der Zeit wieder lösen. Als Folge der stufenweisen Ablösung entwickelt sich ein selbständig existierender, geistiger Organismus, was im Grunde Sinn und Zweck jeder Inkarnation ist.

Das Entwicklungsstadium der Menschen ist sehr unterschiedlich, weshalb es zu unterschiedlichen Abweichungen im Prozess des Werdens kommen kann. Der Prozess der Bewusstwerdung verläuft in Phasen:

1. Phase: Lockerung des feinstofflichen Körpers:

Die spirituelle Entwicklung geht phasenweise vonstatten. In der 1. Phase lockert sich der feinstoffliche Organismus, der gut ausgebildet und funktionsfähig sein sollte, vom physischen Körper. Das Gesamtbewusstsein spaltet sich auf in 2 Teile. Gefährlich wird es, wenn die Ablösung des feinstofflichen Körpers innerhalb eines sehr kurzen Zeitraums erfolgt. Eine zu frühe Selbständigkeit hat eine Destabilisierung zur Folge, die den späteren Entwicklungsverlauf gefährdet.

Im Verlauf der spirituellen Entwicklung ist es vorgesehen, dem Bewusstsein zunehmend die Kontrolle zu überlassen. Eine Loslösung findet statt, die in Etappen vor sich geht. Das Bewusstsein soll mit der Zeit immer unabhängiger von seinem grobstofflichen Umfeld werden. Diese Unabhängigkeit gewährleistet ein Überleben in den geistigen Gefilden. Ähnlich wie bei Kindern muss sich die Energie neu formieren. Das Bewusstsein sollte von Beginn an diszipliniert werden. Diesem Zweck dient ein Trainingsprogramm, bei dem ein Symbol verwendet wird, auf das sich das entwickelnde Bewusstsein konzentriert.

Die feinstofflichen Körper lösen sich immer mehr, was vermehrte Konzentration erfordert. Viele Sucher sind einem ähnlichen Entwicklungsprozess ausgesetzt. Ist ein stabiler Bewusstseinsfokus erst einmal erreicht, geht er nicht so leicht wieder verloren. Unterbleibt aus irgendeinem Grund die Fokussierung des Bewusstseins, diffundiert es auf unvorhergesehene Weise. Das Bewusstseinsfeld beginnt, sich auszuweiten. Im Zuge dieser Ausweitung geht ständig Energie verloren, die nicht wieder ersetzt wird. Die Zergliederung des Bewusstseinsfeldes nimmt immer mehr zu, da eine angemessene Steuerung unterbleibt, was zu weiteren Energieverlusten führt.

Die Gedankenkräfte müssen mit einsetzender Loslösung des feinstofflichen Körpers einer zunehmenden Kontrolle unterzogen werden, um der Gefahr einer Diffusion entgegenzuwirken. Der feinstoffliche Organismus kann durch entsprechende Übungen gestärkt werden, z. B. durch Konzentration und Lenken der Aufmerksamkeit in eine beabsichtigte Richtung. Die Zerstreuung von Energien wird verhindert durch einen konstant aufrechterhaltenen Aufmerksamkeitsfokus.

Die 1. Phase ist. entscheidend für den Verlauf des Gesamtprozesses; sie ist sozusagen die Basis, auf der die folgende Entwicklung aufgebaut werden kann. Der Grundstein für alles Weitere wird hier gelegt. Nach Beendigung der 1. Phase, wenn sich das psychische Gefüge nach der anfänglichen Irritation wieder stabilisiert hat, beginnt der Prozess sich fortzuentwickeln, die 2. Phase setzt ein.

2. Phase: Ablösung und Befreiung:

Die 2. Phase setzt den Ablösevorgang fort. Der feinstoffliche Körper verliert zunehmend seine Konturen. Man bezeichnet diesen Teil der Entwicklung auch mit dem Ausdruck ‚die Form verlieren'. Der Zellenverband lockert sich, auch wenn äußerlich keine Veränderung sichtbar wird. Gewinnt das Bewusstsein in diesem Teil der Entwicklung an Stabilität, dann ist es schon zu einem guten Teil unabhängig vom grobstofflichen Gefährt und kann seine Reise weiter fortsetzen.

Leider findet bei einem Großteil der Menschen dieser Prozess nicht statt oder erfolgt in defizitärer Weise, was die Möglichkeit einer Befreiung verhindert. Voraussetzung hierzu wäre ein hohes Maß an Stabilität, an Konzentrationsfähigkeit, da der Aufmerksamkeitsfokus ja unter allen Umständen beibehalten werden muss, soll das Bewusstsein weiter bestehen.

Viele geistige Schüler kommen nicht bis an diesen Punkt, da es ihnen nicht gelungen ist, den ersten Teil der Entwicklung zu meistern. Wenn sie nicht in der Lage sind, ihre Gedankenkräfte angemessen zu fokussieren, ist ein weiteres Fortschreiten nicht möglich. Versagt die Entwicklung an diesem Punkt, dann fällt das Bewusstsein aufgrund der Lockerung des Gesamtgefüges auf eine tiefere Stufe zurück als zuvor. Die vorherige Stabilität muss erst mühsam wieder erarbeitet werden.

Hierin besteht die Gefahr in der 2. Phase des Bewusstwerdungsprozesses und hier liegt auch die Erklärung für manches Krankheitsbild in psychiatrischen Institutionen. Das sich entwickelnde Bewusstsein hat bereits eine Öffnung erreicht; erweiterte Wahrnehmung wird möglich auf dieser Stufe. Trotz des Rückfalls auf eine frühere Stufe bleibt die erweiterte Wahrnehmungsfähigkeit erhalten, mit den bekannten Komplikationen in psychiatrischen Krankheitsbildern (Halluzinationen, Stimmenhören, Beeinflussungserlebnisse etc.).

Erfolgt eine Reinkarnation, umfasst diese den feinstofflichen Doppelgänger mit allen seinen Merkmalen und Besonderheiten, den erlernten Fähigkeiten sowie den Fehlhaltungen.

Kann die Aufmerksamkeit genügend zentriert werden, steht einer Weiterentwicklung nichts im Wege. Der feinstoffliche Organismus soll sich ähnlich dem physischen Körper entwickeln. Seine Bewegungsfähigkeit soll im Laufe der Zeit zunehmen und seine Aktivitäten sich immer unabhängiger vom grobstofflichen Teil des Gesamtgefüges entfalten.

3. Phase: Tod des physischen Körpers:

Die dritte und letzte Phase hat schließlich die endgültige Trennung des feinstofflichen vom grobstofflichen Körper zur Folge. Das Ziel ist die völlige Ablösung des feinstofflichen Doppelgängers vom materiellen Teil des Organismus. Dies hat den Tod des physischen Körpers zur Folge, da er mit der völligen Ausgestaltung und Unabhängigkeit des Lichtkörpers überflüssig geworden ist. Der Tod ist hier also lediglich ein Übergang in die nächsthöhere Sphäre. Der Ablösungsprozess vollzieht sich sanft, ohne Schrecken oder Schmerzen.

Der feinstoffliche Körper gewinnt seine Unabhängigkeit und damit eine kontinuierliche Existenz. Die Notwendigkeit der Reinkarnation ist nicht mehr gegeben, denn der Zweck des materiellen Daseins, eine konstante Aufrechterhaltung des Bewusstseinsfokus jenseits der materiellen Stabilität, hat sich erfüllt. Ist dieses Ziel erreicht, erübrigt sich ein weiteres ‚Einsteigen' in die Materie. Die Bewusstseinsinhalte verfeinern sich zunehmend und streben eine Rückkehr in die geistige Existenzform an.

Hat ein Seelenbewusstsein die rein geistige Ebene erreicht, kann es über die Art seiner Existenz frei entscheiden. Es kann seine Verkörperung beibehalten oder aufgeben, ganz wie es ihm beliebt. Auch ist es in der Lage, andere Arten der Existenz zu wählen, die ihm mehr zusagen. Der Freiheit des Bewusstseins sind keine Grenzen mehr gesetzt. Es kann sich mit anderen Bewusstseinsfeldern zusammenschließen. Die Seelenbewusstseine schließen sich zusammen und trennen sich wieder, wenn sie dies wünschen.

Ein freies Bewusstsein steht mit der Gesamtheit des Seins in Verbindung. Es hat die Möglichkeit, wechselweise im Gesamtbewusstsein zu verweilen oder eigene Formen der Existenz zu wählen. Die Bewusstseinsfelder verschmelzen zu einer Einheit, sobald sie sich mental mit dem Gesamtbewusstsein verbinden; allein die Ausrichtung ist hierfür entscheidend.

Die geistige Freiheit geht einher mit einer höheren Verantwortlichkeit anderen Lebensformen gegenüber. Auf den höheren geistigen Ebenen wird die Kommunikation von verfeinerten Regungen bestimmt, die für ein normales Bewusstsein kaum zu erfassen sind. Jede heftige Gefühlsaufwallung, jedes Nachgeben gegenüber impulsgesteuerten Antrieben ist verschwunden; das geistige Prinzip tritt immer mehr in den Vordergrund, denn die ursprüngliche Natur des Menschen ist geistiger Art. Sein eigentliches Ziel ist es, sich dieser Natur immer mehr anzunähern und letztendlich mit ihr zu verschmelzen.

Der Geist erkennt sich selbst in seiner Vollkommenheit und Dauer.

Der Weg des Lichts

Evolution ist eine immerwährende Spirale

Die Wege der verschiedenen Glaubensrichtungen weisen, wenngleich sie sehr vielgestaltig sind, in großen Teilen Ähnlichkeiten auf. Sie gleichen sich in den Grundzügen, doch kommt es auch zu vielen Abweichungen. Etliche Gläubige sind an einer Weggabelung angelangt, an der sie über den weiteren Verlauf entscheiden können. Ihre Seele empfängt so manchen Samen, aus dem ein stattlicher Baum werden könnte. Solange das menschliche Bewusstsein nicht erkennt, was es in Wahrheit zum Ausdruck bringen kann, werden viele Samenkörner nur unfruchtbaren Boden erreichen.

Die Situation vieler spiritueller Sucher lässt ihnen die Wahl zwischen dem Wunsch, sich mit dem Licht zu vereinen und dem Festhalten an hergebrachten Idealen. Falls sie sich dem Licht zuwenden, werden sie in geistige Höhen erhoben, während das Festhalten an der Alltagswirklichkeit ihren Schwingungen Schaden zufügt. Die Aussichten auf ein Leben in Unbeschwertheit sind nur ein schaler Ersatz für das, was ihnen verloren geht.

Die Lichtkräfte bieten ihnen viele Wege an, zwischen denen sie wählen können. Die geistige Kapazität der meisten reicht nicht aus, um sie alle zu erfassen. Aber eines ist sicher: Um mit dem Licht arbeiten zu können, gibt es bestimmte Voraussetzungen, die zu erfüllen sind. Eine davon ist das Durchgehen der eigenen Lebensgeschichte. Diese Voraussetzungen können nicht einfach beiseite geschoben werden. Das Licht verbindet sich nur dann mit einem Jünger, wenn er darum bittet. Sind seine Energien chaotisch, kann keine Verbindung zustande kommen, denn die Lichtkräfte schätzen keine desolaten Energien.

Das Licht hat die Eigenschaft, die persönlichen Energien zu transformieren. Es befreit den Geist von einengenden Vorurteilen. Er erhält die Mittel der Selbsterkenntnis, die ihn zu einem erweiterten Bewusstsein hinführen werden. Bedeutsam ist die Auswahl an Möglichkeiten, die dem Jünger zur Verfügung gestellt werden. Er lernt, aufgrund einer erhöhten Sichtweise Unterscheidungen zu treffen. Dies gibt ihm die Mittel an die Hand, über seine Zukunft selbst zu bestimmen. Auch andere Entwicklungsrichtungen werden möglich, von denen ihm bisher nichts bekannt war.

Einschränkende Vorbehalte schwinden, je mehr die Verbindung mit dem Licht zunimmt. Der Horizont erweitert sich in dem Maße, wie dies zugelassen wird. Eine erweiterte Wahrnehmung schafft generell einen größeren Spielraum. Jedes Problem kann leichter überwunden werden und neue Bewusstseinsmöglichkeiten erschließen sich. Der Hellsehende erhält Einblicke in Zukunft und Vergangenheit.

Gesundheitliche Probleme verschwinden weitgehend aus dem Erfahrungsbereich. Ein reiches Spektrum an Verhaltensalternativen steht nunmehr zur Verfügung. Der Mensch erwacht zu seinem vollen Potential und sein Handlungsspielraum vervielfacht sich. Das weite Feld der Möglichkeiten verleiht seinen Taten ein neues Gewicht.

Das Leben in der geistigen Welt setzt allerdings eine Bewusstseinshaltung voraus, zu der nur wenige Menschen bereit sind. Materielle Gebundenheit kann neben einem Leben im Licht nicht bestehen. Wenn jemand seine Anspruchshaltung dem Leben gegenüber nicht einer Revision unterzieht, einer gründlichen Prüfung, dann wird das, was ihm so begehrenswert erscheint, ihn an seinem weiteren Fortschreiten hindern. Ins Licht zu gelangen ist nicht einfach. Die Lichtkräfte sind immer auf der Seite des Strebenden, nur können sie ihn nicht immer erreichen.

Die Eigenschaften des Lichtes sind durchaus zwiespältiger Natur, wie ein Rückblick auf die Geschichte zeigt. Neben den Wärme spendenden, aufbauenden und erhaltenden Eigenschaften, die das Licht charakterisieren, ist auch der zweite Aspekt unübersehbar vorhanden. Dieser zweite Aspekt des Lichtes macht sich bemerkbar im Zerfall und der Vernichtung ganzer Zivilisationen. Die Zivilisationen, die am Rande des Abgrundes stehen, werden der völligen Vernichtung anheim gegeben durch ein Eingreifen der bewussten Lichtenergie.

Dem Prinzip des Erhalts steht also ein Prinzip der Zerstörung gegenüber. Das Potential des Lichts ist ungeheuer groß, weshalb Umwälzungen von gigantischen Ausmaßen stattfinden können. Diese Eigenschaft des Lichts, sowohl aufbauende als auch zerstörerische Wirkung zu entfalten, ist in der Natur allenthalben anzutreffen.

Der Kontakt mit den Lichtkräften kann für einen spirituellen Sucher dann zu einer Gefahr werden, wenn seine Absichten den Intentionen des Lichts zuwider laufen. Ein Mensch ist während der spirituellen Entwicklung angehalten, in besonderer Weise an seiner Vervollkommnung zu arbeiten und seine Integrität zu wahren. Andernfalls drohen unzählige Gefahren, die den Sucher in den Abgrund ziehen können.

Eine Verbindung mit dem Licht bedeutet für den Jünger das Freisein von der irdischen Bürde. Die Energien harmonisieren sich zusehends, was sich in der gesamten persönlichen Ausstrahlung bemerkbar macht. Das Licht fördert die Selbsterkenntnis und Reifung der Persönlichkeit. Dies führt zu einer Zunahme der Daseinsqualität ohnegleichen. Die Transformation der Energie in die geistigen Bereiche bedeutet, dass der Jünger von seinem Lichtselbst aus seine irdischen Belange steuern kann.

Das Licht sendet Strahlen aus, welche die Reise ermöglichen. Ein Passagier kann auf viele verschiedene Arten reisen, doch ist das Licht das schnellste Fortbewegungsmittel. Diese Eigenschaft des Lichtes kannten die Vorfahren der heutigen Menschheit, die alten Völker, und machten sie sich zunutze. Als Reisetransportmittel ist das Licht unübertroffen, da es den Reisenden sicher ans Ziel bringt.

Ein Mensch, der die Stufenleiter nach oben erklimmt, tendiert mit der Zeit zunehmend dazu, sich von irdischen Interessen abzuwenden und geistige Bestrebungen an deren Stelle zu setzen. Sobald die spirituellen Belange im Vordergrund stehen, steht dem Sprung in die geistigen Gefilde nichts mehr im Wege. Dort erwartet die Jünger aber nicht das Nichts, sondern neue Aufgaben und Entwicklungsmöglichkeiten tun sich auf. Der geistige Pfad bietet einen bunten Strauß voller faszinierender Möglichkeiten.

Wesen, die mit dem Licht verbunden sind, erkennen sich untereinander, da ein natürliches Kennzeichen eine Verbindung zwischen ihnen herstellt. Dieses Zeichen ist sehr subtiler Natur und daher nicht leicht beschreibbar. Es wird vermittelt bei dem ersten Eintritt in die Lichtsphäre. Hierbei geht ein Teil der körpereigenen Substanz verloren und etwas Neues wird eingefügt. Diese neue Substanz vermittelt den Eindruck der Leichtigkeit, des Schwebens. Hinzu kommt eine lichtvolle Ausstrahlung.

All dies versetzt das Individuum in die Lage, seine Vergangenheit zu bewältigen und das Neue in sich zum Erblühen zu bringen. Die Erweiterung des Bewusstseinshorizonts geht mit einer erweiterten Aufnahmefähigkeit einher. Ein Mensch, der diesen Status erreicht, hat niemals den Wunsch, in seine beschränkte Vergangenheit zurückzukehren. Die vielfältigen und lohnenden Erfahrungen lassen ihn den Verlust einer individuellen Vergangenheit verschmerzen.

Begrenzte Erfahrungen bringen ein begrenztes Bewusstsein hervor, das nicht gemessen werden kann an einem unbegrenzten, freien Bewusstsein. Ein Mensch mit einem begrenzten Bewusstsein ähnelt dem Staubkorn; ein freier Geist aber ist dem Sandsturm ähnlich, der die Staubkörner herumwirbelt.

Grundsätzlich existieren unterschiedliche Richtungen. Das, was gemeinhin als ‚geistige Disziplin' bezeichnet wird, ist nicht erforderlich, sobald ein Mensch den reinen Geist empfängt. Eine geistige Disziplin ist nur dann von Belang, wenn jemand weiterhin auf der irdischen Ebene wirksam sein will. Ein reiner Geist bedarf keiner Disziplin, denn auf der Ebene des Lichts existiert nur das reine Sein. Diese Daseinsebene befindet sich jenseits des Gekannten, daher kann lediglich ein Abglanz davon beschrieben werden.

   Das Bewusstseinsfeld erweitert sich in einem kaum vorstellbaren Maße. Die Vielfalt der Erfahrungsmöglichkeiten macht eine Beschreibung unmöglich. Das Bewusstsein ist wie ein Blütenblatt mit abertausend Blüten. Jedes Blatt entspricht einem neuen Muster der erweiterten Wahrnehmung. Diese Vielfalt erzeugt immer neue Möglichkeiten ohne Ende. Aus diesem Grund ist eine detaillierte Beschreibung zum Scheitern verurteilt.

   Die Existenz im Licht ist eine Daseinsebene der höchsten Güte. Was viele nicht begreifen: Das reine Sein ist ihre Heimat.

Geistige Freiheit

Die meisten Menschen verwechseln ihr Denken mit ihrem Sein.

Der Übergang in jenseitige Gefilde kann auch auf eine andere Weise als durch den physischen Tod geschehen. Dies geschieht öfter, als man denkt; nur ist darüber wenig bekannt. Ein spiritueller Fortschritt ermöglicht einem Individuum diese andere Art von Übertritt. Das kann als ein Entgegenkommen der geistigen Welt aufgefasst werden, um den Neuanfang zu erleichtern. Auch das Ziel ist ein anderes.

Ein geistig entwickeltes Bewusstsein vereinigt seine unterschiedlichen Energien zu einem kohärenten Bewusstseinsfeld, das beim Übergang nicht mehr auseinander driftet, seinen Halt nicht verliert und sich nicht auflöst. Der spirituelle Mensch vereinigt sich mit dem Alleinen; er geht ein in das kosmische Energiefeld und erlebt die Verbundenheit mit dem gesamten Sein.

Der Mensch hat zwar auch die Möglichkeit einer erneuten Inkarnation, wenn er das wünschen sollte, was aber nicht wahrscheinlich ist. Die Beschränkungen des menschlichen Daseins sind im geistigen Sein aufgehoben; er wird ungebunden und seine Möglichkeiten vervielfältigen sich. Die Seinsebenen sind sehr vielfältig: Er kann mit jedem Seinszustand verschmelzen. Der Zustand des reinen Seins ist nicht leicht zu begreifen. Vielleicht hilft ein Beispiel:

Das Bewusstsein schwimmt in einem See.
Wellen umspülen es in großer Zahl.
Das Bewusstsein ist mit dem See verschmolzen
und doch fühlt es sich
als eigenständige Welle.

Das menschliche Dasein ist nur ein Abglanz des geistigen Seins. Die Sicht des Geistes ist klarer als irgendeine. Der Mensch wird das geistige Sein erkennen als das, was er immer gewesen ist und nichts anderes wollen. Sein geistiges Sein birgt unerschöpfliche Möglichkeiten. Das ist sein originärer Zustand und er wird nichts anderes wollen. Die Erinnerungen an das frühere Dasein verblassen langsam.

Während der ersten Zeit seiner geistigen Existenz übt sich der Eingeweihte in Gelassenheit, um in den permanenten Veränderungen, die ihn umgeben, den Halt nicht zu verlieren. Das

Erdendasein geht nicht gänzlich verloren. Der Adept kann immer zurückkehren, wenn ihm der Sinn danach steht. Nur unterscheidet sich seine jetzige Seinsweise gänzlich von der eines Erdenbürgers, denn er ist durch Welten von ihm getrennt. Nichts erinnert ihn mehr an sein früheres Dasein.

Die Gedächtnisfunktion wird auf den weiteren Stufen der geistigen Entwicklung nicht mehr benötigt. Sie würde sich als Hindernis erweisen und die Entwicklung über Gebühr verzögern. Die Erinnerungen sind gänzlich aus dem Gedächtnis des Geistmenschen verschwunden, denn die Membran, welche die Gedächtnisfunktionen aufrechterhielt, ist entfernt worden.

Die menschliche Psyche gleicht einem Meer an Einfällen, die dicht aufeinander folgen. Damit die Prägungen aus früheren Zeiten nicht zerstörerische Wirkungen entfalten, ist es notwendig, ‚reinen Tisch' zu machen, *Tabula rasa*. Der Adept verliert den Bezug zu seiner früheren Realität, um aufzugehen in einer neuen, weit bedeutungsvolleren Existenz. Er ist nicht mehr gebunden an alte Verhaltensmuster und frei, das Neue zu erfahren und zu entfalten. In diesem Potential der Entfaltung und Freiheit unterscheidet sich der Mensch vom Tier, dessen Möglichkeiten weit engere Grenzen gesetzt sind.

Begrenzte Erfahrungen bringen ein begrenztes Bewusstsein hervor, das nicht gemessen werden kann an einem unbegrenzten, freien Bewusstsein. Ein Mensch mit einem begrenzten Bewusstsein ähnelt dem Staubkorn; ein freier Geist aber ist dem Sandsturm ähnlich, der die Staubkörner umherwirbelt.

Spirituelle Führer sind die Helfer der Menschheit. Sie haben besondere Aufgaben zu erfüllen (die hier nicht alle im Einzelnen benannt werden sollen) und arbeiten mit einer eingeschränkten Gedächtnisfunktion, was ihnen bei ihren Aufgaben zugute kommt. Weit eher als andere Menschen sind sie in der Lage, Fallstricke zu umgehen und drohendem Unheil zu trotzen, weshalb bei ihnen die Gefahr eines Absturzes gemindert ist. Doch auch hier sind

Vorsichtsmaßregeln notwendig. Eine bleibende Funktion des Gedächtnisses über alle Zeiten hinweg ist in keinem Fall wünschenswert.

Ein Lernender ist vielen unheilvollen Einflüssen auf seinem Weg ausgesetzt, und immer droht die Gefahr, in den Abgrund gezogen zu werden. Die menschliche Psyche ist noch zu wenig entwickelt, als dass sie immer erkennen könnte, welcher Pfad der geeignete ist. Die geistigen Helfer halten es daher für notwendig, Irrwege zu vermeiden und mögliches Unheil von vornherein zu bannen. Um der Gefahr eines Absturzes vorzubeugen, ist im Konzept des geistigen Weges ein Mittelweg nicht vorgesehen.

Die Bewusstseinsinhalte erfahren im Laufe der spirituellen Entwicklung zunehmend eine Verfeinerung und streben eine Rückkehr in die geistige Existenzform an. Hat ein Bewusstsein die rein geistige Ebene erreicht, kann es über die Art seiner Existenz frei entscheiden. Es kann seine Verkörperung beibehalten oder aufgeben, ganz wie es ihm beliebt. Auch ist es in der Lage, andere Arten der Existenz zu wählen, die ihm mehr zusagen. Der Freiheit des Bewusstseins sind keine Grenzen mehr gesetzt.

Die Beweglichkeit des Geistes ist um ein vielfaches größer. Freie Geister sind in der Lage, sich einen beliebigen Körper zu wählen, wenn sie dies wünschen. In dem frei gewählten Körper können sie auch in der Materie wirksam sein, sofern sie dies für notwendig erachten. Was sie als erstrebenswert ansehen, werden sie verwirklichen können.

Der grobstoffliche Körper des Menschen ist ein Fahrzeug, das beliebig ausgewechselt werden kann. Der gegenwärtige Körper bleibt dabei voll funktionsfähig; es ist ohne weiteres möglich, ihn beizubehalten. Hat ein Mensch die geistige Ebene erreicht, kommt allerdings der Körperlichkeit keine entscheidende Bedeutung mehr zu, denn der freie Geist ist sich einer weitaus größeren Dimension des Seins bewusst.

Ein freies Bewusstsein steht mit der Gesamtheit des Seins in Verbindung. Es hat die Möglichkeit, wechselweise im Gesamtbewusstsein zu verweilen oder eigene Formen der Existenz zu wählen. Ein Bewusstsein kann sich auch mit anderem Bewusstsein zusammenschließen, wenn es dies für erstrebenswert hält. Die Entscheidungsfreiheit hierbei bleibt immer gewahrt. Freie Bewusstseine schließen sich zusammen und trennen sich wieder, wenn sie dies wünschen.

Die geistige Freiheit geht einher mit einer höheren Verantwortlichkeit anderen Lebensformen gegenüber. Die verschiedenen Bewusstseine verschmelzen zu einer Einheit, wenn sie sich mental mit dem Gesamtbewusstsein verbinden; allein die Ausrichtung ist hierfür entscheidend.

In den vergangen Jahren war viel von einem ‚Aufstieg' der Menschheit die Rede. Was ist davon zu halten?

Der ‚Aufstieg' betrifft lediglich eine gewisse Anzahl von Menschen, deren Zustimmung allerdings vonnöten ist. Ein allgemeiner ‚Aufstieg' der Menschheit ist – zumindest für die nächsten Jahrzehnte – nicht geplant und auch nicht wünschenswert.

Ein Teil der Menschheit entwickelt sich derzeit rasant in Richtung Aufstieg, womit in erster Linie die Erhöhung der Schwingungsrate gemeint ist. Das Bewusstseinsfeld vieler Menschen erfährt eine Erweiterung, die ihresgleichen sucht. Diese Maßnahmen sind notwendig, um die Menschheit an einem Rückfall in frühere Entwicklungsphasen zu hindern. Immer mehr Individuen erkennen ihren Ursprung und entscheiden sich, dorthin zurückzukehren.

Diese Entwicklung kann nicht aufgehalten werden, sie steht ‚in den Sternen geschrieben', wie man so schön sagt. Eine Anzahl von Personen mag sich dagegen sträuben, doch die Mehrzahl ist beteiligt an dem großen Abenteuer.

Die Entwicklung erfolgt in Phasen, damit sich der Einzelne an die Schwingungserhöhung anpassen kann, andernfalls käme es zu ernsthaften Irritationen. Jeder Mensch ist in gewisser Weise daran beteiligt und entscheidet mit, wohin die Reise geht, denn kein Geist kann gegen seinen Willen in irgendein ‚Niemandsland' gezogen werden, das ihm nicht entspricht.

Wenn sich die Schwingungsrate einer Person erhöht, dann sind Kräfte am Werk, die diesen Vorgang unterstützen. Die Schwingungserhöhung ist die Voraussetzung für ein Leben in der rein geistigen Welt. Sobald ein bestimmtes Niveau erreicht ist, fällt es dem spirituellen Menschen leicht, die Ebene zu wechseln und in die geistige Heimat zurückzukehren. Eine lange Entwicklung ist zu seinem Abschluss gekommen.

Derzeit vollzieht sich ein globaler Bewusstseinswandel, der in Etappen vor sich geht, von denen der größere Anteil noch bevorsteht. Eine Spaltung findet statt innerhalb der Menschheit: Der eine Teil hat sich auf den spirituellen Weg vorbereitet, während die andere Seite in der Materie verbleibt.

Licht-Meditation:

☼ *Licht ist die Grundenergie des Kosmos, die erste Erscheinungsform des schöpferischen Geistes.*
☼ *Ohne Licht – kein Leben. Licht ist der Urerzeuger des Lebens.*
☼ *Menschen sind Kinder des Lichts, erzeugt aus seinen ungezählten Emanationen.*
☼ *Im Licht sind ungeahnte Energien gespeichert, die ihre Segen bringende Wirkung entfalten können.*
☼ *Das Licht: Der große Umwandler, denn es erzeugt und löst wieder auf.*
☼ *Licht kann als Fortbewegungsmittel dienen. Dies kann sich der Reisende zunutze machen.*
☼ *Mit Lichtenergie kann der Mensch zurückzureisen in seine geistige Heimat.*

Die Autorin

Birgit Waßmann war Bankkauffrau und studierte Pädagogik, bis sie die geheimnisvolle Welt der Spiritualität und Parapsychologie für sich entdeckte. Eine zeitlang arbeitete sie als mediale Beraterin und Schriftstellerin. Nun hat sie sich entschlossen, einen Teil der medialen Texte, die sich über die Jahre angesammelt haben, zu veröffentlichen.
(Mail Adresse: b.wassmann@posteo.de)

Weitere Titel:

Birgit Waßmann
**Hinter dem Regenbogen
 verbirgt sich eine andere Welt.**
138 S., illustriert
ISBN 978-3-7407-6247-6

Das Buch enthält spirituelle Weisheiten, denn hinter den Schleiern der Realität lässt sich mehr entdecken, als es den Anschein hat.

Birgit Waßmann
Mysterien der Schöpfung
156 S., illustriert
ISBN 978-3-7407-8151-4

Die Schöpfung ist ein Buch mit vielen unbekannten Seiten. Aufgabe der Evolution ist es, das Bewusstsein zu erweitern. Dabei können spirituelle Weisheiten eine Brücke sein.

Birgit Waßmann
Die Pforte zu anderen Bewusstseinsebenen
Mediale Botschaften
267 S. Paperback, 9.99 Euro
ISBN 9-783740-783198

Der Kontakt zu geistigen Ebenen ist nicht immer einfach und gilt vielen als gewagtes Unterfangen. Doch im Grunde ist jeder Mensch mehr oder weniger in der Lage, Inspirationen zu empfangen, die ihm aus tieferen Schichten seiner Seele zufließen.
Dieses Buch enthält die Quintessenz medialer Texte zu unterschiedlichen Themen, die der Autorin im Verlaufe mehrerer Jahre übermittelt wurden. Dabei geht es um Themen wie: Mensch und Schöpfung, Geheimnisse der Natur, die menschliche Psyche, Krankheiten sowie geistige Mächte.

  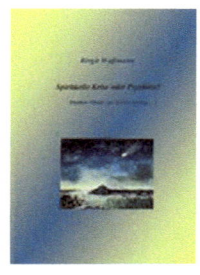

Birgit Waßmann
Psychotische Grenzerfahrungen
In Zusammenhang mit dem Übersinnlichen.
ISBN 978-3-7407-1269-3
346 S., Paperback

Birgit Waßmann
Seelische Abgründe
Parapsychologische Deutungen für Hysterie, Zwänge, Asthma, Epilepsie und Manie
ISBN 978-3-7407-4870-8
306 S., Paperback

Birgit Waßmann
Spirituelle Krise oder Psychose?
Dunkle Pfade zur Erleuchtung.
ISBN 978-3-7407-6503-3
389 S., Paperback

Birgit Waßmann
Übergriffe aus dem Jenseits
Gibt es Geister und Dämonen?
347 S., ISBN 978-3-03830-280-3

Birgit Waßmann
Dämonen oder Engel?
Begegnungen in der anderen Realität.
330 S., ISBN 978-3-03830-281-0

Birgit Waßmann
Channel – Medien
zwischen Licht und Schatten.
344 S., ISBN 978-3-03830-282-7